技能型人才培训用书

物流师（中级）

主　编　张　鹏　宋传平　周　润
副主编　曾　波　赵　霞
参　编　薛志祥　王　静　柴三头　孔鹏程
　　　　宋书岚　孙　岩　黄旺胜　高书林
主　审　程汉华

机械工业出版社

本书参照《国家职业标准 物流师》《物流管理职业技能等级标准》，以问答的形式详细介绍了每个鉴定点的理论知识和操作技能，涵盖了物流市场调研、客户开发计划与实施、物流项目投标、客户投诉及异常处理、仓储作业管理、仓储布局与物流设施规划、库存控制、配送作业管理、当事人业务管理、运输风险管理、作业计划管理、作业成本控制、作业绩效考核、管理数据化与智能化应用等相关内容。本书对物流师（中级）职业技能鉴定的知识点进行了全方位解读，并在鉴定点之后给出了典型例题和详尽的解题过程。

本书是参加物流师（中级）职业技能培训、1+X 证书取证的必备用书，也可供物流行业相关人员参考。

图书在版编目（CIP）数据

物流师：中级 / 张鹏，宋传平，周润主编. —北京：机械工业出版社，2021.8
技能型人才培训用书
ISBN 978-7-111-68841-9

Ⅰ. ①物… Ⅱ. ①张…②宋…③周… Ⅲ. ①物流管理—技术培训—教材 Ⅳ. ①F252.1

中国版本图书馆 CIP 数据核字（2021）第 155263 号

机械工业出版社（北京市百万庄大街 22 号　邮政编码 100037）
策划编辑：陈玉芝　　责任编辑：陈玉芝　关晓飞　张雁茹
责任校对：孙莉萍　　封面设计：马精明
责任印制：常天培
北京机工印刷厂印刷
2021 年 10 月第 1 版第 1 次印刷
169mm×239mm・17.5 印张・327 千字
0001—1900 册
标准书号：ISBN 978-7-111-68841-9
定价：59.80 元

电话服务　　　　　　　　　　网络服务
客服电话：010-88361066　　　机 工 官 网：www.cmpbook.com
　　　　　010-88379833　　　机 工 官 博：weibo.com/cmp1952
　　　　　010-68326294　　　金 书 网：www.golden-book.com
封底无防伪标均为盗版　　　　机工教育服务网：www.cmpedu.com

前言

《国务院关于大力推进职业教育改革与发展的决定》中明确指出:"严格实施就业准入制度,加强职业教育与劳动就业的联系。"职业资格证书已逐步成为就业的通行证,是通向就业之门的金钥匙。鉴于职业资格证书的取证人员日益增多,为了更好地服务于就业,推动职业资格证书制度的实施和推广,加快技能人才的培养,编者组织有关专家、学者编写了这套"技能型人才培训用书",以为广大的取证人员提供有价值的参考资料。

在丛书的编写过程中,我们始终坚持以下几个原则:一是严格遵照国家职业标准中关于各专业和各等级的标准,力求使内容覆盖职业技能鉴定的各项要求;二是坚持以培养技能人才为方向,从职业(岗位)分析入手,注重理论联系实际,突出教材的实用性,力求满足各个级别取证人员的需求;三是内容新颖,突出时代感,力求较多地采用新知识、新技术、新方法等。我们本着以取证人员为主体的编写理念,力求使丛书的内容有所创新、简明易懂,为广大的读者所乐用。

我们真诚地希望这套丛书能成为取证人员的良师益友,让每一个取证人员都能做到"一书在手,证书可求"。

由于这套丛书涉及内容较多,新技术、新装备发展较迅速,加之编者水平有限,书中难免有不足之处,恳请广大读者提出宝贵的意见和建议,以便修订时加以完善。

编　者

目录

前言

第一部分　应知专业知识

鉴定范围1　物流市场开发与客户服务 ……………………………………… 2

  鉴定点1　物流市场调研 ………………………………………………………… 2
    鉴定要求1　物流市场调研的流程和方法 ………………………………… 2
    鉴定要求2　市场信息收集的方法与工具 ………………………………… 13
    鉴定要求3　数据处理与统计的知识与方法 ……………………………… 19
  鉴定点2　客户开发计划与实施 ………………………………………………… 19
    鉴定要求1　客户开发与维护的流程 ……………………………………… 19
    鉴定要求2　客户拜访、日常联络的基本礼仪知识 ……………………… 22
    鉴定要求3　客户开发计划和拜访纪要编写规范 ………………………… 24
  鉴定点3　物流项目投标 ………………………………………………………… 25
    鉴定要求1　物流招投标的流程 …………………………………………… 25
    鉴定要求2　标书的编制知识与规范 ……………………………………… 28
    鉴定要求3　标书打印、装订、密封及归档的规范 ……………………… 30
    鉴定要求4　中标/落标的分析方法 ………………………………………… 31
  鉴定点4　客户投诉及异常处理 ………………………………………………… 31
    鉴定要求1　客户投诉和异常事件的处理流程 …………………………… 31
    鉴定要求2　客户沟通的策略和技巧 ……………………………………… 34

鉴定范围2　仓储与库存管理 ……………………………………………………… 35

  鉴定点1　仓储作业管理 ………………………………………………………… 35
    鉴定要求1　仓储作业计划编制、实施和控制的知识 …………………… 35
    鉴定要求2　货物分类管理、存储策略的知识 …………………………… 39
  鉴定点2　仓储布局与物流设施规划 …………………………………………… 43
    鉴定要求1　仓储动线规划和仓储空间布局的知识 ……………………… 43
    鉴定要求2　存储设备、搬运设备和配送设备规划的方法与
               工具 …………………………………………………………… 44
  鉴定点3　库存控制 ……………………………………………………………… 50
    鉴定要求1　库存需求分析的方法与工具 ………………………………… 50

鉴定要求 2　库存控制的方法和工具 …………………………………… 52

鉴定范围 3　配送管理 ……………………………………………………………… 59

　鉴定点　配送作业管理 …………………………………………………………… 59

　　　鉴定要求 1　配送作业计划编制、实施和控制的知识 ………………… 59

　　　鉴定要求 2　拣货策略、拣选方式的知识 ……………………………… 70

　　　鉴定要求 3　线路优化、配载的知识 …………………………………… 77

鉴定范围 4　运输管理 ……………………………………………………………… 79

　鉴定点 1　当事人业务管理 ……………………………………………………… 79

　　　鉴定要求 1　运输方式和多式联运的知识 ……………………………… 79

　　　鉴定要求 2　运输单证的知识和运输成本的核算方法 ………………… 85

　　　鉴定要求 3　托运人、承运人、收货人的知识 ………………………… 93

　鉴定点 2　运输风险管理 ………………………………………………………… 95

　　　鉴定要求 1　运输风险的知识 …………………………………………… 95

　　　鉴定要求 2　国内和国际的运输法律、法规和规章的知识 …………… 98

　鉴定点 3　作业计划管理 ………………………………………………………… 102

　　　鉴定要求 1　运输、运输代理作业计划编制、实施和控制的
　　　　　　　　　知识 …………………………………………………………… 102

　　　鉴定要求 2　运输方式和货物基本知识 ………………………………… 105

　　　鉴定要求 3　运输策略和线路优化的知识 ……………………………… 107

鉴定范围 5　成本与绩效管理 ……………………………………………………… 111

　鉴定点 1　作业成本控制 ………………………………………………………… 111

　　　鉴定要求 1　物流作业成本的知识 ……………………………………… 111

　　　鉴定要求 2　物流作业成本核算的方法与工具 ………………………… 116

　鉴定点 2　作业绩效考核 ………………………………………………………… 121

　　　鉴定要求 1　绩效考核制度 ……………………………………………… 121

　　　鉴定要求 2　作业资源利用程度指标、作业效益指标、服务
　　　　　　　　　水平指标和作业能力与质量指标等的计算方法 ………… 124

鉴定范围 6　数字化与智能化 ……………………………………………………… 133

　鉴定点　管理数据化与智能化应用 ……………………………………………… 133

　　　鉴定要求 1　大数据、人工智能的知识 ………………………………… 133

　　　鉴定要求 2　物流技术与装备最新发展与应用的知识 ………………… 137

第二部分 应会专业技能

鉴定范围1 物流市场开发与客户服务 ·················154

 鉴定点1 物流市场调研 ·················154

  鉴定要求1 能描述物流市场调研流程并解释关键内容 ·················154

  鉴定要求2 能编制调研计划表、收集整理数据、统计并编制数据图表 ·················158

  鉴定要求3 能根据模板编写物流市场调研报告 ·················163

 鉴定点2 客户开发计划与实施 ·················165

  鉴定要求1 能描述不同类型客户开发及跟进的流程和方法 ·················165

  鉴定要求2 能执行客户拜访、谈判、日常关系维护 ·················168

  鉴定要求3 能编写客户拜访计划和纪要 ·················169

 鉴定点3 物流项目投标 ·················172

  鉴定要求1 能描述物流招投标的主要流程和招标文件的基本内容 ·················172

  鉴定要求2 能判断招标信息的有效性、编制商务条款、核算成本并确定报价,并根据招标文件要求规范编写投标文件 ·················173

  鉴定要求3 能完成投标文件的打印、装订、密封及归档 ·················176

  鉴定要求4 能执行开标流程、分析中标/落标的原因 ·················176

 鉴定点4 客户投诉及异常处理 ·················180

  鉴定要求1 能描述客户投诉和异常事件的处理原则和流程 ·················180

  鉴定要求2 能对客户投诉进行归类、沟通和归档 ·················182

鉴定范围2 仓储与库存管理 ·················184

 鉴定点1 仓储作业管理 ·················184

  鉴定要求1 能编制仓储作业计划,管理、协调作业资源 ·················184

  鉴定要求2 能制定存储规划,确定存储策略 ·················185

  鉴定要求3 能确定盘点策略,选择盘点方式 ·················186

 鉴定点2 仓储布局与物流设施规划 ·················189

  鉴定要求1 能举例描述仓储动线类型和仓储空间布局类型 ·················189

  鉴定要求2 能根据业务需求对存储设备、搬运设备和配送设备进行规划和优化 ·················194

 鉴定点3 库存控制 ·················195

  鉴定要求1 能进行库存需求分析,根据所在组织库存管理目标确定库存管理方式和管理参数 ·················195

鉴定要求 2　能制定库存管理策略与计划，实施并监督库存
　　　　　　　　管理方案 ·· 197

鉴定范围 3　配送管理 ·· 199

　鉴定点　配送作业管理 ··· 199
　　　鉴定要求 1　能编制配送作业计划，管理、协调作业资源 ········ 199
　　　鉴定要求 2　能制定拣选策略，确定拣选方式 ···················· 200
　　　鉴定要求 3　能规划配送线路，制定配送装车计划和方案 ········ 201

鉴定范围 4　运输管理 ·· 206

　鉴定点 1　当事人业务管理 ··· 206
　　　鉴定要求 1　能开发和管理托运人，确认货物运输需求 ·········· 206
　　　鉴定要求 2　能开发和管理承运人的运力资源 ···················· 207
　　　鉴定要求 3　能执行与当事人的合同，处理货运资料和订单 ····· 208
　　　鉴定要求 4　能对货物运输进行成本计算和费用结算 ············ 210
　鉴定点 2　运输风险管理 ·· 219
　　　鉴定要求 1　能对运输业务过程和作业过程进行风险管理 ······· 219
　　　鉴定要求 2　能对运输单证进行风险管理 ························· 222
　鉴定点 3　作业计划管理 ·· 224
　　　鉴定要求 1　能编制运输、运输代理作业计划，管理、协调
　　　　　　　　作业资源 ·· 224
　　　鉴定要求 2　能制定运输规划方案，确定运输方式、运输路线
　　　　　　　　和承运人 ·· 226
　　　鉴定要求 3　能制订货物集货、分配、中转、分散、装车等
　　　　　　　　作业计划 ·· 227

鉴定范围 5　成本与绩效管理 ····································· 230

　鉴定点 1　作业成本控制 ·· 230
　　　鉴定要求 1　能核算物流作业成本 ································· 230
　　　鉴定要求 2　能将物流作业成本分析应用于作业流程优化和
　　　　　　　　绩效考核方案 ··· 233
　鉴定点 2　作业绩效考核 ·· 235
　　　鉴定要求 1　能描述仓储、配送及货物运输作业绩效考核的
　　　　　　　　意义 ·· 235
　　　鉴定要求 2　能计算仓储、配送和货物运输作业的各类指标 ····· 235

鉴定范围 6　数字化与智能化 ····································· 243

　鉴定点　管理数据化与智能化应用 ································· 243

鉴定要求 1　能描述管理数据化和智能化的目的和意义 ………… 243
鉴定要求 2　能举例说明管理数据化和智能化的应用场景 ……… 245

附　录

附录 A　考核重点 ……………………………………………………… 250
附录 B　职业技能鉴定国家题库模拟试卷 …………………………… 254
　　中级物流师考试试卷 ……………………………………………… 254
　　中级物流师考试试卷标准答案 …………………………………… 262

参考文献 …………………………………………………………………… 267

第一部分　应知专业知识

鉴定范围 1

物流市场开发与客户服务

鉴定点 1　物流市场调研

鉴定要求 1　物流市场调研的流程和方法

问：什么是物流市场？

答：物流市场是物流供需双方为保证生产和人民生活进行各种交易的总和，是指为保证生产和流通过程顺利进行而形成的商品在流动和暂时停留时所需的服务性市场，主要包括仓储市场和运输市场，以及包装、装卸、搬运等辅助性市场。

现代物流市场是在运输市场、仓储市场的基础上发展起来的综合性服务市场，是围绕物流需求而形成的一个复杂系统。一方面，物流市场上的供给主体为满足需求主体的需要，从有形商品供应商、运输企业、仓储企业中分离出来，成为专业化的综合物流服务商；另一方面，物流市场上的客户需要的是包含物流所有功能的、比较全面的服务，而不是某种单一的服务。现代物流的核心部分是物流管理信息平台、物流解决方案、物流咨询、公共信息平台，它们是物流服务中具有高附加值的部分。

问：我国物流管理的发展历史及各阶段的主要内容是什么？

答：我国物流管理的发展大致可分为三个阶段。

第一个阶段是从新中国成立到 1978 年，可称为我国物流管理的"萌芽时期"。这一阶段，我国的计划经济体制使得与物流相关的采购、运输、仓储、包装等各环节相互独立，物流管理的思想几近于零。

第二个阶段是从 1979 年到 20 世纪 90 年代初，可称为我国物流管理的"起步阶段"。这一阶段，物流管理的思想开始引入学术研究和实践领域，但对物流的认识和理解仅限于"物资流通"等相对狭小的领域，像发达国家那样理论上深入探讨物流管理对企业的积极影响，实践中借助新型管理思路实现企业优化管理的努力几乎不存在，现代意义上的物流管理仍然没有进入企业管理者的视野。

第二个阶段是 20 世纪 90 年代至今，可称为我国物流管理的"发展阶段"。这一阶段，国内学界、业界对物流管理的研究和实践逐步向纵深方向发展，真正意义上的现代物流管理思想开始冲击国内业界、学界的原有观念，使得物流管理的理念在我国迅速普及；同时，全社会兴起了官产学研的物流热，物理管理观念渐入人心，并且逐渐对企业经营产生较大的影响。

问：企业物流合理化的意义是什么？

答：企业物流合理化是指通过优化管理，推动物流构成要素及其经营活动趋向和谐一致、快速便捷的发展模式，从而实现"低成本、高效益"目标的物流改进过程。企业物流合理化包括物流作业合理化、物流结构合理化和物流体制合理化。

企业物流合理化的意义主要包括：降低物流费用，减少产品成本；缩短生产周期，加快资金周转；压缩库存，减少流动资金的占用；改善、提高企业的管理水平。

问：企业物流合理化的途径有哪些？

答：企业物流合理化的途径主要包括：①加强宏观物流体系的布局规划，推进物流系统化；②积极推进物流标准化；③大力发展电子商务，促进物流的电子化；④推进物流的社会化和共同化；⑤加快物流产业化发展，加大物流服务市场的培育力度。

问：物流市场的类型有哪些？

答：根据物流服务需求者、需求特点、需求数量的不同，物流市场可分为工业物流市场、商业物流市场和消费物流市场；根据市场范围的不同，可分为电子通信产品、食品、家电、服装、药品、汽车、化工等行业物流市场；根据供求关系的不同，可分为买方物流市场、卖方物流市场和均衡物流市场。

问：物流市场调研的概念是什么？

答：物流市场调研是指根据市场营销的需要，运用科学的方法，对企业营销活动相关的信息、资料进行收集、整理、分析，提出调研报告，为企业管理者正确决策提供科学依据的工作过程。物流市场调研是一种通过信息将消费者、顾客和公众与营销者连接起来的职能。物流市场调研首先需明确解决目标问题所需要的信息类型，然后设计收集信息的方法，管理并实施信息收集过程，最后分析所收集的信息，得出结论。

问：物流市场调研的作用是什么？

答：①可以更好地满足消费者的需求；②可以提高企业管理者驾驭市场的能力；③可以为企业科学预测和正确决策提供依据；④可以用于评价营销策划的合理性、效益性；⑤可以为企业探求潜在消费需求，发现新的市场机会。

问：物流市场调研的基本内容包括哪些？

答：物流市场调研主要分为物流资源调研和市场需求调研两大类，其基本内容主要包括企业内部物流调研和企业外部物流调研两部分。

企业内部物流调研主要集中在与物流业务密切相关或有内在联系的方面，了解企业物流现状并发现问题，运用物流技术（Logistics Technology）与管理方法，提出降低企业物流运营成本、提高物流服务水平的解决方案。企业外部物流调研主要是为制定或改善企业市场营销方案和物流系统解决方案而对物流市场环境或物流外包的外部条件所进行的调研。

问：企业内部物流调研的基本内容包括哪些？

答：企业内部物流调研的基本内容主要包括：①企业物流管理体制，主要包括物流管理部门的设置、功能、管理范围、人员等；②物流基础设施装备，主要包括仓储设施、运输车辆、装卸设备、搬运工具、拣货设备等；③库存管理，主要包括出入库原则、货位管理、库存情况、积压情况、周转情况、利用情况等；④运输状况，主要包括运输管理、在运货物管理、运输成本、到货、破损、空载等；⑤生产、采购管理，主要包括采购数量、供货厂家、及时率、生产采购计划、计划执行情况、与物流部门的协调性、生产采购成本等；⑥销售管理，主要包括销售战略、渠道、价格、服务、成本等；⑦物流从业人员，主要包括数量、素质、人才需求等；⑧客户资源调查，主要包括主要用户数量、行业分布、区域分布、紧密程度、发展情况等；⑨物流流量和流向调查，主要包括库存商品出入库数量、主要运输方式、商品资源离散程度、物流流向、物流渠道的范围及长度等；⑩物流成本调查，主要包括仓储成本、运输费用、管理费用、时间特性、物流成本变化趋势、预算管理等；⑪物流信息系统调查，主要包括网络建设、软件及应用、信息及时性、信息是否满足需要等；⑫无形资产调查，主要包括商标、字号、企业形象等。

问：企业外部物流调研的基本内容包括哪些？

答：企业外部物流调研的基本内容主要包括：①宏观资源调查，主要包括产业政策、政府计划、行业发展情况、趋势等；②区域内物流调查，主要包括区域物流规划、物流设施、物流企业等；③潜在用户调查，主要包括数量、分布、行业等；④相关企业资源调查，主要包括主要承运企业、仓储企业等；⑤竞争情报调查，主要包括竞争者的数量、资源、用户数、价格、管理、市场等。

问：物流市场调研有哪些类别？

答：按照调研的目的不同，物流市场调研分为：①探索性调研，即为确定问题的性质和应调研的内容而收集信息进行分析的调研；②描述性调研，即为如实地描述企业营销活动的整体特征而进行的调研；③因果性调研，即企业为了弄清原因与结果之间的关系而进行的调研；④预测性调研，即企业为了进行市场预测而对市场的发展趋势及未来变化诸因素进行的调研。

问：物流市场调研的方法有哪些？

答：物流市场调研的方法主要有文案调研法、实地调研法和网络调研法。

问：物流市场调研有哪些流程？

答：物流市场调研是一项有序的活动，包括调研准备阶段、调研实施阶段和调研总结阶段3个阶段。

（1）调研准备阶段　调研准备阶段主要是确定调研目的、要求及范围，并据此制定调研方案。

（2）调研实施阶段　调研实施阶段的主要任务是根据调研方案，组织调研人员深入实际收集资料。

（3）调研总结阶段　调研结束后要对大量的、杂乱的资料进行整理、汇总与统计，以便对调研反映出来的情况作出有效的分析与研究。调研总结阶段包括资料的整理和分析、编写调研报告等。

问：如何采用文案调研法进行物流市场调研？

答：文案调研法又称为资料查阅寻找法、间接调研法、资料分析法或室内研究法，是利用企业内部和外部现有的各种信息、情报，对调研内容进行分析研究的一种调研方法。

文案调研法主要按以下步骤开展：①确定查询渠道；②进行文献检索；③实施文献收集；④展开文献鉴别；⑤文献的研究与应用。

文案调研法的优点是：①不受时空限制，信息资料多；②信息获得较方便、容易，能够节省时间和精力；③调研的费用低；④内容比较客观，适宜纵向比较。

文案调研法的缺点是：①有局限性，无法收集市场的新情况、新问题；②不可预见性，所收集资料无法直接应用；③缺乏直观感、现实感，对调研者能力要求较高。

问：如何采用实地调研法进行物流市场调研？

答：实地调研法是应用客观的态度和科学的方法，对某种社会现象在确定的范围内进行实地考察，并收集大量资料用以统计分析，从而探讨社会现象。实地调研法的目的不仅在于发现事实，还在于将调研经过系统设计和理论探讨，形成假设，再利用科学方法到实地验证，并形成新的推论或假说。

与实地调研法相比，文案调研法有以下几个特点：

1）文案调研法是收集已加工过的文案，而不是对原始资料的收集。

2）文案调研法以收集文献性信息为主，具体表现为收集各种文献资料。在我国，目前仍主要以收集印刷型文献资料为主。当代的印刷型文献资料又有许多新的特点，即数量急剧增加、分布十分广泛、内容重复交叉、质量良莠不齐等。

3）文案调研法所收集的资料包括动态和静态两个方面，尤其偏重于从动态角度收集各种反映调查对象变化的历史与现实资料。

实地调研法包括访问法、观察法和实验法。

（1）访问法　访问法是指将拟调研的事项，以当面、电话或书面的形式向被调研者提出询问，以获得所需调研资料的方法。访问法有面谈调研法、电话调研法、邮寄调研法、留置调研法四种常用的方法，具体包括直接访问法、堵截访问法、电话访问法、计算机辅助电话访问法、邮寄访问法和留置访问法。

1）直接访问法也称为家庭访问法或个人访问法，是指调研者与单个的被调研者面对面进行交谈以收集资料的方法。其具体程序见表1-1-1。

表1-1-1　直接访问法的具体程序

序号	工作程序	内容
1	培训访问人员	形象、礼仪、访谈技巧
2	确定访问者	依据调研目的设定样本
3	预约	说明理由及条件
4	访问	标准式或自由式交谈
5	访问结果检查	判定资料真实性及是否需要进行二次访问
6	致谢	以书面或电话形式

2）堵截访问法又称为街头访问法、商场拦截法，如图1-1-1所示。

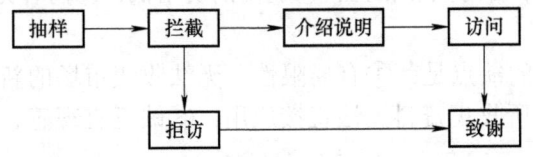

图1-1-1　堵截访问法示意图

3）电话访问法是指通过电话向被调研者询问有关调研内容和征询市场反应的一种调研方法，其程序是：①根据调研目标和范围划分地区；②确定每个地区要调研的样本单位数；③编制电话号码单；④将电话号码单按地区分给调研者，调研者再利用晚上或节假日与被调研者通电话或采用全自动电话访谈。

4）计算机辅助电话访问法是在一个中心地点安装设备，其软件系统包括自动随机拨号系统、问卷设计系统、自动访问管理系统、自动数据录入和简单统计系统四个部分。其特点是速度快、质量好、效率高、灵活性强。

5）邮寄访问法是指调研人员将印制好的调研问卷或调研表格，通过邮政系统寄给选定的被调研者，被调研者按要求填写后再寄回来，调研者通过对调研问卷或调研表格的整理分析，得到市场信息。

其程序是：①根据调研目的确定调研对象；②通过电话与选定的被调研者联系，请求他们协助；③向被调研者寄出邮件；④通过电话再次与被调研者联系，确认其是否收到邮件，并再次请求合作；⑤收回问卷并整理。

6）留置访问法是指调研者将调研表或者调研提纲留给被调研者，说明调研意图和要求，请其自行填写，再由调研者按照约定时间上门收回的一种调研方法。该方法介于面谈调研法和邮寄调研法之间。

四种常用访问调研法优缺点的比较见表1-1-2。

表1-1-2 四种常用访问调研法优缺点的比较

评价标准	面谈调研法	电话调研法	邮寄调研法	留置调研法
调研范围	较窄	较窄	广	较广
调研对象	可控可选	可控可选	一般	可控可选
影响回答的因素	能了解、控制和判断	无法了解、控制和判断	难以了解、控制和判断	能了解、控制和判断
回收率	高	较高	较低	较高
回答速度	可快可慢	最快	慢	较慢
回答质量	较好	好	较差	较好
投入人力	较多	较少	少	较少
时间	长	较短	较长	较长
平均费用	最高	低	较低	一般

（2）观察法 观察法是指调研人员凭借自己的眼睛或借助摄录像器材，在调研现场直接记录正在发生的市场行为或状况的一种有效的收集资料的方法。其特点是被调研者是在不知晓的情况下接受调研的。观察法又分为直接观察法和间接观察法。

1）直接观察法是指在现场凭借自己的眼睛观察市场行为的方法，包括顾客观察法和环境观察法。

顾客观察法是指在各种市场中以局外人的方式秘密注意、跟踪和记录顾客的行踪和举动以取得调研资料的方法。

环境观察法又称为神秘购物法，是指以普通顾客的身份对调研对象的所有环境因素进行观察以获得调研资料的方法。此种方法是让接受过专门训练的"神秘顾客"作为普通的消费者进入其所调研的环境，其任务一般为观察购物环境和了解服务质量。

2）间接观察法是指借助于一定的仪器和设备对实物进行观察，以追溯和了解过去所发生的市场行为的调研方法。间接观察法包括痕迹观察、仪器观察、遥感观察。

（3）实验法　实验法是指从影响调研问题的许多可变因素中选出一个或两个因素，将它们置于同一条件下进行小规模实验，然后对实验结果进行分析，以确定研究结果是否值得大规模推广。它是研究问题各因素之间因果关系的一种有效手段。

实验法应用非常广泛，其最大特点是把调研对象置于非自然状态下开展市场调研，其核心问题是将实验变量或因素的效果从众多因素的作用中分离出来并给予鉴定。

问：如何采用网络调研法进行物流市场调研？

答：网络调研法是指在网上针对特定的营销环境进行简单调研设计、收集一手资料和初步分析的调研方法，又称为网上面谈调研。因特网作为高效的信息沟通渠道，具有开放性、自由性、平等性、广泛性、直接性的特征，可大大提高企业收集信息的效率。

网络调研法主要按以下步骤开展：①选择搜索引擎；②确定调研对象；③确定调研方法和设计问卷；④选择调研方式；⑤面谈相关调研对象；⑥分析人口统计信息；⑦收集相关信息；⑧整理分析并形成调研报告。

问：影响物流市场调研的因素包括哪些方面？

答：影响物流市场调研的因素主要包括：①收集市场信息的能力；②调研成本；③调研时间长短；④对样本的控制程度；⑤对调研人员影响效应的控制。

问：物流市场调研计划包括哪些要素？

答：物流市场调研计划见表1-1-3。

表1-1-3　物流市场调研计划

序号	计划表项目	市场调研计划内容
1	信息来源	1. 第一手资料：通过各种实践或调查研究直接得来的有用资料和情况 2. 第二手资料：主要来源于企业内部资料和社会公共资料。企业内部资料是物流企业内部的信息系统所经常收集的资料，如销售情况、库存情况、产品成本、客户信息等；社会公共资料是从市场调研机构、科研情报机构、统计机构、文献杂志、公开的数据、因特网等获得的资料
2	调研方法	询问法、观察法、实验法、问卷调研法
3	调研工具	调研表格、仪器设备
4	调研方式	全面调查、重点调查、典型调查、个案调查、抽样调查
5	调研对象	企业相关部门、人员、物流市场环境、行业竞争、宏观政策
6	经费预算	财务平衡
7	人员培训	1. 调研组织者 2. 调研人员：要从政治素质、知识文化程度、工作经验技能等方面综合考查，决不能仅注重其工作技能。合格的调研人员是保证市场调研结果可靠的重要条件

问：物流市场营销的调研方法有哪些？

答：物流市场营销的调研方法有询问法、观察法、实验法和问卷调研法四种。

（1）询问法　询问法又称为直接调研法，是指以询问的方式了解情况、搜集材料以获得所需的各种情况和资料。其内容包括三个方面：一是事实询问，即要求被调研人用事实来回答问题，例如："在物流的成本管理中，是否将退货破损成本计算在内？"二是意见询问，即要求被调研人提出自己对所询问事项的意见或评论性的见解，例如："您是否觉得您公司的仓库管理系统有必要采用计算机进行管理？"三是阐述询问，即要求被调研人阐述购买愿望与行为的理由，例如："你为什么要采用××公司的 ERP 软件？"

（2）观察法　观察法是指调研者在收集资料时，不直接向被调研者询问问题，而是利用调研人员直接观察或采用各种仪器（如使用录音机、照相机、摄像机或某些特定的仪器）间接观察被调研者的行为或现场事实的一种收集资料的调研方法。观察法通常包括直接观察法、亲身经历法、测量观察法。直接观察法是指物流企业的调研人员直接到现场进行观察。

（3）实验法　实验法是指先在较小范围内进行实验，取得数据资料后再研究决定是否大规模推广的一种市场调研方法。这种调研方法主要用于新产品试销和新方案实施前的调研。

（4）问卷调研法　采用问卷调研可以了解顾客的认识、看法和喜好程度等，并可以分析处理这些数据，得出结论。问卷调研法的关键之一是问卷设计的技巧。

以上四种调研方法的优缺点比较见表 1-1-4。

表 1-1-4　四种调研方法的优缺点比较

序号	评价标准	询问法	观察法	实验法	问卷调研法
1	灵活性	好	好	差	一般
2	所收集数据的质量	较好	差	好	较好
3	对象的控制	较好	很好	较好	较好
4	数据收集速度	快	快	一般	慢
5	回答速度	快	快	一般	慢
6	成本	低	低	高	较高

问：物流市场预测的概念是什么？物流市场预测的原则有哪些？

答：物流市场预测就是物流企业根据历史统计资料和市场调查获得的市场信息，对市场供求变化等因素进行细致的分析研究，运用科学的方法或技术，对市场活动及其影响因素的未来发展状况和变化趋势进行预计和推测。

物流市场预测的原则是指导预测工作的重要准则，主要包括：

（1）连续原则　连续原则要求预测对象的发展变化应具有连续性。市场营销预测就是用市场调查得来的市场过去和现在的资料，去找出市场未来情况的信息。

（2）系统原则　预测对象的发展变化往往受许多因素影响，所以物流企业在对某个预测对象进行预测时，必须对企业的内、外部因素作系统分析，这样才能克服预测的片面性，使预测结果更为准确。

（3）类比原则　当人们还未掌握预测对象在某种条件下的发展规律时，可借助它在其他场合下的已知规律，来推测它在不同条件下发展的规律。

（4）相似原则　人们对有些预测对象过去和现在的情况都不了解，无法掌握其发展规律，这时可依据相近事物的发展变化情况和状态，来估计预测对象的未来趋势。

问：物流市场预测的步骤是什么？

答：物流市场预测的步骤主要包括：

1）确定预测目的，制订预测计划。这是物流市场预测首先要解决的问题。确定预测目的，就是从决策与管理的需要出发，紧密联系实际需要与可能，确定预测要解决的问题。预测计划是根据预测目的制订的预测方案，包括预测的内容、项目，预测所需要的资料，准备选用的预测方法，预测的进程和完成时间，编制预测的预算，调配力量，组织实施等。

2）搜集、审核和整理资料。数据资料是进行物流市场预测的重要依据，因此要根据预测目标的要求，调查、收集与预测对象有关的历史和当前的数据资料，掌握事物发展的过去和现状。只有根据调研提供的数据资料，才能对市场、技术等的发展趋势作出科学的预测。

为了保证资料的准确性，要对资料进行必要的审核和整理。资料的审核，主要是审核来源是否可靠、准确和齐备，资料是否可比。

3）选择预测方法。市场预测方法有很多，有定量方法，也有定性方法；有的适用于短期预测，有的适用于中长期预测；有的需要以大量的数据为基础，有的则依赖个人的经验和知识。预测方法选择得是否恰当、正确，对于预测的准确性有很大影响。因此，应根据预测项目的不同，选择不同的、适用的预测模型。

4）进行预测。在选择预测方法之后，即可进行预测。如果是定性预测，就要把相关的资料和问题交给预测人员进行分析和预测；若采用定量预测方法，就要将收集到的数据输入模型，进行运算并求出结果。

5）分析、评价预测结果。对得出的初步预测结果要进行分析和评价。评价中经常采用的方法是将定量预测结果与定性预测的一般性结论进行对照，检查其合理性和可信度，估计预测值的误差。

6）写出预测报告。预测报告要准确记载预测目的、预测方法和参数、资料分析过程、最后结果以及建议等内容，做到数据充分、论证可靠、建议可行。预测报告也是对每一次预测工作的总结，在总结中认真分析不足，找出经验教训，以便于提高预测者的预测水平。

问：物流市场预测方法有哪些？

答：预测方法分为定性方法和定量方法两大类，这两类方法并不是孤立的，在进行物流市场预测时，经常要综合运用。

1. 定性方法

（1）专家会议法　专家会议法的特点是采用开调查会的方式，将有关专家召集在一起，向他们提出要预测的题目，让他们通过讨论作出判断。这种方法有它的优点和不足：优点是效率高，费用较低，一般能很快取得一定的结论；其不足就是，由于大家在面对面地进行讨论，会使一些观点并不能被全面真实地表达出来。

（2）德尔菲法　德尔菲法即通过寄发调查表的形式征求专家的意见，专家在提出意见后以不记名的方式反馈回来，组织者将得到的初步结果进行综合整理，然后随表格反馈给各位专家，请他们重新考虑后再次提出建议。经过几轮的匿名反馈过程，专家意见基本趋向一致，并依此得出预测结果。

2. 定量方法

定量方法中常用的有时间序列预测法、回归预测法、组合预测法、马尔可夫模型预测法等。其中，时间序列预测法分为简单平均法、移动平均法、指数平滑法、季节性因子指数平滑法；回归预测法分为一元线性回归预测法、多元线性回归预测法、非线性回归预测法；组合预测法分为等权平均法、方差协方差法、回归组合预测法。合理使用这些方法，才能起到较为良好的效果。

（1）时间序列预测法

1）简单平均法是以历史数据的算术平均数、加权算术平均数和几何平均数等直接作为预测值的预测方法。这类方法模型简单、使用方便，因而是一类相对简单的预测方法，一般适用于短期或近期预测。

算术平均法是把历史数据加以算术平均，并以平均数作为预测值的方法，其预测模型为

$$X_A = \sum X_i / n$$

式中，X_A 为预测值的算术平均数；X_i 为第 i 个历史数据，$i=1,2,3,\cdots,n$；n 为参加平均的历史数据的个数。

加权平均法是对参加平均的历史数据给予不同权数，并以加权算术平均数

作为预测值的方法。加权平均法虽可分加权算术平均法、加权几何平均法等，但一般指加权算术平均法，其预测模型为

$$X_W = \sum W_i X_i$$

式中，X_W 为预测值的加权平均数；W_i 为第 i 个历史数据的权数，$i=1,2,3,\cdots$。

对给定的 n 个历史数据，如果把它们相乘，然后把乘积开 n 次方，则所得的 n 次方根称为这 n 个历史数据的几何平均数。几何平均法就是以历史数据的几何平均数作为预测值的方法，其预测模型为

$$X_\theta = \sqrt[n]{X_1 X_2 X_3 X_n}$$

式中，X_θ 为预测值的几何平均数。

2）简单平均法不能很好地反映事物变化的趋势，而移动平均法则可以消除这种不足。移动平均法就是通过计算不断移动的 n 个数据的平均值来进行预测的方法。它通过不断引进最近期的新数据来修改平均值作为预测值。由于所计算的平均值随着时间的推移而逐期向后移动，因而可以反映数值的变化趋势。移动平均法分为一次移动平均法和二次移动平均法两种。

一次移动平均法是一种简单易行的预测方法，比较适用于具有明显线性趋势的时间序列数据的预测。

二次移动平均法是在一次移动平均法的基础上发展起来的，它是在一次平均的基础上进行再次移动平均。它一般不用二次移动平均值直接作为预测值，而是通过建立二次移动平均预测模型进行预测。

（2）回归预测法　采用时间序列预测法进行预测，不管是简单平均法，还是移动平均法或指数平滑法，都只是对一些表面的数据进行统计学的简单处理，是仅凭数据说话，而事物间的因果关系并未反映进去，因而只是一种形式上的预测，准确性不高。客观事物间普遍存在着一种联系，即因果关系，如货运量与国内生产总值、员工劳动生产率与产品成本之间都存在着一定的因果关系。通过寻找这种变量的因果关系并将其定量化，就可以根据定量关系来预测某一变量的未来值。回归预测法就是利用预测对象与影响因素之间的因果关系，通过建立回归方程来进行预测的方法。

回归预测法的基本步骤是：

1）进行定性分析，以确定与预测对象有因果关系的因素。
2）收集、整理有关因素的资料。
3）计算变量间的相关系数并确定回归方程。
4）利用回归方程进行预测。

回归预测法有两种情况：凡是一个变量对另外一个变量的回归问题分析，即为一元回归预测法；而一个变量对多个变量的回归问题分析，即为多元回归预测法。

试题选解： 物流市场调研的流程包括（　　）。
A. 调研立项阶段　　　　　　B. 调研准备阶段
C. 调研实施阶段　　　　　　D. 调研总结阶段

解：物流市场调研是一项有序的活动，包括调研准备阶段、调研实施阶段和调研总结阶段。因此，正确答案是BCD。

鉴定要求2　市场信息收集的方法与工具

问：市场信息包括哪些内容？

答：市场信息主要包括：

1）环境信息：国家方针、政策、国内外重大事件、国内国际形势、地理、人口、文化等。

2）行业信息：本行业的态势、现状、前景、行业规定。

3）竞争信息：竞争对手的判断及其销量、利润、管理、销售措施等相关信息。

4）产品信息：行业产品、竞争对手产品、替代产品、本企业产品等相关信息，如包装、款式、产品趋势。

5）消费者信息：消费者的需求、消费心理、消费动机、消费水平、消费习惯等相关信息。

6）渠道信息：渠道的分布、渠道网络、渠道成员、渠道长宽度、渠道意见、渠道成员个人情况等。

7）价格信息：本企业产品的价格，竞争对手的价格体系，渠道价格、零售价、新产品价格以及对这些价格的反馈信息。

8）广告信息：行业广告、竞争对手广告、广告表现手法、广告内容、广告目的。

9）促销信息：促销内容、促销形式、促销地点、促销时间、促销效果。

问：市场信息收集的方法有哪些？

答：市场信息收集的方法主要有：

（1）观察法　观察法是指信息收集人员亲自到经济活动现场或借助一定的设备对信息收集对象的活动进行观察并如实记录的收集方法。该方法既可以用来收集消费者的信息，也可以用来了解竞争对手的情况。

1）观察法的应用包括：

① 消费环境的观察。在开发新产品前，了解消费环境可以提高新产品的适应性。在日本汽车进入美国市场前，汽车商派了很多调查人员去了解美国人的生活，如车库大小、出行距离、携带物品量、座椅高度等，这些数据在日本汽车商设计适合美国人需求的汽车的过程中起了关键作用。

② 了解商品的使用情况。使用情况不仅反映消费者对商品的态度、消费习惯（用量、次数），而且有助于发现产品的新用途，对于企业改进产品、宣传产品都有帮助。如海尔的工作人员发现，在农村地区很多农民用洗衣机来洗菜、洗地瓜（又名甘薯、红薯等），于是开发了"地瓜"洗衣机，在农村市场很受欢迎。

③ 了解消费者的需求和购买习惯。在西方国家，顾客观察已成为调查机构提供的一种特殊服务。调查人员装扮成顾客或工作人员，跟踪和记录顾客的购买过程，包括在货架前的停留时间，顾客的性别、年龄、服饰，观察商品的顺序，行进的路线等。通过观察和分析有助于企业改进服务，比如确定商品最佳的摆放位置，了解某种商品购买者的特征、商店存在的死角、消费者的关注重点等。

2）观察法的优缺点。观察法在商业和制造业中都有广泛应用，通过观察法所得到的信息主要有以下一些优点：

① 客观性。观察法一般是在观察对象未觉察的情况下进行的，他们的言行是其心理活动的真实反映。相对于调查法和实验法而言，观察对象的言行较少掩饰，不会出于礼貌作不真实的回答或由于紧张而反应不自然。

② 直观性。观察法所得到的信息往往能够直接利用，而借助语言文字来传达的信息，信息提供者的表达能力和使用者的理解能力都可能使信息被扭曲或损耗。

③ 广泛性。通过观察法可以得到其他渠道难以获取的一些信息，如消费环境的信息，消费者使用情况的信息，竞争对手的价格、促销手段、服务水平等信息。这些信息可以作为其他渠道的一种重要补充。

当然，观察法也有很多缺点，需要加以改进或用其他方法进行补充：

① 难以揭示深层次的原因。在观察的过程中，为了不引起被观察者注意，信息收集人员不能去影响和控制环境及观察对象，所以对影响变量的辨析就很困难。比如，通过观察可以发现消费者对某种商品感兴趣，但究竟是由于收入、职业、广告还是其他原因引起的，观察本身无法揭示。

② 信息难以量化。消费者的购买过程、消费环境、交谈内容等都是定性信息，在没有控制环境的情况下，观察对象的言行往往不是按调查者的思路来表达的，故所得信息比较零乱而且存在大量无关信息，给信息处理和分析增加了难度，也不适合进行定量研究。

③ 收集信息的范围有限。由于信息收集人员的视野和注意的范围有限，需要在同一地点进行长时间的观察，观察对象受到限制，能了解的信息内容也有限。若是借助设备，由于所使用设备的不可移动性，所以收集的信息也有限。

④ 费用高。因为需要较多的人员和设备投入，所以观察法的成本通常比

较高。

综合以上的优缺点,所以比较适合观察法收集的信息主要是:对准确性要求比较高的信息;不需要深入分析的信息(如购物习惯、购买量、购买者性别等);信息收集对象不愿意透露的信息;不需要大量数据就能进行分析的信息等。

(2) 调查法 通过与信息收集对象进行直接交流来获取信息的方法称为调查法。在市场研究中,调查法是使用较为普遍的一种信息收集方法。该方法主要用于了解观念性或概念性的信息。根据交流方式的不同,调查法可以分为访谈调查和问卷调查两大类。前者是口头交流,而后者是文字交流。两种方法各有优缺点,适合了解不同的信息。

1) 访谈调查是通过信息收集人员与调查对象进行口头交流来获取信息的。这种方法的主要优点是:

① 可以确定被调查者的身份。这一优点有助于提高信息分析的准确性。问卷调查中由于填写者的身份无法确定,信息分析结果的真实性会受到影响。比如男性将性别填为女性而被误当女性填写的问卷来分析,必然使分析结果出现偏差。

② 有利于得到更多信息。在访谈过程中,调查人员可以根据对方的反应随时调整提问的内容和方式,有助于问题的深入;另外,被调查者对问题产生误解时,也可以及时进行纠正。通过对方的表情、语气还可以判断回答的真实性,这些都有助于提高回答的有效性。由于交流的互动性,双方可以相互启发、拓展思路。

③ 所得信息便于处理。由于问题是事先设计好的,被调查者按设计人员的思路来回答问题,无关信息少,所得结果便于进行分析和处理。对样本的选择和控制可以提高回答的代表性,也有助于进行分类统计和比较研究。

④ 被拒绝的可能性小。出于礼貌或碍于情面,被调查者都不太会拒绝访谈调查。尤其是入户访谈,由于进行了事先预约,被调查者能更好地配合调查人员,可以提高调查的质量。

⑤ 反馈及时。即问即答的调查方式,可以缩短调查周期。

但是,访谈调查也存在一些缺点:其一,调查费用高、范围窄。访谈调查是一对一的沟通,需要大量的人员投入,费用高;由于需要亲临现场,所以调查人员会受交通、天气等因素的影响;调查范围有限。作为一种改进,将被调查者集中到一起进行小组访谈,可以降低成本,还能利用被调查者之间的相互启发得到更多信息;同时,也避免了单独交谈时所得信息有大量重复的情况,从而大大缩短了调查时间。其二,调查敏感问题比较困难。进行面谈时,被调查者容易紧张和产生较多顾虑,对涉及个人隐私的敏感问题,他们拒绝回答或作不真实回答的可能性比较大。其三，调查人员的主观因素影响大。不同调查人员的提问技巧和理解能力存在差异，在提问时，调查人员的提问方式、语气、表情都可能产生诱导，从而影响回答的客观性。

访谈调查主要用于收集需要深入了解的信息，调查对象应该是能提供较多信息的权威人物或有代表性的人物。

2) 问卷调查是通过让被调查者填写问卷的方式来收集信息。这种方法程序简单，对调查人员的要求不高。其主要的优点包括：

① 成本低。问卷调查是一种文字交流的方式，不需要调查人员与被调查者进行一对一的交谈，人员投入少。设计一份问卷可供无数调查对象填写，所以单位调查成本很低。

② 调查范围广。由于单位调查成本较低，所以这种方法可以调查更多的人。尤其是邮寄问卷调查，更可以不受时间和空间的限制，无论是调查的人数还是调查的地理范围都可以大大提高。

③ 方便处理。问卷调查一般是标准化的，设计人员对被调查者的回答范围进行了控制，信息收集的针对性强，调查结果容易处理，适合于定量化研究，特别是封闭式问卷还可以借助计算机进行处理。

问卷调查的缺点主要有两个：一是回答的真实性相对较差。被调查者的理解能力和表达能力存在差异，对某些复杂的问题进行问卷调查难以取得理想的效果。二是拒答率较高。

所以，问卷调查适合于了解对问题的看法、态度，对已知答案的选择，对问题的简单建议或要求，尤其适合于用大量数据进行比较分析的定量化研究。

(3) 实验法　无论是调查法还是观察法，都是将研究对象放在自然状态下，不加干预或较少干预，这一特点尽管可以让信息收集人员得到比较客观的信息，但也有一些共同的缺点。

1) 难以确定事物的真正因果关系。由于引起某一现象的原因多种多样，在自然状态下的观察与调查有时很难确定其主要原因。前面分析过观察法难以揭示深层次原因，而调查法尽管可以了解一些因果关系，但对某些隐蔽因素的揭示就比较困难，例如消费行为很大程度上受心理因素，特别是潜意识的观念影响，调查法则不容易了解到这些。

2) 难以复查和检验。由于调查和观察都处于自然的进程中，所以环境的改变使重新调查或观察变得困难。

实验法是将所选主题的刺激因素引入被控制的环境中，通过系统改变刺激程度来测定实验对象的行为反应，从而确定所选主题与刺激因素的因果关系。通过对环境的控制使影响因素得以重视，从而能对结果进行检验，有助于提高信息的稳定性，减少片面性。

实验法的最大特点是能够发挥信息收集人员的主观能动性，根据研究的需要，通过特别的安排使环境简化，使现象得以延缓或加速，从而可对其进行更仔细的观察，同时排除了无关因素的干扰，因而可以更好地揭示因果关系。实验法的最大缺点是设计难度大，需要将所有的可能影响因素考虑进去，并将非研究因素加以排除，否则所得结果很可能是非研究因素影响的结果。

由于上述特点，实验法主要用于因果关系的判断，在消费行为研究中得到了广泛应用。由于影响消费行为的因素很多，在不同环境中影响消费行为的主要因素差异很大，这为企业制订营销策略带来了困难，所以需要用实验法来确定主要影响因素和影响程度。试销就是一种使用较多的实验法。在产品大规模进入市场前对消费者的购买意愿、感兴趣的内容、购买方式等信息通过试销进行测试，可以为企业确定市场规模和制订适当的营销方案提供依据。

上述三种方法各有优缺点，企业的信息收集人员应该根据研究的目的、自身的水平、研究经费等因素综合考虑加以选择。

问：市场信息分析的工具有哪些？

答：市场信息分析的工具主要有：

1）数据分析，即基于公司已有的关于销售员、区域、客户、产品、时间的销售数据的分析，涉及产品、行业、区域三个维度，和饼图（现在的格局）、趋势图（时间的变化）、立方图（数量及增长）三种图形方式。通常进行整体和重点二级分析（第三级为特殊）。数据分析是源自公司销售数据的分析，是最理性的市场信息分析工具。

2）SWOT分析，即对企业内部条件的优势（Strength）与劣势（Weakness）以及外部环境的机会（Opportunity）与威胁（Threat）进行综合分析，是一种涉及四个维度的分析思路，是对市场环境的整体把控。

3）波士顿矩阵分析，即企业产品组合的一种分析和规则方法，有助于分析产品线的构成。波士顿矩阵包括销售增长率和市场占有率两个维度，形成了"问题"（？）、"明星"（★）、"现金牛"（￥）、"瘦狗"（×）四个象限。它也常用于公司的业务板块或者产品线组合的分析。

4）4P分析，即经典的产品（Product）、价格（Price）、渠道（Place）、促销（Promotion）四个方面的分析方法。这是站在公司角度进行的分析。该分析起源于消费品行业，在自动化行业可以引申为产品组合、价值体系、销售模式、市场推广。

5）4C分析，即站在客户角度上的客户（Customer）、成本（Cost）、便利（Convenience）、沟通（Communication）四个部分的分析。

6）产品生命周期，即从产品进入市场开始，直到最终退出市场为止所经历的市场生命循环过程，产品生命周期分析则是判断产品所处的诞生、成长、成熟、衰退的不同阶段。产品只有经过研究开发、试销，然后进入市场，它的市场生命周期才算开始。产品退出市场，则标志着生命周期的结束。

7) STP 分析，包括市场细分（Segmentation）、目标市场（Targeting）、产品定位（Positioning），这是针对客户的市场定位。

8) 五力模型，即现有竞争者、潜在的进入者、替代品、购买者、供应者。

9) 战略群体分析，即对主要同行的一种分析。

10) 宏观环境（PEST）分析，即通过政治、经济、社会与科技四个维度对企业生存与发展的宏观环境进行分析。

11) 微观环境分析，即对行业、竞争者、下游客户、上游供应商、替代品、潜在的进入者等微观环境因素进行分析。

12) 专项分析，旨在专项问题专项解决，涉及的具体内容包括产品货期、供应链分析、产品价格、成本分析、产品质量、结构分析等。

以上 12 种分析工具中，比较常用的是 4P、4C、SWOT、波士顿矩阵、STP、数据等工具。

问：进行物流市场调查资料的整理与审核时，主要进行哪些方面的工作？

答：1) 资料"净化"工作：净化那些无参考价值的、有采访者主观偏见的、回答有敷衍态度的信息。

2) 归类：根据一定标准将资料归集成若干类，现在通常可以通过计算机协助解决。

3) 分析评价：对资料的可信度和有效度作初步评价。

4) 统计制表：制表制图应特别注意注解说明和数据的规范使用。

问：如何对物流市场调查结果进行分析？

答：调查结果分析主要是对收集信息的分析。分析信息主要是指对信息进行整理、编码、分类、制表、交叉分析，并提出研究报告的工作过程。分析信息的主要内容包括：①分析得到信息的渠道是否可靠；②分析信息内容的准确性；③分析信息间的相互关系和变化规律。

分析信息的一般程序为编辑整理、分类编码、统计和分析。

问：物流市场调查资料的常用统计分析方法有哪些？

答：对调查资料的统计分析方法，最常用的是方差分析和回归分析。

（1）方差分析　方差分析又称为变异数分析，其主要功能是分析调查或实验数据中不同来源的变异对总变异的贡献大小，从而确定研究中的自变量是否对因变量有重要影响。

（2）回归分析　回归分析预测的基本思路是分析预测对象与有关因素的相互关系，并用适当的回归模型描述出来，然后再预测其未来的发展趋势。

> **试题选解：** 下列属于市场信息收集方法的是（   ）。
> A. 检索法   B. 观察法   C. 调查法   D. 实验法
> 解：市场信息收集的方法主要有观察法、调查法和实验法。因此，正确答案是 BCD。

鉴定要求 3　数据处理与统计的知识与方法

问：数据处理的方法步骤有哪些？

答：数据处理是指按照应用的需要，采用一定的方法与手段对数据进行搜集、存储、加工、传输和输出过程的总称。数据处理的方法步骤主要有：

（1）数据搜集　数据搜集是数据处理的第一步，其准确性直接影响到数据处理，决定着数据处理结果的质量，是后续数据处理的基础和依据。

（2）数据存储　数据存储是指将录入的数据存储在系统中，以供长期使用。数据存储需要确定恰当的存储介质、存储方式(数据文件方式、数据库方式)、存储时间、存储内容、存储空间等。此外，还应特别注意数据存储的安全性和可靠性。

（3）数据加工　数据加工是指根据信息需求者的工作特点和需要，为获得信息而对存储的数据进行选择、计算、排序等相关操作的过程。这需要利用经济学、管理科学、运筹学、统计学等不同学科中相关的模型与方法，是一项综合性很强的工作。

（4）数据传输　数据传输是指采用一定的方法和手段，将数据从一处传输到另一处，从而实行信息共享和交换。在数据传输过程中，确保传输数据的正确、安全、速度是关键。

（5）数据输出　数据输出是指按照需要，将信息提供给用户。在计算机应用中，表格、文字、图形、声音等形式的数据可以采用显示、打印、播放等多种方式进行输出。随着多媒体技术的发展，数据输出的形式将更加丰富和直观。

> **试题选解：** 简述数据处理的方法步骤。
> 解：数据处理的方法步骤主要有：①数据搜集；②数据存储；③数据加工；④数据传输；⑤数据输出。

鉴定点 2　客户开发计划与实施

鉴定要求 1　客户开发与维护的流程

问：如何对客户进行分类管理？

答：客户关系管理中的客户，实际上它包含了不同的类别，而且不同类别客户的管理方法和管理力度是不一样的。客户关系管理实际上是一种客户关系分类管理。客户关系管理中的客户，实际上分成了五大类：潜在客户群、普通客户群、基本客户群、实际客户群、骨干客户群。

（1）潜在客户群　其特点是：数量巨大；埋在"水下"，谁也不知道。他们可能成为客户，也可能永远不能成为客户。对潜在客户群的管理，主要是通过媒体的广告宣传进行思想转化。

（2）普通客户群　其特点是：他们已经冒出水面，他们通过广告宣传已经大致知道了产品，知道了企业，但是实际没有购买过产品，也没有和企业打过交道。对这一类客户群的管理，主要是要去发现他们、联系他们、沟通他们。主要的管理方式除了继续广告宣传之外，还可以选择以下方式：有奖咨询、有奖征文、有奖销售、展示会。

（3）基本客户群　其特点是：已经和企业联系上了，并且已经进入企业的在册客户名册或者基本数据库。他们已经成为企业客户管理的基本对象。他们可能对企业、对产品有所了解，并且有了兴趣，可能有的已经购买过企业产品，但是多数人还没有购买过企业产品。对基本客户群管理的重点，就是要对他们促销，促成他们购买企业产品，成为企业的实际客户。主要的管理措施除了深入的广告宣传之外，还要采取有奖销售、各种促销活动、赠送试用等。

（4）实际客户群　其特点是：已经购买了企业的产品，并且已经进入了企业客户业绩登记册或者企业业务数据库。他们已经成为企业客户管理的重点对象。他们对企业的产品有比较深刻的了解和使用体会，对企业产品有很重要的发言权。他们可能会对企业产品开发、企业工作改进以及企业开拓市场提出建设性的意见，并能够起很重要的促进作用，对企业有着重要的意义。对实际客户群管理的重点，就是要解决好大量的售前售后服务，解决购买纠纷，协调、沟通关系；要对客户进行购买业绩的登记和考核，评价客户业绩和信誉程度，规范客户行为和监控风险等；充分利用并发挥他们独特的作用，还要再采取适当的激励措施，并采取适当的控制措施。

1）购买事务管理，售前售后服务，业绩考核监控，协调处理关系，培养忠实客户。

2）客户委员会会员制管理。会员制就是使实际客户形成一个会员组织。这种会员组织能够自动把客户组织、联系起来，客户委员会通过组织一些活动，和企业进行协调，维护会员的权利。另外，会员在购买企业商品时，可以有某些优惠条件等。

3）组织客户联谊活动，增进友谊和凝聚力。

4）有奖销售，鼓励客户进一步购买。

5）表彰先进，激励客户。例如利用客户座谈会、报告会等形式，表彰先进、带动后进，并鼓励客户给企业发展建言献策。其他各种客户激励活动等，也都可以尝试。

（5）骨干客户群　其特点是：购买企业产品多、频次高，有经济实力，有社会名望，守信用。他们已经对企业做出了重要贡献，并且还能够继续对企业做出更大的贡献。对他们的妥善管理，不但能够对企业发展有重要意义，而且他们还可能成为其他客户的样板，带动更多的客户。对他们管理的要点，就是要给予他们更大的激励，并把他们树立成客户的样板和旗帜，但在倍加爱护的同时，也要加以适当的监控。

1）为他们提供高档次的优质购买服务工作，服务更加细致，更加人格化、个性化，真正使得客户感动，使他们成为最忠实的客户。进行业务指导监控，使他们成为最规范的模范客户。

2）客户委员会会员制管理。可以让他们担任一些职务，发挥他们对于其他客户的影响带动作用。

3）客户联谊活动，交流感情，提高凝聚力。

4）有奖销售，继续促进购买。

5）客户座谈，聘任企业顾问，为企业发展建言献策。

6）大规模的表彰活动，给以很高荣誉，树立旗帜。

问：简述开发客户的一般流程。

答：第一步是进行详细的市场调研。在开发客户之前，一定要进行详细的市场调研：一是找到所要开发的目标客户；二是摸清潜在目标客户的基本资料。

寻找目标客户的方法：

1）通过查找城市黄页或登录重点客户网站的方式，寻找本地区的行政企事业单位，以及有可能成为目标客户的其他社会团体及其相应的联系方式。

2）发动现有的经销商或终端商，利用其良好的社会资源平台，为企业提供有合作机会的客户群。

3）在当地主流媒体发布相关的企业和产品信息，借此吸引更多的受众。

4）根据人际网络关系法则——资源共享，通过与企业内部、朋友、同事或其他渠道之间的探讨与交流，来获取更多的准目标客户。

在得到了相关目标客户的名单及其资料后，接下来的工作就是要对这些客户进行调研和分析了。

第二步是明确进攻路线。可以运用"四环联合术"与目标客户建立关系，即邮寄企业和产品资料、客户拜访、为目标客户下单造势、进行客户公关。

问：如何开发物流新客户？

答：①搜集客户资源；②接近客户；③推销洽谈；④发现识别客户；⑤处理客户异议；⑥促成交易；⑦签订物流服务合同；⑧客户维系。

问：客户维护的流程有哪些？

答：（1）明确和满足客户需求　一是要经常与客户沟通交流，并给客户提供更多优惠措施，如数量折扣、赠品等，以保持融洽的关系。二是特殊客户要特殊对待。根据80/20原则可知，企业利润的80%是由20%的客户创造的。所以，善于经营的企业要根据客户本身的价值和利润率来细分客户，并密切关注高价值的客户，保证他们可以获得应得的特殊服务和待遇，使他们成为企业的忠诚客户。三是要提供系统化的解决方案。企业应不仅仅停留在向客户销售产品的层面上，要主动为他们量身定做一套适合的系统化解决方案，在更广范围内关心和支持客户的发展，增强客户的购买力，扩大其购买规模，或者与客户共同探讨新的消费途径和消费方式，创造和推动新的需求。

（2）建立客户数据库　需要建立客户数据库，掌握客户的详细信息，并有针对性地与客户进行感情交流，如日常的拜访、节日的真诚问候、婚庆喜事、生日的祝福等，使客户在购买过程中获得产品以外的良好心理体验。

（3）与客户进行深入沟通　客户的需求不能得到切实有效的满足往往是导致企业客户流失的最关键因素。因此，必须要与客户进行深入沟通，防止出现误解。一方面，应及时将企业经营战略与策略的变化信息传递给客户，以便于客户工作的顺利开展；同时，收集客户对企业产品、服务等方面的意见和建议，将其融入企业各项工作的改进之中。另一方面，建立相应的投诉和售后服务沟通渠道，采用积极、热情和及时的态度，跟进了解客户，及时处理客户不满并采取有效的补救措施。

（4）制造客户离开的障碍　一个保留和维护客户的有效办法就是制造客户离开的障碍，使客户不能轻易转向购买竞争者的产品。因此，从企业自身角度上，要不断创新，改进技术手段和管理方式，提高客户的转移成本和门槛；从心理因素上，企业必须改变以往的单向的灌输式信息传播方式，尽量与客户进行沟通和互动，让客户参与其中，努力和客户保持亲密关系，让客户在情感上忠诚于企业，对企业形象、价值观和产品产生依赖和习惯心理，建立长期稳定的感情和友谊关系。

> **试题选解**：简述客户维护的流程。
> 解：①明确和满足客户需求；②建立客户数据库；③与客户进行深入沟通；④制造客户离开的障碍。

鉴定要求2　客户拜访、日常联络的基本礼仪知识

问：客户拜访的注意事项有哪些？

答：1）明确拜访目的。客户拜访时，若想要在较短的时间内给客户留下良好的专业印象，必须事前做好充分的准备和"功课"：①分析本次拜访要解决的问题；②尽可能地分析拜访过程中可能出现的问题；③作出对拜访结果的相关预测。

2）预约规范。每次拜访应事先预约，可以通过电话预约，也可以当面约定。拟定访问时间时，应先征得对方同意。要简洁明了地向对方表明拜访的目的，表达意思要清晰，不要使对方产生误解。

3）检查个人仪容、仪表。

4）准备好应携带的书函、文件、证件、名片等相关资料。

5）交通安排妥当。例如，自行前往时应选择合适的交通工具，以保证准时赴约。交通工具选定后，再确定出发时间。

6）时间礼仪。一是到达的时间。一般需要比预约时间早 5~8min 到达预约地点，尤其是第一次拜访客户的时候，不要掐着时间到，或者让客户等待。二是拜访的时间。拜访时间过长，可能会耽误客户的其他事情；拜访时间过短，又可能无法表述清楚拜访内容。

7）沟通礼仪。拜访中，还需要根据实际情况及时调整自己的拜访计划。

问：客户拜访时应注意哪些接待礼仪？

答：客户拜访时的接待工作，要根据来访者的身份、来访目的、接待地点的不同而有所区别。但各类接待的目的是一致的，即让来客受到尊重，感受到主人的诚意，为双方进一步合作打下良好的基础。

（1）准备迎接事宜　对前来访问、洽谈业务、参加会议的外国、外地客人，应首先了解对方到达的车次、航班，安排与客人身份、职务相当的人员前去迎接。若因某种原因，相应身份的人员不能前往，前去迎接的人员应向客人作出礼貌的解释。

（2）接待注意事项

1）以礼相待，体现热情和尊重。要在让座于人、代存衣帽、斟茶倒水、殷勤相助以及提供天气预报信息等招待细节上下足功夫。在接待过程中，要严格遵从次序礼仪的要求，准确地突出来客的身份，让对方感受到热情和尊重。

2）专心聆听，认真接访。与来客交谈时，务必神情专注、认真倾听。不要在招待来客时继续忙于自己的工作，如果自己有事暂不能接待，应安排其他人员前往接待，不能冷落了对方。

3）适当赠送礼品。一般而言，待客之道，送礼是少不了的。礼品的选择要突出纪念性，体现民族和地方特色；要因人而异，有针对性；要避免品种、色彩、图案、形状、数目、包装等方面的禁忌；要尊重来客的习惯，尽量使礼品得到来客的欢迎。

(3) 礼貌送客

1) 热情挽留。无论宾主双方会见的具体时间长短或有无事先约定,告辞均须由来客首先提出。当来客提出告辞时,主人通常应对其热情挽留。若来客执意离去,主人在对方起身后方可起身相送。

2) 提供方便。要事先征询来客意见,了解来客有无需要帮忙代劳之事,及时代为预订、预购返程车船或飞机票,提供相应的交通工具,保证来客及时、放心、安全、顺利地返程。

3) 热情相送。若来客提出告辞,接待的成员都应起身相送,并与其热情握手告别并欢迎下次再来。主人最后将客人送至门口或楼下,待客人身影完全消失后才可返回,决不能在客人刚出门就"砰"的一声将门重重地关上,这将会使客人产生极不舒服的感觉,甚至使整个接待前功尽弃。

问:如何巩固老客户?

答:可以通过增加财务利益、增加社会利益、增加结构性联系等方式来巩固老客户,具体可采用:①建立客户档案(客户卡);②发放积分卡;③实行会员制(等级会员制);④实施客户忠诚计划;⑤定期直邮、短信介绍新增服务、优惠;⑥重要节日向老客户寄贺卡、发短信;⑦保证服务质量和效率;⑧免费提供技术指导、技术咨询。

问:如何增进客户的联系,取得客户反馈信息?

答:①定期采用调查表及问卷;②为客户创建在线社区;③向一组客户分发物流服务项目信息;④为网站访问者提供免费在线服务;⑤创建客户服务中心小组定期会面座谈;⑥通过免费刊物定期与客户保持联系;⑦提供多种联系方式便于客户联系;⑧在客户的生日或假日保持联系;⑨邀请客户出席公司活动。

> **试题选解**:客户拜访接待时有哪些注意事项?
> 解:①以礼相待,体现热情和尊重;②专心聆听,认真接访;③适当赠送礼品。

鉴定要求3 客户开发计划和拜访纪要编写规范

问:客户开发计划的内容有哪些?

答:(1) 客户开发的目标 客户开发的目标主要是结合企业自身的经营需要,制订可通过客户开发而实现的销量及市场份额方面的具体目标。

(2) 客户开发的步骤 客户开发的步骤包括目标市场的定位、目标客户的定位、目标客户的调研、自身条件的分析等。

(3) 人员配备及职责分工 每一个客户开发项目都应当有项目负责人,并且对项目下的每一项工作都列出专门负责人,做到目标明确、任务具体、各负其责。从专业知识要求来看,既要有商务方面的专业人员,也要有懂产品的技术人员,以及其他必需的专业人员。合理的人员知识结构对于项目的成功也会起到非常重要的作用。

(4)时间安排及过程控制　应对项目中的每一项具体活动都实施过程控制,设定实现每一目标的时间表,从而确保最终目标的顺利实现。

(5)相关预算　要合理估算项目开发过程中的各项成本开支,从而确保客户开发项目能够自始至终获得充分的资金保障。

问:拜访纪要的内容有哪些?

答:拜访纪要一般应包括以下内容:拜访活动双方的姓名、单位、职务,拜访方式,主要事宜,拜访结果等。

问:客户拜访纪要有哪些编写规范?

答:(1)收集信息　应建立客户资料卡,记录客户的基本情况,如公司地址、联系电话、主要业务、法人、成立时间、在当地的网络分布、代理什么同类品牌、主营什么渠道、业绩如何等。

(2)及时记录　实施客户拜访后,应根据拜访情况填具客户拜访过程登记表,记录意向客户拜访内容,特别是有关双方利益的数据,以便于评核和控制工作进度。

(3)及时总结　应及时对本次拜访活动进行总结。

> **试题选解:** 拜访纪要的内容有(　　)。
> A.双方的姓名　　B.拜访方式　　C.主要事宜　　D.拜访结果
> 解:拜访纪要一般应包括以下内容:拜访活动双方的姓名、单位、职务,拜访方式,主要事宜,拜访结果等。因此,正确答案是ABCD。

鉴定点3　物流项目投标

鉴定要求1　物流招投标的流程

问:物流招投标的准备工作有哪些?

答:1)组织物流项目投标小组。抽调有物流服务经验、有物流方案策划和设计能力的人员组成技术完备的投标小组,并给予充分的人、财、物、时间的方便,集全体员工智慧做好投标工作。

2)收集招标企业的资料,深入了解招标企业的状况(包括成长经历、产品类型和特点、市场状况),掌握招标企业的组织结构和未来发展态势。

3)认真研究招标书,分析招标内容,提出招标书中的质疑问题,并做好询标工作。分解招标内容,组成解决各个有关内容的工作小组,编制投标书,确定项目实施的资源、人力以及费用等，进行投资效益分析、可行性研究等。

4）严格按照招标书的时间要求，确定投标活动的时间表，并制订投标工作计划。

问：物流招投标的工作流程是什么？

答：1）组成招标小组。物流客户对自己产品的物流服务进行招标，首先是组成招标小组，组长一般由招标企业的物流部总经理或总监担任，其余成员由物流部和采购部人员共同组成。招标小组是招标的工作组，从事所有与招标有关的工作。

2）制定招标工作时间表。一般从发出招标意向书开始到中标通知书发出，大约需要半年时间，招标小组会制定这段时间内比较详细的招标工作时间表，并通知投标单位。

3）向拟投标的物流企业发出招标意向书。物流企业会对招标作出投标或者不投标的决定。当接到物流企业的投标响应后，招标小组对各个投标企业进行资格考察，如了解企业的规模和业务种类及物流服务经验，参观仓库并了解仓库保管水平，了解运输方式、自有车队数量、运输监控能力及物流信息管理水平。那些没有物流服务经验和资源的企业，招标单位通常不会允许它们参加投标。

4）选定参加投标的物流企业。招标方要与参加选定的投标企业签订保密协议，投标方为招标方提供的产品数据、客户数量及销售渠道等资料保密，只能用于制作投标书。在取得投标单位保密承诺后，招标方向投标方发出正式物流服务的招标书。

5）投标方研究招标书。招标方给投标方大约一个月的研究招标书时间，然后招标方开始接受投标方的询标质疑，并开始给予正确解答。投标方与招标方一般会经过反复的沟通交流，交流结果记录整理后，经双方确认，可以作为正式投标书的一部分，以附录的形式附在投标书后面。

6）投标方投递投标书。招标方会规定准确的投标截止日期，且只在规定的时间内接收投标方的投标书。除非是特别有利于招标方的投标书，一般情况下过了投标时间，招标方就不再接受投标。投标书必须加以密封。

7）招标方评标。在接到所有的投标书后，招标小组共同开拆投标书，再大约用一周时间讨论投标书，修订评标标准，按照评标标准从投标方中选定两家作为最后投标方。评标在保密状态下进行。物流服务的项目评标不需要公证人到场，完全由招标小组确定。

8）第二轮投标。被选中的两家投标方在接到参加第二轮投标的通知后，可对自己的投标书进行较大的改动，精心准备第二轮投标。尤其是报价，在详细计算各项成本以及确定盈利空间的基础上，提出物流服务报价。招标小组会向这两家发出通知,两家投标企业在物流服务质量和水平上都已接近,最后的投标看的是各家的报价及对自己承担的物流服务是否有创新的建议。

9)第二轮投标的交流和沟通。招标小组和投标企业进行多次交流,详尽了解各家在物流服务流程上的差异,以及对物流服务过程中出现的意外情况的解决办法,对各家提出的问题给予详细的回答,并对各家的有益建议进行评估。

10)确定第二轮投标时间。一般是再经过一个月,在确定的时间里接受两家的最终投标。

11)投标答辩。招标小组在仔细研究两家的投标书一周后,举行投标答辩会。招标方的几乎所有高层人员都要参加答辩会,听取投标方的各项服务建议和报出的服务价格的根据,同时对物流服务各种细节和可能发生的问题提出质疑,由投标方予以解答。

12)定标。最后,招标小组把评标结论报告总经理,由总经理会同物流部、采购部负责人定标。招标小组会见中标单位,提出最后几个问题,得到投标方的确认并获得满意的回答后,通知对方中标。

13)发中标通知。三天后,招标方给中标单位发出中标通知书,同时告诉对方,准备一个月后接受招标方的物流服务,并准备签订物流服务合同。

14)准备实施。招标小组对中标单位进行物流服务产品有关知识的培训,使中标单位完全熟悉产品的特性,从而明确物流服务的要求;制定正常物流运作的监督机制和控制方法,并与中标单位密切结合,准备物流服务的实施。

至此,招标过程结束,招标小组解散。

问:投标过程中应注意哪些问题?

答:1)应提出多种方案。掌握招标方物流服务需求的特点,提供多种物流服务方案以满足招标方的特殊需求,如在运输配送物流服务中,可提出多种联运方案供招标方选择。

2)了解竞争对手。分析竞争对手的优势和劣势,掌握竞争对手的投标动向。以自身的优势抗衡竞争对手的优势,以自己的长处对应竞争对手的劣势,或采取"田忌赛马"策略,使本企业在竞标中占主动地位。

3)加强与招标方联系。与招标方建立密切的联系,认真对待招投标中的每一次活动,最大限度地取得招标方的信任,使对方在把其物流订单交给本企业做时感到放心。

4)树立物流经营理念。确实树立全心全意为客户服务、一切以客户需求为中心的物流经营理念。在投标活动中,一定要站在招标方的立场上看待自己的每一项方案和建议,尤其是当自己设计的提高服务质量并降低物流服务成本的建议可能会对自身不利的时候,提不提出这个建议,是检验投标方是否真正为客户着想和是否具有新物流服务理念的标准。

5）灵活的报价方式。在与对方交流价格时，可提出几种价格方案。由于价格不同服务质量也有所区别，应由客户选择既能够满足服务质量需求又较为合理的价格。同时，应该承诺每年以一定的百分比降低物流服务的成本。因为在第一年，可能会由于服务技术不太成熟和对产品不太熟悉，而产生格外的成本。随着时间的推移，由于对产品特性更加熟悉和服务技术更加成熟，再加上客户的产量在不断增加，降低成本是理所当然的。由投标方主动提出来这个承诺，以表示合作伙伴的诚意，会使自己中标的概率加大。

6）高层领导的交流和沟通。在投标期间，应安排投标方的高层领导与招标方高层领导会谈，介绍本公司的实力和发展前景，从而给招标方高层领导留下深刻的印象。

7）读懂"投标须知"。"投标须知"是招标方提醒投标方在投标书中应无比全面、正确回答的具体注意事项的书面说明，可以说是投标书的"五脏"。因此，投标方在制作投标书时，必须对"招标须知"进行反复学习、理解直至弄懂弄通，否则读得不好，就会将"招标须知"理解错，导致投标书成为废标。

> **试题选解：** 判断：招标小组的组长，一般由招标企业的物流部经理担任。（　）
>
> 解：物流招标小组的组长，一般由招标企业的物流部总经理或总监担任。因此，正确答案是错误。

鉴定要求2　标书的编制知识与规范

问：物流项目标书如何分类？

答：按照招标范围的不同，物流项目标书分为国际标书和国内标书；按照招标的标的物不同，物流项目标书又分为服务、货物和工程三类。

问：物流项目招标书的基本要求？

答：（1）招标方案应切实可行　招标方案既要贯彻国家的有关政策、法律、法令，又要执行国家颁布的技术规定和质量标准；方案的提出一定要建立在科学作好调查研究的基础之上，要先进、可行、具体。

（2）标准应当明确，表达必须准确　投标企业中标后，经最后确定为中标人时，合同应按招标书中合同条款的格式执行。在合同中，双方对采购物资设备或工程项目的质量标准，应明确是国际标准、国家标准、部颁标准还是企业标准。

（3）规格应当准确无误　招标书中关于技术规格的说明是非常重要的一部分，必须准确无误。

问：如何编制物流招标书？

答：1）体现招标项目的特点和需求。招标书涉及的专业内容比较广泛，且每个招标项目均具有一定的个性特点。

2）依法设定投标资格条件。设定的投标人资质、业绩、信誉、职业人员等资格条件要符合法律法规的规定，并与招标项目的具体特点和实际需要相适应。

3）使用标准招标书。为提高招标书的质量，进一步规范招标投标活动，有关招标投标行政监督部门和行业主管部门颁发了标准招标书。

4）明确实质性要求和否决投标的情形。招标书必须明确投标人实质性响应的内容和否决投标的情形。投标人应完全按照招标书的要求编写投标书。

5）不得出现违法、歧视性条款。招标书不得违法限制、排斥或保护潜在投标人，应当合理划分招标人和投标人之间的权利、义务和风险责任，不得将原本应由招标人承担的义务、责任和风险转嫁给投标人。

6）语言要规范、简练，内容前、后应保持一致。招标书语言文字要规范、严谨、准确、精炼，避免出现歧义。招标书的商务部分与技术部分应协调一致，避免重复和矛盾。

问：物流项目投标书包括哪些内容？

答：物流项目投标书是在分析招标企业的概况和物流需求后，做出的向招标方应标的一种表示方法。同时，投标书也是物流企业介绍自己服务能力的机会，对投标的成功与否起着决定性作用。物流项目投标书主要由如下部分组成：

1）总则。应明确表示愿意投标，希望以本企业拥有的物流资源提供招标方所需的物流服务，并表达与招标方共同发展的愿望。

2）本物流企业介绍。将本物流企业的发展历程、企业实力，尤其是物流服务方面取得的历史业绩向招标方作说明。

3）提出本企业的物流服务优势。如具有经验丰富的物流运作团队，能高质量地完成各项物流服务；具有先进的 IT 技术和物流信息网络技术，高效而实用的物流运作平台，足够的物流服务资源，先进的仓储设施和强大的运输网络等。

4）提出物流服务措施。针对招标方的物流需求，提出实施物流服务的具体办法。

5）根据提供物流服务的种类和数量，结合市场实际，对提供的物流服务给出报价。

问：制作物流项目投标书时需要规避的问题有哪些？

答：①投标书未按照招标书的有关要求封记；②未全部加盖法人或委托授权人印签，如未在投标书的每一页上签字盖章，或未在所有重要汇总标价旁签字盖章，或未将委托授权书放在投标书中；③投标者单位名称或法人姓名与登记执照不符；④未在投标书上填写法定注册地址；⑤投标保证金未在规定的时间内缴纳；⑥投标书的附件资料不全，如设计图纸漏页、有关表格填写漏项等；⑦投标书书写不端正，无法辨认；⑧投标书装订不整齐，或投标书上没有目录、页码，或文件资料装订前后颠倒等。

> **试题选解**：判断：物流项目投标书对投标的成功与否起着决定性作用。（ ）
>
> 解：物流项目投标书是物流企业介绍自己服务能力的机会，对投标的成功与否起着决定性作用。因此，正确答案是正确。

鉴定要求3　标书打印、装订、密封及归档的规范

问：投标书打印有哪些注意事项？

答：一般在招标书中均规定了投标书的排版格式要求，制作者必须遵照招标书的要求编写投标书。如果在招标书中没有明确的规定，可参考下列排版格式，并可根据美观程度自行调整排版格式。

1）投标书正文打印使用普通A4白纸，封面使用素色卡纸或白色铜版纸。

2）打印样式可使用单面或者双面打印；不应出现正反及上下倒装页；封面、封底处不应露明装订针和线。

3）对投标书进行初步整理。将所有格式文件与资质文件编排在一起，并进行目录的初步编排。如果招标书没有要求，页码最好手写，然后根据手写的页码来完善目录页码。

4）对审查及修改完毕的投标书进行签字盖章。

5）复印投标书。将排版完整且签字盖章后的投标书，按照招标书规定的投标书副本份数+1（"1"为公司备份件）进行复印。复印后应检查复印件是否清晰，有无缺页、夹页、顺序颠倒、页面倒转现象。

问：投标书装订有哪些注意事项？

答：将复印好的投标书按照招标书要求的装订方式进行装订，如招标书不要求装订方式，可自行选择装订方式。原则上装订方式采用胶装，不得采用活页（穿孔式、文件夹式等）方式装订。

纸张要求：封面、封底、正文采用白色A4纸，装订后的尺寸为210mm×297mm（标准A4尺寸）；施工平面图及进度计划表可采用A3或A4白纸。

所有投标书的正、副本均应装订成册，正本一份，副本份数依招标书规定，正、副本正文的内容和排版格式相同，投标书封面右上角注明正、副本标记。一、二号投标书封面加盖投标人公章和法定代表人印鉴。

问：投标书密封有哪些注意事项？

答：1）根据招标书要求准备投标书密封袋。主标与陪标书应在符合招标书密封要求的前提下，变换包装的颜色、形式、字体，勿出现雷同现象。如招标书未详细规定密封要求，可自行进行投标书密封，但主标与陪标应变换包装的颜色、形式、字体，勿出现雷同现象。

2）在未得到项目负责人或投标代表同意的前提下，投标书封口不得密封。应贴好双面胶及盖好骑缝章后预留封口，由投标代表整理后自行密封。

问：标书归档有哪些注意事项？

答：招标采购项目资料是指在招标采购活动过程中形成的文字材料、图纸、图表及声像资料等，可分为项目开标前文件资料、项目开评标文件资料、项目定标文件资料和履约文件资料。招标专员、采购员对招标采购各环节形成的档案资料要及时收集，并妥善保存。

> **试题选解**：判断：标书装订原则上采用胶装方式，也可采用活页（穿孔式、文件夹式等）方式装订。（　　）
>
> 解：标书装订原则上采用胶装方式，不得采用活页（穿孔式、文件夹式等）方式装订。因此，正确答案是错误。

鉴定要求4　中标/落标的分析方法

问：如何开展中标后分析总结？

答：主要从投标价格、项目对接过程、投标书制作、项目方案的科学性和合理性等方面进行分析。

问：如何开展落标后分析总结？

答：主要从投标价格、项目所在地、投标书制作、项目方案合理性等方面进行分析。

> **试题选解**：落标后分析总结应从（　　）等方面进行分析。
> A. 投标价格　　　　B. 项目对接过程
> C. 投标书制作　　　D. 项目方案合理性
> 解：落标后分析总结主要从投标价格、项目所在地、投标书制作、项目方案合理性等方面进行分析。因此，正确答案是ACD。

鉴定点4　客户投诉及异常处理

鉴定要求1　客户投诉和异常事件的处理流程

问：物流客户的范围包括哪些？

答：物流企业服务的客户范围与外部环境和自身的实力密切相关的。实力强大的物流企业的服务范围广泛，而实力弱小的物流企业则服务范围有限。

物流企业的客户服务范围是非常广阔的，面对的可以说是一个全球化的市场。从静态看，物流企业面对的可以是一个很小的市场、国内市场的一部分、覆盖全国的市场、国际市场、全球市场；从动态看，物流企业服务的范围可以从小市场到国内市场再到国际市场，随着地理边界的扩大，客户群也相应扩大；从服务的标的看，物流企业提供的服务既有简单的也有复杂的，服务内容包罗万象。

问：物流客户分为哪几类？

答：对物流企业而言，客户可以按服务的地域分为国内客户与国外客户；按供需链上的顺序分为供应商、中间商、最终消费者；按运送的物品分为和生产资料有关的客户与和生活资料有关的客户；按忠诚度分为忠诚客户与游动客户；按重要性分为高回报客户与低回报客户；按时间关系分为老客户与新客户；等等。从服务的数量和忠诚程度结合考虑，客户可分为四类：

（1）数量小、对企业也不忠诚的客户　这类客户是没有价值的客户，企业对待此类客户的对策就是该出手时就出手，该淘汰的就淘汰。对差的客户没有进行淘汰，就不能培养出一批好客户。

（2）数量大但对企业不忠诚的客户　这类客户常常会成为企业最危险的敌人。此类客户"挟市场"或"挟货款"向物流服务商讲条件、提要求，若不能满足他们的愿望，他们就做出一些不利物流企业的行为，如长期拖欠货款等。如果物流企业所拥有的客户中这类客户占有较大的比重，那么企业就很危险了。

（3）数量小但对企业忠诚的客户　这类客户是可以培养的明日之星。对于此类客户，物流企业要多扶持、培养，努力使其成为一个好客户。

（4）数量大、对企业也忠诚的客户　这类客户是物流企业最宝贵的财富。一个物流企业拥有的这类客户越多，市场就越稳定、越有发展潜力。

问：物流客户有哪些具体业务要求？

答：各种生产经营方式的改变，使得物流客户对物流服务商提出了更高的要求：

1）物流服务尽善尽美，如全天候准时服务，要求通信联络24h畅通，保证车辆24h运转，保证各配送中心24h提货交货。

2）服务快速，且对提货、操作、航班、派送都有明确的规定。

3）服务安全系数高。要求对运输的全过程负责，保证各个环节都不出问题。

4）信息反馈快。要求物流公司的计算机要与客户联网，让客户能随时对货物进行跟踪、查询,掌握货物输送的全过程。

5)必要的增值服务。根据客户的需要,物流公司可在运输过程中增加打包、加固、包装等服务。

问:如何处理客户投诉?

答:1)遇到客户投诉,要积极帮助解决,不得不闻不问、不管不顾。

2)向客户充分道歉,态度要诚恳,对已发生的事表示深深的歉意,让客户感到他自身的价值和重要性。

3)表明你及你所在的公司对客户的诚意。

4)充分收集客户的信息:①确认客户的身份;②确认客户的兴趣及关注点;③确认你的理解与客户的想法之间的分歧;④诊断客户的观点、期望与反应;⑤确认客户对解决方案的意见;⑥征询解决方案实施后客户的意见。

5)给出解决方案:①提出与客户问题对应的、确实可行的解决方案;②当问题难以真正解决时,给予补偿性关照,让客户确信这样的问题不会再发生,并愿意与你保持关系;③补偿性关照包括打折、免费赠品、免费服务、公司吸纳额外成本等;④补偿性关照不能代替整个产品与服务。

6)客户投诉平息后,还需进行不间断的跟踪服务,以留住客户:①解决投诉的目标不只是解决客户的问题,而是要让客户满意直至感动客户;②跟踪不只停留在电话问候上,还有其他有效的方式可以应用;③不论何种跟踪方式,都不能去再次强化客户对问题的进一步认知,而是要强化解决问题后的良好感受。

7)注意事项:①应以最小的代价解决问题;②要 100%相信客户,真诚对待每一个客户;③对于客户的问题,如果你有权处理,请尽快处理;如果你无权处理,请把能够处理问题的人找到;④应有效处理客户的投诉,不仅要处理客户遇到的问题,更要处理客户的心情,应用同理心,而非同情心。

问:常见的异常事件有哪些?其处理流程是什么?

答:常见的异常事件有:由于产品或服务有较大问题给客户造成较大或很大的经济损失;存在重大问题或隐患;出现人身伤亡或危害问题、涉及法律的问题或严重影响公司声誉的问题;客户的过度期望或需求;特殊客户的错误认识等。

对于异常事件,一般的处理流如下:接到投诉后 1 小时内回复,1~2 个工作日内处理完毕;7 个工作日内完成理赔准备;根据责任情况决定是否可以先行赔付;需要总公司批复的,应在不超过 20 日内完成等。

> **试题选解:**判断:有效处理客户的投诉,不仅要处理客户遇到的问题,更要处理客户的心情。( )
>
> **解:**有效处理客户的投诉,不仅要处理客户遇到的问题,更要处理客户的心情,应用同理心,而非同情心。因此,答案是正确的。

鉴定要求2　客户沟通的策略和技巧

问：如何与投诉客户进行沟通？

答：积极探询客户投诉原因，认真倾听客户的抱怨，鼓励客户抱怨（与客户关系走下坡路的一个信号，就是客户不再抱怨了），让客户充分发泄。与其沟通的主要方法有：①判断客户的类型，确定沟通的重点；②应用"同理心"，而非同情心；③闭口不言——成为客户发泄的对象；④洗耳恭听——四部曲（记录、点头、嗯、眼神交流）；⑤时间分配——80%的时间留给客户；⑥应用"三变法"——变换场地、变换人员、变换时间。

问：如何预防客户投诉的再次发生？

答：①投诉客户的有效跟进；②客户问题处理后3个工作日内，重点要对解决方案进行评价；③把这些客户列入重点客户档案进行全程跟踪；④及时发现解决方案的遗漏之处并完善；⑤主管领导应安排时间定期上门征询意见。

问：如何加强客户的管理？

答：1）建立客户档案管理。完整记录客户单位的信息、联系方法，目前所销售、使用物品的情况，对本公司服务的评价等；联系人的姓名、职务、兴趣爱好、关系等级等。

2）做好客户关系管理。管理客户需求、购买记录、服务记录、客户关系状况等动态信息，并提供充分的状况分析。

3）严格合同管理。合同是在客户管理中最有约束力的法律文件，是管理的法律依据。要求与所有有业务往来的客户都签署合同，同时规定合同的签署流程，确保合同的严肃性、科学性、堵塞漏洞。标准的合同应至少包含这样一些内容，如物品的品种、品牌、规格、数量、价格等，质量要求，送货时间、收货地点、运输方式、费用支付等，验收，结账方式，订、退货规定，违约责任纠纷处理，签约时间、地点、生效期，甲乙双方标准名称、详细地点、联系方式、法人代表、签约代表、账号、开户行、税号等。

> **试题选解**：下列属于客户关系管理内容的有（　　　）。
> A. 管理客户需求　　　　　　B. 管理购买记录
> C. 管理服务记录　　　　　　D. 管理客户关系状况
>
> 解：客户关系管理的内容为：管理客户需求、购买记录、服务记录、客户关系状况等动态信息，并提供充分的状况分析。因此，正确答案是ABCD。

鉴定范围 2

仓储与库存管理

鉴定点 1　仓储作业管理

鉴定要求 1　仓储作业计划编制、实施和控制的知识

问：仓储的概念是什么？

答：仓储是指通过仓库对物资进行储存和保管。一般来说，它指的是从接收储存物资开始，经过储存保管作业，直至把物品完好地发放出去的全部活动过程，其中包括存货管理和各项作业活动。

问：仓储系统的基本功能是什么？

答：仓储系统主要有两个基本功能：储存功能和保管功能。储存和保管是两个既有区别又有联系的概念。

储存又称为物品的储备，是指物品在社会再生产过程中离开直接生产过程或消费过程而处于暂时停滞状态。物品的储备是生产社会化、分工专业化不断提高的必然结果，是保证社会再生产过程连续不断进行的物质技术条件，它与社会再生产过程相适应，既存在于流通领域，又存在于生产领域和消费领域。

保管是储存的继续，是保护物品的价值和使用价值不致受到损失的过程，其主要任务是防止外部环境对储存物的侵害，保持物品性能完好无损。

因此，物品的储存是保管的前提，保管是保障储存物品能够以备使用，只要有物品的储存，就需要对物品进行保管。

问：仓储系统的主要构成要素包括哪些？

答：仓储系统的主要构成要素包括储存空间、货品、人员及设备等要素。

（1）储存空间　储存空间即仓库内的保管空间。在进行储存空间规划时，必须要考虑到空间大小、柱子排列、梁下高度、走道、设备回转半径等基本因素，再配合其他相关因素进行分析，方可作出完善的设计。

（2）货品　货品是仓储系统的重要组成要素。分析货品的特征、货品在储存空间的摆放方法以及货品的管理和控制是仓储系统要解决的关键问题。

（3）人员　仓库作业人员在存取搬运货品时，讲求的是省时、高效；而在照顾员工的前提下，讲求的是省力。

（4）设备　仓储系统设备是仓库进行生产和辅助生产作业以及保证仓库和作业安全所必需的各种机械设备的总称。仓储系统设备包括储存设备、装卸搬运设备和计量设备等。

问：仓储的种类有哪些？

答：由于仓储经营主体的不同、仓储物处理方式的不同，使得不同的仓储活动具有不同的特性。仓储有以下几种类型：

（1）按仓储物的处理方式划分

1）保管式仓储。保管式仓储又称为纯仓储，可分为仓储物品独立保管仓储和混藏式仓储。

2）加工式仓储。加工式仓储是指仓储人员在仓储期间根据存货人的要求对保管物品进行一定加工的仓储方式。

3）消费式仓储。消费式仓储是指仓储经营者利用仓储物品开展经营的增值活动，适合市场供求价格变化较大的商品的长期存放。

（2）按仓储经营主体划分

1）企业自营仓储。企业自营仓储包括流通企业自营仓储和生产企业自营仓储。流通企业自营仓储是流通企业通过其所拥有的仓储设施对其经营的商品进行仓储的行为。生产企业自营仓储则是生产企业使用自有的仓储设施对生产使用的原材料、中间产品、最终产品进行仓储的行为。

2）商业营业仓储。商业营业仓储是指仓储经营人通过其拥有的仓储设施，面向社会提供商业性仓储服务的仓储行为。

3）战略储备仓储。战略储备仓储是为了国防安全、社会稳定的需要而实行的战略物资仓储。

问：仓储作业的基本原理是什么？

答：仓储作业的基本原理包括设计标准、搬运技术以及分置技术。

（1）设计标准　仓库的设计标准要体现实际仓库设施的特征和储存产品的运动。设计过程中还要考虑设施中的楼层数、利用高度以及储存产品的流程。仓库设计在考虑储存产品的流程时，不论是否存放货物，都应该使产品能够直接在整个仓库设施中流动。一般说来，这种要求意味着仓储作业应在仓库建筑物的一端接收产品，将其存放在中间，然后在另一端进行装运。

（2）搬运技术　仓库设计要致力于材料搬运技术的效果和效率。该原理的基本构成要素与移动连续性和移动规模经济性有关。其中，移动连续性意味着用一辆材料搬运机或一部材料搬运设备进行更长时间的移动，比起用几辆搬运机对同样的移动作许多次单独、短距离的分割移动，效果将要好得多。移动规模经济性是指所有的仓库活动要尽可能搬运和移动最大的数量。仓库活动应旨在移动诸如托盘或集装箱之类的成组货物，而不是移动单票货物。

（3）分置技术　仓库设计应考虑产品特征，尤其是有关产品的流量、质量和积载因素。在确定仓库的分类时，主要关心的问题是产品流量。一般来说，销售量高或吞吐量大的产品应该在移动距离最短的位置，例如在主通道附近，或堆存量低的装货架上。这种位置可以使移动距离最短和所需升降的高度最小。

问：仓储作业的流程是什么？

答：仓储作业按物品的吞吐流程可分为物品入库、物品保管和物品出库三个阶段。

1）物品入库阶段又分为接运、验收和登账三个环节。接运是指仓库管理人员从物品运输部门接过物品的作业。接运的后一个环节是验收。验收亦称为入库检验，是保证物品完好入库的重要环节。验收工作是一项技术工作，主要内容是将实物的技术状态与有关技术标准相核对，然后作出接收或拒收的判断及实施相应的处置。第三个环节登账是指将验收合格的物品按品名、型号、规格记入库存物品明细账，使之正式成为库存物品。至此，物品入库阶段结束。

2）物品保管阶段一般也有三个环节，即盘点、抽检和保养。盘点是对库存物品进行定期的账目核对，主要是查明实存物品数与账面物品数是否一致，如发现不一致应查明原因，予以纠正或处理。所以，盘点是保证库存物品数量准确的重要作业环节。抽检是对库存物品质量的检查。保养作业不是针对库存全部物品的作业，而是对部分或个别易劣化的物品进行的，目的在于制止或延缓物品劣化的进程。

3）物品出库阶段有核证、备货、复核和交货四个环节。核证是指仓库管理人员受理出库凭证以后，应对出库凭证上记载的品名、型号、规格、计量单位、数量等项进行核对，以确认与有关规定是否相符。如出库凭证无误，即可据此备货。备货即按出库凭证上所载的内容，将物品从储存货位搬运至备货货位并按顺序排列。备货作业完成以后，为避免作业中的失误（在备货品种较多时更容易发生失误），应采用自核或管库人员间互核的方式再对照出库凭证核实一遍加以确认。交货时，管库人员再以出库凭证为据向领货人进行清点交割。

综上所述，仓储作业的全过程包括三个阶段共十个作业环节。

问：仓储损耗共有几种？

答：仓储损耗是指物品储存过程中发生的损失和消耗。

按造成损耗的原因，仓储损耗可分为自然损耗和人为损耗。自然损耗是由于物品自身的物理、化学性质在储存环境因素的作用下造成的损耗，具有变质、变形、老化、风化、分子异构化、灭失及生物损害等形式。人为损耗是由于人的失误造成的损耗，如失于保管、保养方法失当、野蛮装卸造成的损耗。

按损耗的形态，仓储损耗可分为有形损耗和无形损耗。有形损耗是指"可见或可测量出来的物理性损失、消耗"。无形损耗是指"由于科学技术进步而引起的物品贬值"。在现实中，往往由于储存期过长，致使无形损耗造成的损失远远大于有形损耗造成的损失，这是因为有形损耗往往只涉及局部的、个别的物品，而无形损耗则常常涉及批量的甚至是全部的库存物品。

问：仓储作业计划编制的依据有哪些？

答：仓储作业计划编制的依据主要是市场供需变化情况、客户提出的货物储存申报计划及服务需求、现代仓储的经营条件和经营能力等。仓储作业计划的内容一般包括储存货物的种类、数量、包装、货主、入库时间和出库时间以及储存要求。

在市场经济条件下，货源调查结果也是编制仓储作业计划的依据。

另外，通过有效的促销活动，可以更加容易地与客户签订货物储存合同、协议或意向书，在这些文件中将给出拟储存货物的名称、数量、储存要求、储存时间，甚至是货物的包装形式和货物的特性等。有了这些数据，将有利于编制更加准确的仓储作业计划。

问：编制仓储作业计划有哪些基本要求？

答：（1）严肃性　严肃性是指要严肃地编制和执行仓储作业计划。仓储作业计划是协调日常各项搬运、堆码、装卸等作业活动的中心环节，直接关系着企业商品流转能否正常进行，也关系着企业能否很好地满足社会生产和消费的需要。因此，企业必须严肃认真地组织仓储各业务部门编制和执行仓储作业计划。

（2）科学性　科学性是指仓储作业计划的编制要有科学依据和方法。因此，必须作好仓储作业计划编制前的调查研究，掌握充分可靠的数据，如商品接收或发运的计划要求、作业定额及完成情况等。

（3）预见性　预见性是指在仓储作业计划的编制过程中，必须做好全面、细致的平衡工作，对执行中可能发生的问题和困难作出充分的预测，以便及时采取有效的措施。

（4）群众性　群众性是指在编制和执行仓储作业计划的过程中，必须贯彻群众路线。仓储作业计划同各部门、各岗位职工的日常生产（业务）活动有着直接联系，只有正确地集中广大职工的意见和经验，依靠大众编制和执行仓储作业计划，才能使其成为广大职工的行动准则，起到发动群众、组织群众、促进生产经营的作用。

问：仓储作业计划的实施与控制有哪些注意事项？

答：当仓储作业计划确定后，要监控仓储作业计划的实施过程，对仓储作业计划的执行情况进行记录，对实施过程中出现的紧急情况与计划不周的地方进行临时纠偏调整。

1）对仓储作业计划的实施过程进行纠偏，以确保仓储作业计划不断适应仓储作业环境与条件的发展变化。一是在仓储作业计划的实施过程中，需要对仓储作业计划的实施情况进行评估，将各项子作业计划、作业活动的实施结果与仓储作业计划的要求、预期目标进行对比，以找出各项作业活动的实际绩效评估值与计划要求之间的偏差，以及偏差的大小、方向等，并分析引起偏差的原因。二是针对仓储作业计划实施过程中出现的偏差采取相应的纠偏措施，使仓储作业计划的实施重新回到计划规定的要求范围内。

2）对实施中的仓储作业计划进行变更管理。当仓储作业计划在实施过程中因实施条件或出现新情况等原因导致计划不得不作出变更时，需要对仓储作业计划进行必要的修订及再编制工作。变更的内容包括对作业时间、作业内容、作业顺序等计划要素进行重新修订，并对作业人员、作业设备的使用进行重新安排。

> **试题选解**：仓储作业计划的内容包括（   ）。
> A. 储存货物的种类、数量　　　　B. 入库时间
> C. 出库时间　　　　　　　　　　D. 储存要求
> 解：仓储作业计划的内容一般包括储存货物的种类、数量、包装、货主、入库时间和出库时间以及储存要求。因此，正确答案是 ABCD。

鉴定要求2　货物分类管理、存储策略的知识

问：仓储管理的目标是什么？

答：仓储管理的目标可以概括为使仓库空间利用与库存货品的处置成本之间实现平衡，具体有以下几个方面：①空间利用率最大化；②人员及设备的有效使用；③所有货品都实现随时存取；④货品的有效移动；⑤保证货品的品质；⑥良好的管理。

问：什么是定位储存？

答：定位储存是指每一种储存货品都有固定货位，货品不能互用货位。因此，在规划时，每一种储存货品的货位容量不得小于其可能的最大在库量。

定位储存的优点主要是：①每种货品都有固定储存位置，拣货人员容易熟悉货品货位，方便存取；②货品的货位可按周转率大小或出货频率来安排，以缩短出入库搬运距离；③可针对各种货品的特性安排货位，将不同货品特性间的相互影响减至最小。

定位储存的缺点主要是，货位必须按各种货品的最大在库量进行设计，因此储区空间平时的使用效率较低。

定位储存适用的场合主要有：①不适于随机储存的场合；②储存条件对货

品储存非常重要时，例如有些品项必须控制温度；③易燃货品必须限制储存于一定高度，以满足保险标准及防火法规；④根据货品特性，由管理或其他策略规定某些货品必须分开储存，如饼干和肥皂、化学原料和药品等；⑤重要货品需要特别保护时；⑥库房空间较大；⑦多种少量货品的储存。

问：什么是分类储存？

答：分类储存是指将所有货品按照一定特性加以分类，每一类货品都有固定存放的位置，而同属一类的不同货品又按一定的原则来指派货位。

分类储存通常按产品相关性、流动性、产品尺寸、重量、产品特性等来分类。

分类储存的优点主要是：①便于畅销品的存取，具有定位储存的各项优点；②各分类的储存区域可根据货品特性再作设计，有助于货品的储存管理。

分类储存的缺点主要是：①货位必须按各种货品的最大在库量进行设计，因此储区空间的平均利用率较低；②分类储存较定位储存更有弹性，但也有与定位储存相同的缺点。

分类储存适用的场合主要有：①产品相关性大，经常被同时订购；②周转率差别大；③产品尺寸相差大。

问：什么是随机储存？

答：随机储存是指每一种货品被指派储存的位置都是随机产生的，而且可以经常改变。也就是说，任何货品都可以被存放在任何可利用的位置。随机储存一般是由储存人员按习惯来确定储存位置，而且通常按货品入库的时间顺序储存于靠近出入口的货位。

随机储存的优点主要是，由于货位可共用，因此只需按所有库存货品的最大在库量进行设计即可，储区空间的使用效率较高。

随机储存的缺点主要是：①货品的出入库管理及盘点工作的难度较大；②周转率高的货品可能被储存在离出入口较远的位置，增加了出入库的搬运距离；③具有相互影响特性的货品可能被相邻储存，造成货品的损害或发生危险。

随机储存方式能使货架空间得到最有效的利用，减少需要的货位数目。根据模拟研究的结果，随机储存与定位储存相比，可节省35%的移动储存时间及增加30%的储存空间，但较不利于货品的拣选作业。

随机储存适用的场合主要有：①库房空间有限，需尽量利用储存空间；②种类少或体积较大的货品。

问：什么是分类随机储存和共同储存？

答：分类随机储存是指每一类货品有固定的存放位置，但在各类储区内，每个货位的指派是随机的。分类随机储存的优点主要是既具有分类储存的部分优点，又可节省货位数量，提高储区利用率。其缺点主要是货品出入库管理及盘点工作的难度较高。分类随机储存兼具分类储存和随机储存的特色，需要的储存空间介于两者之间。

共同储存是指当确切知道各货品进出仓库的时间时，不同的货品可以共用相同的货位。当然，这在管理上会带来一定的困难，但是有助于减少货位空间、缩短搬运时间，有一定的经济性。

问：货位分配的原则有哪些？

答：为货品安排货位应遵循的原则可归纳如下：

（1）可与随机储存、共同储存相配合的原则 即靠近出口原则，指将刚到达的货品分配到离出入口最近的空货位上。

（2）可与定位储存、分类（随机）储存相配合的原则

1）以周转率为基础原则，即按照货品在仓库的周转率（销售量除以存货量）来安排货位。首先依周转率由大到小进行排序，再将此序列分为若干段（通常分为 3~5 段）。属于同一段的货品列为同一级，依照定位或分类储存的原则，为每一级的货品安排储存区域。周转率越大的货品应离出入口越近，如图 1-2-1 所示。另外，当进货口与出货口不相邻时，可依据出入库次数来进行货位调整。

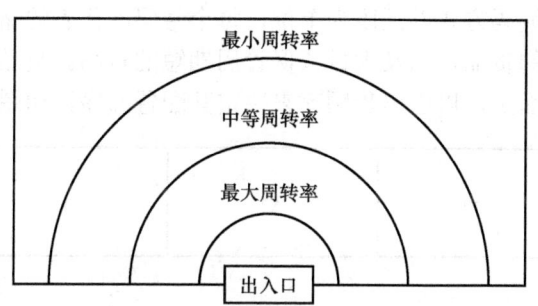

图 1-2-1 按周转率划分储区示意图

2）货品相关性原则，即相关性大的货品经常被同时订购，所以应尽可能存放在相邻位置。

3）货品同一性原则，即把同一货品存放在同一保管位置的原则。

4）货品类似性原则，即将类似货品毗邻保管的原则。

5）货品互补性原则。互补性高的货品也应存放在邻近位置，以便缺货时可迅速以另一品项替代。

6）货品相容性原则。相容性低的货品绝不可放置在一起，以免损害品质。

7）先进先出原则，即先入库的货品先出库，一般适用于寿命周期短的货品。

8）面对通道原则，即将货品的标志、名称面对通道摆放，以便让作业员容易简单地辨识。

9）货品尺寸原则。在仓库布置时，应考虑货品单位大小及相同货品所形成的整批货堆的形状，以便能提供适当空间来满足某一特定需要。

10）重量特性原则，即按照货品重量的不同来决定货品在保管场所位置的高低。

11）货品特性原则。货品特性原则的优点在于不仅能根据货品的特性采用适当的储存设备进行有效的保护，而且易于进行货品的管理和维护。

12）明晰性原则，即利用视觉系统使保管场所及保管的货品更容易被识别。

问：货位编码方式有哪些？

答：由于储存货品的特性不同，所适用的货位编码方式也不同，必须根据所保管货品的存储量、流动率、保管空间布置以及所使用的保管设备作出选择。不同的货位编码方式对管理的难易也有影响。货位编码方式一般有下列四种：

（1）区段式　区段式是指把保管区域分割为几个区段，再对每个区段分别进行编码。这种编码方式以区段为单位，每个号码所代表的储区较大，因此适用于单元化装载的货品，以及大量或保管周期短的货品。货品所占区段的大小根据物流量大小而定，以进出货频率来决定其配置顺序，如图1-2-2所示。

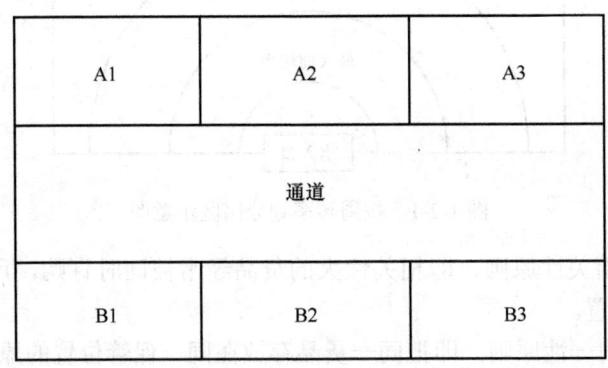

图1-2-2　区段式编码

（2）货品类别式　货品类别式是指把一些相关货品进行集合后，划分成几个货品大类，再对每类货品分别进行编码。这种编码方式适用于按货品类别保管或品牌差距大的货品，如服饰类、五金类、食品类等。

（3）地址式　地址式是指利用保管区域中的现成参考单位，按相关顺序来进行编码。

（4）坐标式　坐标式是指利用 x、y、z 空间坐标来对货位进行编码。这种编码方式直接对货位定位，其货位分割细小，在管理上比较复杂，适用于周转率很小、存放时间较长的货品。

> **试题选解：** 判断：定位储存通常按产品相关性、流动性、产品尺寸、重量、产品特性等来分类。（　　）
>
> 解：分类储存通常按产品相关性、流动性、产品尺寸、重量、产品特性等来分类。因此，正确答案是错误。

鉴定点 2　仓储布局与物流设施规划

鉴定要求 1　仓储动线规划和仓储空间布局的知识

问：什么是仓储动线？

答：仓储动线是指由人或物在仓库内移动形成的一系列的点连接而成的线。例如，仓储拣货动线是拣货员从拣货设备存放区至某个拣货储位再到其他储位最后至复核区等这一系列的走动轨迹构成的线。仓储动线规划是整个仓储物流中心运行的基础，合理的动线设计才能让仓储系统运转得更加有效。

问：仓储动线规划的基本原则是什么？

答：仓储动线规划遵循的基本原则是"不迂回、不交叉"。"不迂回"的目的是防止无效搬运，"不交叉"的目的是避免动线冲突给搬运过程带来不安全的隐患。为了使仓储动线规划达到最优，需要根据行走距离最小原则以及整体进出货的特性来选择合适的动线类型。

问：仓库形式有哪些？

答：一般采用单元货格式仓库。对于品种单一或很少而批量较大的仓库，则可以采用重力式货架仓库或者其他形式的贯通式仓库；对于有特殊要求的货物，可以采用具有冷藏、防潮、恒温等设施的仓库。根据出库工艺的要求，即是以整单元货物出库为主，还是以零星货物出库为主，决定要不要采用拣选作业。

问：如何选择仓储系统使用的搬运机械设备？

答：仓储系统使用的搬运机械设备有许多种，它们各有特点。仓储系统总体设计时，要根据仓库的规模、货物的品种、出入库频率等选择最合适的机械设备，并确定其主要参数：要根据出入库频率确定各个机构的工作速度；对于起重、装卸和堆垛等机械设备，应根据货物单元的重量选定起重量；对于输送机，则根据货物单元的尺寸选择输送机的宽度，并恰当地选定输送机速度。

问：影响货品在储存空间摆放的因素有哪些？

答：影响货品在储存空间摆放的因素包括：①货位单位；②货位策略的决定；③货位指派原则的运用；④货品特性；⑤补货的方便性；⑥单位在库时间；⑦订购频率等。

问：仓储空间的评价要素有哪些？

答：仓储空间的评价要素包括：①仓储成本；②空间效率；③作业时间；④货品流量；⑤作业感觉。

问：仓储空间的评价指标有哪些？

答：仓储空间的评价指标包括：①仓储成本指标；②空间效率指标；③时间指标；④流量指标；⑤作业感觉指标。

问：利用货架储存货品的优点有哪些？

答：利用货架储存货品的优点包括：①可充分利用仓储空间；②存取方便；③可以实现先进先出或自由存取；④货品之间不会相互挤压。

问：地面堆码的优缺点是什么？

答：地面堆码是大批量货品的垂直布置形式。

地面堆码的优点主要有：①适合形状不规则货品的储存；②适合大量可堆叠货品的储存；③只需简单的建筑即可；④堆叠尺寸能根据储存量适当调整；⑤通道的需求较小，且容易改变。

地面堆码的缺点主要有：①不能兼顾先进先出，若要实现先进先出，则必须增加翻堆作业，造成工作负荷增大且易损坏货品；②堆叠边缘无法被保护，容易被搬运设备损坏；③地面堆码不容易码放整齐，不适合小单位的拣选作业；④不适于储存某些特殊货品，如易燃物须置于一定高度。

试题选解：影响货品在储存空间摆放的因素有（　　）。

A. 货位策略的决定　　　　B. 货品特性

C. 单位在库时间　　　　　D. 订购频率

解：影响货品在储存空间摆放的因素包括：①货位单位；②货位策略的决定；③货位指派原则的运用；④货品特性；⑤补货的方便性；⑥单位在库时间；⑦订购频率等。因此，正确答案是ABCD。

鉴定要求2　存储设备、搬运设备和配送设备规划的方法与工具

问：物流设备有哪些类型？

答：1）运输设备：运输车辆等。

2）仓储物流设备：存储设备、搬运设备、输送设备、拣货设备、集装设

备、其他设备等。

问：存储设备、搬运设备、拣货设备各有哪些类型？

答：1）存储设备包括储存货架、重力式货架、回转式货架、托盘、立体仓库等。

2）搬运设备包括叉车、搬运车、连续输送机、垂直升降机等。

3）拣货设备包括拣货车辆、拣货输送带、自动拣货机等。

问：物流设备如何进行选型规划？

答：物流设备的选型规划应在物流基础数据收集、系统策略目标制定、规划资料及数据分析、规划条件设定、作业需求功能规划完成之后开始，宜结合区域布置规划进行，大体说来主要包括以下五个工作步骤：①详细定义各区域内物流设备的作业内容；②制定可能的设备备选方案；③设备方案评估；④最终设备选型及参数确定；⑤设备供应商的甄选和确定。

问：物流设备选配的步骤是什么？

答：①了解设备规划和收集资料；②拟定物流设备配置的初步方案；③物流设备配置方案的技术经济评价与方案确定；④物流设备选型。

问：物流设备选型的依据是什么？

答：高效的物流运作最终是通过一定的设备来实现的。设备选型主要依据以下几个方面：①客户对系统处理能力的需求；②保存产品的种类、数量、包装形式、出入库作业方式；③仓库的结构；④设备的承载量；⑤设备的稳定性及维护成本；⑥设备的投资额；⑦设备的集成性。

问：物流设备选型的原则包括哪些？

答：物流设备选型的原则主要包括系统化原则、适用性原则、技术先进性原则、经济合理性原则、可靠性原则、安全性原则、一机多用原则和环保性原则。

问：货架的作用与功能包括哪些？

答：货架的作用与功能主要包括：①提高仓库的空间利用率，增大仓库储存能力；②便于货物的存取、计量和盘点等储存作业；③防止货物积压，可以方便采用防潮、防尘等措施，提高货物储存质量；④便于实行机械化作业，提高作业效率。

问：货架选型的依据是什么？

答：1）货物属性。储存货物的外形、尺寸、重量等物理属性直接影响到货架规格、强度的选择。

2）出入库情况。出入库情况包括出入库的频率、吞吐量、吞吐能力等。一般货物的存取方便性与储存密度是相对立的。

3）与相关设备的配套。货架的选择要考虑与其他相关设备的配套，尤其是与装卸搬运设备的配套。

4）库房构造。货架的选用与库房的构造紧密相关：决定货架的高度时须考虑梁下有效作业高度；梁柱位置会影响货架的配置；地板承受的强度、地面平整度也与货架的设计及安装有关。另外，还要考虑防火设施和照明设施的安装位置。

问：托盘式货架如何进行选型？

答：托盘式货架是使用最广泛的托盘类货物存储系统，其基本结构是：货架以单列或者双列的形式连接成若干排，如图 1-2-3 所示；每个货架在垂直方向上分为若干层，形成货格；货物以托盘为单位在货架上存放；排与排中间留有通道，供堆垛机、叉车以及其他装卸搬运设备运行。

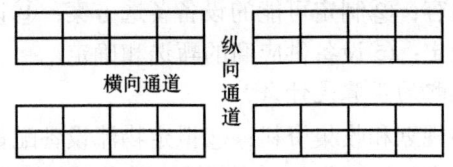

图 1-2-3　托盘式货架俯视图

根据通道和货架的分割情况，托盘式货架又可分为普通托盘式货架、窄通道托盘式货架和双纵深托盘式货架等多种形式。

（1）普通托盘式货架　其特点是：在存取货物时，每一块托盘都能单独存入或者取出，不需要移动其他托盘，货物装卸迅速；配套成本相对较低，能快速安装与拆卸；主要用于整托盘进出库或者手工拣选的仓库。

（2）窄通道托盘式货架　其结构和普通托盘式货架相同，但是货架中间的通道更窄，仅略宽于托盘。这种货架能提高储存空间利用率，但需要使用特殊的叉车或巷道堆垛机进行存取作业。

（3）双纵深托盘式货架　其特点是：把两个托盘式货架并排结合，减少了中间通道的数量，如图 1-2-4 所示。这种货架大大增加了储存密度。但由于面对一个通道有两列货位，也因此带来了存取性及出入库能力的降低，作业时须配合使用专用叉车以存取第二列的托盘货物。

图 1-2-4　双纵深托盘式货架俯视图

（4）贯通式货架　贯通式货架是一种不以横向通道分割的、纵向连续的整栋式货架，在其支撑导轨上托盘按深度方向逐个顺序存放，存取时由叉车驶入存取单元托盘货物。按存取作业方式的不同，贯通式货架又可分为驶入式货架和驶入驶出式货架，如图 1-2-5 所示。贯通式货架的空间利用率大幅提高，但驶入式货架在存取时难以实现先进先出。

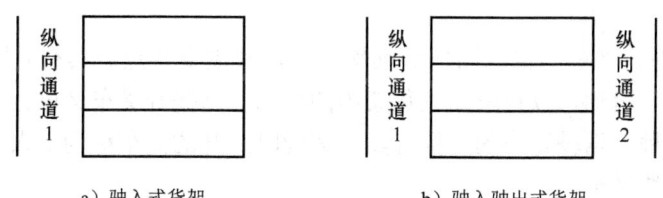

图 1-2-5 贯通式货架的形式

（5）货柜式货架 货柜式货架一般每格都有底板，货物可以搁置在底板上。货柜式货架又可分为重型层板货架、轻型层板货架、抽屉式货架等。这种货架一般用于储存非标准托盘、小件、零星货物，其作业方式多为人工作业。

（6）悬臂式货架 悬臂式货架的立柱上装有外悬的臂杆，是一种边开式的货架。其特点是：适合存放长条状或长卷状、大件和不规则货物，例如钢材、木材和塑料等；结构轻巧，载重能力强；不太便于机械化作业，存取货物时作业强度大，因此货架高度受限，一般在 6m 以下；空间利用率低。

（7）移动式货架 移动式货架的底部装有轮子，可以在轨道上水平移动。其驱动方式有手动式、摇臂式和电动式三种。其特点是：空间利用率高；可以调整通道的位置，货物存取方便；机电装置多，维护困难，成本高；施工速度慢。

（8）重力式货架 重力式货架属于贯通式货架，在货架每层的通道上都安装着有一定坡度的、带有轨道的导轨，入库的单元货物在重力作用下，由入库端流向出库端。常用的导轨有滚筒式和滚珠式两种。

按存取方式的不同，重力式货架可分为自滑式和后推式：自滑式是在一侧通道存放货物，货物滑向另一侧，在该侧通道取货物；后推式则是存取货物都在同一侧进行，存货时由叉车把后到货物由前方推入，取货时后方货物向前下滑。

重力式货架的特点是：货物的存取都在纵向通道上进行，比一般的贯通式货架存取更方便；因为轨道倾斜，故高度受限，一般在 6m 以下；自滑式可实现先进先出；后推式的储存密度比自滑式高，一般深度方向有 3 个货位，最多可达 5 个，但存取性差，不能实现先进先出；投资成本高；维护成本高。

问：搬运及输送设备都有哪些？

答：（1）按提升高度

1）低提升叉车，也称为托盘搬运叉车，以水平搬运为主，提升高度有限（提升高度为 100~150mm）。低提升叉车按动力不同分为手动式和电动式两种：手动式是人力操作实现水平和垂直方向的移动；电动式是蓄电池提供动力实现提升和搬运工作。低提升叉车按操作方式的不同又分为步行式和站立式两种。

2) 高提升叉车,也称为托盘堆垛叉车,其主要特点是具有升降架,装卸装置可以上下运动,以存取高位货架内的物品。高提升叉车又可分为上人式和不上人式两种。驾驶舱作为主提升随门架同时上升的叉车称为上人式叉车,也称为高位拣选叉车。

(2) 按平衡方式

1) 插腿式叉车。插腿式叉车带有外伸支腿,货叉位于两支腿之间,作业时两支腿可以跨在货物外侧,由货叉叉取货物。支腿也能与货叉一起伸到货物底部,然后货叉提升货物,支腿支撑平衡、承载负载。其特点是:车身比较轻巧,转弯半径也相应较小;使用有一定的限制(由于货叉需与支腿同时伸入托盘底部才可操作托盘,故双面板无法使用)。

2) 平衡重式叉车。其结构为:为平衡叉车前部的荷载,在车体尾部设有平衡重。其特点是:由于没有支腿,需要较长的轴距与较大的配重来平衡荷载,所以车身尺寸与重量都很大,需要较大的作业空间;货叉直接从前轮的前方叉取货物,对容器没有任何要求;底盘较高,使用橡胶轮胎或充气轮胎,具有很强的爬坡能力与地面适应能力,普遍用于装卸货物及室外搬运。

(3) 按货叉特点

1) 前移式叉车是门架或货叉可以前后移动的叉车,分为门架前移和货叉前移式(欧洲设计的多为门架前移,美国设计的多为货叉前移)。前移式叉车结合了插腿式叉车和平衡重式叉车的优点:当门架前移至顶端时,荷载重心落在支点外侧,此时相当于平衡重式叉车;当门架完全收回后,荷载重心落在支点内侧,此时即相当于插腿式叉车。

2) 侧面式叉车是门架或货叉位于车体侧面的装卸作业车辆。在不转弯的情况下,侧面式叉车具有直接从侧面叉取货物的能力,因此可以运行于窄通道货架,也可以用来叉取长条形的货物(如木条、钢筋等)。

(4) 三向堆垛式叉车 其最主要的特点是不需要叉车转向,货叉即可作三向旋转,能实现两侧和运行前方的货物堆垛和取货。三向堆垛式叉车又可分为低位三向和高位三向。由于其在巷道中不需要转弯,故所需的巷道空间很小,可用于窄通道货架。

(5) 手推车 手推车轻便灵活,应用广泛,但没有提升能力,且承载能力有限(一般在 500kg 以下)。根据其用途及承载能力,一般又分为两轮手推车、手推台车和物流台车三类。

(6) 牵引车 牵引车采用电动机或内燃机驱动,具有牵引能力(3~25t),在后面可拉动几个装载货物的小车,经常用于车间内或车间之间大批货物的运输，如汽车制造业仓库向装配线的运输、机场的行李运输等。

（7）有轨堆垛机——桥式堆垛机　桥式堆垛机是在桥式起重机的结构上改造而来的，由桥架、回转起重小车、挂在小车上的立柱、立柱上的货叉和操作室构成。在仓库梁下或承重结构上装有高架轨道，桥架两端通过运行装置直接支承在高架轨道上，沿轨道纵向运行，其中小车沿桥架主梁轨道横向运行，货叉和操作室沿立柱垂直运动。

其特点是：货架和仓库顶棚之间需要有一定的空间，以保证桥架的正常运行；回转起重小车可以沿桥架来回运行，可服务多条巷道；因为悬架立柱高度的限制，作业高度有限，适用于 12m 以下中等跨度的仓库；巷道宽度要求较大，适用于笨重和长大件物料的搬运和堆垛。

（8）有轨堆垛机——柱式堆垛机　柱式堆垛机是现代立体仓库常用的一种堆垛设备，也称为巷道堆垛机。在巷道内铺设有上下轨道，立柱由上下轨道导引在水平方向运行，起重装置由地面轨道支撑，并沿着立柱垂直运动。它采用分节的货叉伸缩机构。柱式堆垛机按结构又可分为单立柱式和双立柱式。

其特点是：只能沿巷道内轨道运行（仅服务一条通道），因此需要配置出入库装置；可用于高层立体货架，货架高度大大提升；货叉可伸缩，因此巷道宽度可以变窄；一般采用自动、半自动控制，运行速度和作业效率较高。

问：输送设备的种类有哪些？

答：输送设备是以连续运作的方式按规定的路线从装货点输送货物的机械。输送设备主要搬运散货和小件杂货。

在仓储系统中，主要以输送托盘和集装单元货物为主，常用的输送设备为单元负载式输送机。单元负载式输送机主要用于输送托盘、箱包件或其他固定尺寸的集装单元货物。

问：集装单元器具有哪些？

答：集装单元器具中最主要的是集装箱和托盘，仓库中最常用的是托盘，运输中最常用的是集装箱。

问：物流设备配置、方案选择前的准备工作有哪些？

答：①掌握设备规划的要求；②收集有关资料（主要是经济资料、技术资料和自然条件资料），并进行详细分析比较。

试题选解： 下列属于集装单元器具的有（　　　）。

A. 集装箱　　　B. 托盘　　　C. 叉车　　　D. 货架

解：集装单元器具中最主要的是集装箱和托盘，仓库中最常用的是托盘，运输中最常用的是集装箱。因此，正确答案是 AB。

鉴定点 3　库存控制

鉴定要求 1　库存需求分析的方法与工具

问：简述库存的作用。

答：库存的作用主要表现在以下几个方面：①维持销售商品的稳定；②维持生产的稳定；③平衡企业物流；④平衡企业流动资金的占用。

问：什么是库存需求预测？

答：库存需求预测就是对未来经营活动所需库存物资的预测，也是对市场需求变化的预测，包括需求品种、需求数量、需求地点以及需求时间等内容。库存需求预测是库存管理的基础，也是库存决策的依据。

问：库存需求预测的方法有哪些？

答：1）按主客观因素所起的作用分类，可分为定性预测和定量预测。

① 定性预测：主要依据预测者的专门知识和经验来进行预测，包括德尔菲法、一般预测、市场调研、小组共识、历史类比法等。

② 定量预测：也称为统计预测，是指利用统计资料和数学模型来进行预测，包括时间序列预测法、季节性预测、因果分析预测、以计算机为基础的动态模拟等。

2）按预测时间的长短分类，可分为长期预测、中期预测和短期预测。

问：什么是时间序列预测法？

答：时间序列是将某种统计指标的数值按时间先后顺序排列所形成的数列。时间序列预测法就是通过编制和分析时间序列，根据时间序列所反映出来的发展过程、方向和趋势，进行类推或延伸，借以预测下一段时间或以后若干年内可能达到的水平。时间序列预测法被用于识别产生于季节因素的数据系统变量、周期变化模式、趋势值、趋势增长率等。时间序列预测法所采用的时间序列有一个很大的特点，即前后的统计值是密切相关的。其统计值是许多因素发生作用的结果，其中包括经济情况、方针政策、技术进步、市场竞争、产品价格、产品质量、季节变化以及促销等。时间序列预测法适合短期预测。此外，除非需求模式相当稳定，否则时间序列预测法不能保证始终产生精确的预测。常见的时间序列预测法包括移动平均法、指数平均法、指数平滑法等。

问：如何运用移动平均法进行预测？

答：移动平均法是取最近时期库存量的平均值进行库存需求预测的方法。"移动"是指参与平均的实际值随预测期的推进而不断更新。移动平均法可分为简单移动平均法和加权移动平均法。

（1）简单移动平均法　这里以一次移动平均法为例。设 X_t 为时间序列中时间点 t 的观测值，则在时间点 t 的移动平均值为 $Y_t = \dfrac{X_{t-1} + X_{t-2} + \cdots + X_{t-n}}{n}$，其一次移动平均预测模型为

$$Y_{t+1} = \frac{X_t + X_{t-1} + \cdots + X_{t-n+1}}{n} = S_t^{(1)}$$

$$Y_{t+1} = Y_t + \frac{X_t - X_{t-n}}{n}$$

式中，Y_{t+1} 为第 $t+1$ 期的预测值；$S_t^{(1)}$ 为第 t 期的一次移动平均值；n 为移动平均的项数。

（2）加权移动平均法　考虑到各个时期的历史数据对将要发生数据的影响不同，需按其重要程度给它们赋予不同的权数 a，其预测模型为

$$Y_{t+1} = a_t X_t + a_{t-1} X_{t-1} + \cdots + a_{t-n+1} X_{t-n+1} = \sum_{i=t-n+1}^{t} a_i X_i$$

问：如何运用指数平滑法进行预测？

答：指数平滑法是一种特殊的加权移动平均法，只需要本期的观测值和本期的预测值便可预测下一期的数据，适用于数据量较少的近短期预测。其特点是：

1）指数平滑法进一步加强了近期观察值对预测值的作用，对不同时间的观察值所赋予的权数不等，从而加大了近期观察值的权数，使预测值能够迅速反映市场实际的变化。权数之间按等比级数减少，此级数之首项为平滑常数 a，公比为 $1-a$。

2）指数平滑法对观察值所赋予的权数有伸缩性，可以取不同的 a 值以改变权数的变化速率。如 a 取小值，则权数变化较迅速，观察值的新近变化趋势较能迅速反映于指数移动平均值中。因此，运用指数平滑法时，可以选择不同的 a 值来调节时间序列观察值的均匀程度（即趋势变化的平稳程度）。

指数平滑法可分为一次指数平滑法、二次指数平滑法和三次指数平滑法。

一次指数平滑法的预测模型为

$$Y_{t+T} = S_t^{(1)}$$
$$S_t^{(1)} = aX_t + (1-a)S_{t-1}^{(1)}$$

式中，$S_t^{(1)}$ 为第 t 期的一次指数平滑预测值；$S_{t-1}^{(1)}$ 为第 $t-1$ 期的一次指数平滑值；X_t 为第 t 期的实际观测值；a 为平滑常数（即权重系数），$0 \leqslant a \leqslant 1$。

二次指数平滑法是以相同的平滑常数对一次指数平滑数列再进行一次指数平滑，构成时间序列的二次指数数列，即

$$S_t^{(2)} = aS_t^{(1)} + (1-a)S_{t-1}^{(2)}$$

式中，$S_t^{(1)} = aX_t + (1-a)S_{t-1}^{(1)}$。

三次指数平滑法是在二次指数平滑法的基础上进行的，即在二次指数平滑基础上对时间序列再进行一次指数平滑，即有

$$S_t^{(3)} = aS_t^{(2)} + (1-a)S_{t-1}^{(3)}$$

式中，$S_t^{(2)} = aS_t^{(1)} + (1-a)S_{t-1}^{(2)}$；$S_t^{(i)}$ 为第 t 期的 i 次指数平滑值，$i=1$，2，3，…

一次、二次以及三次指数平滑预测模型的选择一般依据时间序列观测值的发展趋势而定。若其围绕某一水平方向作随机变动，可采用一次指数平滑法；若具有较为明显的线性增长倾向，则采用二次指数平滑法；当观测值的分布呈非线性趋势时，一般采用三次指数平滑法。

注意：

1）由于一次、二次以及三次指数平滑值都会滞后于实际值，因此，在库存需求预测实务中常需对指数平滑值进行修正。

2）二次、三次指数平滑预测所需数据量小、精度高，适合作近短期预测。

3）在用指数平滑法进行预测计算时，各次指数平滑值中的平滑常数的取值需保持一致。

问：简述看板的使用规则。

答：看板是指用于显示管理活动信息的板状物，如部门管理看板、生产指示板、业绩管理看板、5S 责任区域布置图、光荣榜等。其使用规则有：①后工序向前工序取货；②不良品不交给下道工序；③前工序只生产后工序所领取数量的产品；④进行均衡化生产；⑤必须使生产工序合理化和设备稳定化；⑥必须根据看板进行微调。

> **试题选解：** 判断：移动平均法是取固定周期库存量的平均值进行库存需求预测的方法。（　）
>
> 解：移动平均法是取最近时期库存量的平均值进行库存需求预测的方法。因此，正确答案是错误。

鉴定要求 2　库存控制的方法和工具

问：什么是库存控制？其影响因素有哪些？

答：库存控制（Inventory Control）是对制造业或服务业生产、经营全过程中的各种物品、产成品以及其他资源进行管理和控制，使其储备保持在经济合理的水平上。进行库存控制有利于防止库存量过小、供货不及时，有利于整体运作更为有效、生产率更高，有利于缩短订货至交货周期、提高物料的可得性，从而使客户服务水平、客户满意度以及产品的客户认同价值得到提高。

库存控制受以下因素影响：

（1）库存的影响　库存本身会影响企业的生产经营过程，主要表现在：占

用大量资金；发生库存成本；掩盖企业生产经营中存在的问题。生产经营中的不确定需求、不确定的预测、不可靠的供应商、质量问题和生产能力不足等诸多问题，都有可能被库存掩盖。

(2) 环境的影响　库存控制受许多环境条件的制约，库存控制系统内部也存在"交替损益"现象。这些制约因素可以影响控制水平，甚至决定控制的成败。主要有以下制约因素：

1) 服务水平。在客户需求不确定的情况下，要百分之百地满足客户订单经常是不可能的，因此管理层需要确定一个可接受的服务水平。

2) 客户需求。在许多因素影响下，需求可能是不确定的，如突发的热销造成需求突增等，这会使库存控制受到制约。如果可以获取历史数据来估计客户的平均需求和需求的变动性，则企业可以采用预测工具对需求进行预测。

3) 产品种类。市场对产品种类的需求是多样化的，企业难以确定各种产品需求的确切数量，因此，仓库储存的产品种类就成为一种新的不确定因素，制约着库存控制。

4) 库存补充的提前期。在企业发出订单时，库存补充的提前期可能是已知的，也可能是不确定的。它主要受信息传递、生产周期、交通运输或其他自然的、社会的、生理的等因素的影响。因此，订货周期的不确定性成为制约库存控制的一项因素。

5) 运输。运输的不稳定性和不确定性必然会制约库存控制，这种制约因素受到运输距离、运输条件和运输工具等的影响。

6) 信息处理能力。在库存控制系统中，监控信息的采集、传递和反馈是控制的关键。信息处理能力的高低成为影响库存控制的关键要素。

7) 库存管理水平。库存控制系统不仅要靠先进的仓储设备、计算机监控系统等硬件的支持，也要靠有效的库存管理。若库存管理水平达不到库存控制的要求，则必然无法实现库存控制的高效运行。

8) 资金。资金的短缺、资本运营不灵等会使预想的控制方法落空。因此，是否具有一个良好的资金管理方式也是一个制约因素。

9) 价格和成本。库存控制是建立在一定的成本基础上的，故价格和成本也是库存控制中的制约因素。

问：简述库存控制的重要性。

答：库存控制的重要性主要表现在：①库存控制是物流管理的核心内容；②库存控制是提高客户服务水平的需要；③库存控制是回避风险的需要。

问：简述确定库存量的依据。

答：确定库存量的依据主要包括：①订货成本；②价格折扣成本；③缺货成本；④库存占用流动资金的成本；⑤存储成本；⑥废弃成本。

问：企业持有库存的原因有哪些？

答：企业持有库存的原因主要有：库存需求预测失误；供货的不确定性和延迟；供应商的最小订货批量；交货间隔；特定的间隔交货；存货方法和策略；库存补充间隔及数量；战略性库存；采购价格优势；用户提前期短于供应商提前期；寄售；交货成本的最小化；供应链库存；预留或预防性库存等。

问：库存持有成本包括哪些方面？

答：库存持有成本包括资金占用成本、存储空间成本、库存服务成本、库存风险成本（库存贬值、损失）。

问：销售物流的库存策略包括哪些内容？

答：销售物流的库存策略重点是以控制库存为目的，并集合相关方法、手段、技术、管理及操作过程，在从厂房选址、物流中心布局、销售网点布局、商品选择、订货、进货、入库、储存、最后出库及商品在货架销售到消费者的一个长过程中，使库存管理合理化。

问：什么是 ABC 分类法？

答：ABC 分类法又称为重点管理法或 ABC 分析法。它是一种从名目众多、错综复杂的客观事物或经济现象中，通过分析，找出主次，分类排队，并根据其不同情况分别加以管理的方法。该方法是根据 ABC 分类法曲线（见图 1-2-6）所揭示的"关键的少数和次要的多数"的规律在管理中加以应用的。通常将手头的库存按年度货币占用量分为三类：

1）A 类是年度货币量最高的库存，这些品种可能只占库存总数的 15%，但用于它们的库存成本却占到总数的 70%～80%。

2）B 类是年度货币量中等的库存，这些品种占库存总数的 30%，占总库存成本的 15%～25%。

3）C 类是年度货币量较低的库存，这些品种只占总库存成本的 5%，但却占库存总数的 55%。

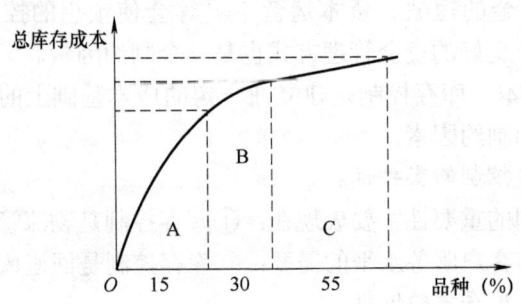

图 1-2-6 ABC 分类法曲线

除货币量指标外，企业还可以按照销售量、销售额、订购提前期、缺货成本等指标将库存进行分类。通过分类，管理者就能为每一类的库存品种制订不同的管理策略，实施不同的控制。

建立在 ABC 分类法基础上的库存管理策略见表 1-2-1。

表 1-2-1　不同类型的库存管理策略

库存类型	特点（按货币量占用）	管理方法
A	品种数约占库存总数的 15%，成本约占 70%~80%	进行重点管理。现场管理要更加严格，应放在更安全的地方；为了保持库存记录的准确，要经常进行检查和盘点；预测时要更加仔细
B	品种数约占库存总数的 30%，成本约占 15%~25%	进行次重点管理。现场管理不必投入比 A 类更多的精力；库存检查和盘点的周期可以比 A 类长一些
C	成本也许只占 5%，但品种数约占库存总数的 55%	只进行一般管理。现场管理可以更粗放一些；但是由于品种多，差错出现的可能性也比较大，因此也必须定期进行库存检查和盘点，周期可以比 B 类长一些

问：什么是 CVA 管理法？

答：CVA（关键因素分析）管理法的基本思想是把库存商品按照关键性分成 3~5 类，即：

1）最高优先级。这是企业经营活动中的关键性商品，不允许缺货。
2）较高优先级。这是企业经营活动中的基础性商品，但允许偶尔缺货。
3）中等优先级。这多属于比较重要的商品，允许合理范围内的缺货。
4）较低优先级。企业经营活动中需用这些商品，但可替代性高，允许缺货。

表 1-2-2 为按 CVA 管理法所划分的库存种类及其管理方法。

表 1-2-2　按 CVA 管理法所划分的库存种类及其管理方法

库存类型	特点	管理方法
最高优先级	企业经营活动中的关键性商品，或 A 类重点客户的存货	不允许缺货
较高优先级	企业经营活动中基础性的商品，或 B 类客户的存货	允许偶尔缺货
中等优先级	企业经营活动中比较重要的商品，或 C 类客户的存货	允许合理范围内的缺货
较低优先级	企业经营活动中需要，但可替代的商品	允许缺货

CVA 管理法比 ABC 分类法有着更强的目的性。在使用中要注意，人们往往倾向于制订高的优先级，结果高优先级的商品种类很多，最终哪种商品也得不到应有的重视。CVA 管理法和 ABC 分类法结合使用，可以达到分清主次、

抓住关键环节的目的。在对成千上万种商品进行优先级分类时，也需要借用ABC分类法进行归类。

问：库存控制的任务包括哪些？

答：对任何一个企业来说，无论库存过高或过低，都会给企业的生产或经营带来麻烦。因此，库存控制的任务是：

（1）用最低的费用　在适宜的时间和适宜的地点获得适当数量的原材料、消耗品、半成品和最终商品，即保持库存量与订购次数的均衡，通过维持适当的库存量，使企业资金得到合理的利用，从而实现赢利目标。

（2）减少不良库存　在大多数企业中，库存占企业总资产的比例非常高，许多企业都存在库存过剩、库存闲置、积压商品、报废商品、呆滞品等不良库存问题。这是因为人们只重视库存保障供应的任务，而忽视了库存过高所产生的不良影响。

1）库存过高的不良影响如下：

① 使企业资本固化。库存过高将使大量的资本被冻结在库存上，当库存停滞不动时，周转的资金会越来越短缺，使企业利息支出相对增加。

② 加剧库存损耗。库存过高的必然结果是使库存的储存期增长，库存发生损失和损耗的可能性增加。

③ 增加管理费用。企业在维持高库存时，防止库存损耗、处理不良库存方面的费用将大幅度增加。

2）不良库存产生的原因如下：

① 计划不周。计划不周或制订计划的方法不当，就会出现计划与实际的偏差，若计划大于实际，则会产生剩余库存。

② 生产计划变更。企业生产计划的变更会带来一定数量的原材料或产成品的过剩，如果不及时进行调整，就会转变为不良库存。

③ 销售预测失误。销售部门对客户可能发生的订单数量估计错误，也将使采购、生产等部门的采购计划和生产计划与实际需求产生偏差，进而出现库存剩余的情况。

问：协同库存管理技术包括哪些？

答：协同库存管理技术包括：

1）供应商管理库存（Vendor Managed Inventory，VMI）：将用户的库存决策权代理给供应商，由供应商决定何时补货、补多少货。它以用户和供应商都实现成本最低为目的，在一个共同的协议下由供应商管理库存。

2）联合库存管理（Jointly Managed Inventory，JMI）：其是在VMI的基础上发展起来的上游企业和下游企业权利、责任平衡与风险共担的库存管理模式。它强调供应链中各个节点同时参与，共同制订库存计划，每个库存管理者都考虑相互之间的协调性，使各节点之间的需求预期保持一致，从而消除需求变异造成的库存放大。

3）有效消费者反应（Efficient Consumer Response，ECR）：其是销售商与供应商为消除系统中不必要的成本和费用并给客户带来更大效益而进行密切合作的一种供应链管理战略。它的目的是消除整个供应链管理流程中没有为消费者增加价值的成本，将供给推动的推式系统转变成更有效率的需求拉动的拉式系统，并将这些效率化的成果回馈给消费者，期望能以更快、更好、更经济的商品或服务满足消费者的需求。

问：什么是 VMI？

答：VMI 是供应链管理条件下的一种库存管理模式，是指供应链中"供应商等上游企业基于其下游客户的生产经营、库存信息，对下游客户的库存进行管理与控制"。

传统的库存管理是由库存拥有者自己进行的，这是由于供应方与需求方难于进行信息沟通，非供应链的供需双方之间仅是一种贸易关系。供应方为了应付市场需求的波动（尤其是突然增加的需求）不得不自己设置销售库存，而需求方为了应付供应的减少甚至断供，也不得不自己设置供应库存，以保证物品的可得性。这样，在供需双方之间实际上就形成了重复设置的双重库存，均加大了企业彼此的成本。在非供应链管理条件下，这种状况是不得已而为之的。但在供应链管理状况下，供需企业双方已经形成了战略合作伙伴关系，供应商不但不必再去设置自己的库存，而且还可以为客户管理其库存。

实行 VMI 有以下优越性：

1）减少了供应链上的库存层次和库存量，降低了整个供应链的运营成本。

2）增加了物品供应的保证程度，这是由于供应商能够快速、及时地补充库存消耗。

3）客户的库存由供应商管理后，可以集中全部精力提升产品开发等核心竞争力。

实施 VMI 策略必须体现以下原则：

1）合作性原则。在实施 VMI 策略时，相互信任及信息的透明是基础。供应商与其客户间要有很好的合作精神，建立起牢固的战略合作伙伴关系。

2）总成本最小原则。VMI 不是降低某一企业的库存成本，而是降低供应链的总库存，使双方都能获益，实现总成本最小化。

3）目标一致性原则。实施 VMI 策略的双方都要明白各自的责任，在目标上达成一致，从而在此基础上签订 VMI 框架协议，对具体实施办法作出规定。

4）连续改进原则。供需双方在 VMI 框架下不断相互配合，共享信息、共除浪费、共获利益。VMI 在实施中需要 POS（销货时点系统）、EDI（电子数据交换）、Internet、ID 代码、条形码和连续补给程序等信息技术作为其技术支持。

总之，VMI 系统不仅可以降低供应链的库存水平，而且还能使客户获得高水平的服务并改善其资金流，使供应商能够分享需求的透明性并提高客户的信任度。

> **试题选解**：判断：VMI 是在 JMI 的基础上发展起来的上游企业和下游企业权利、责任平衡与风险共担的库存管理模式。（　　）
>
> **解**：JMI 是在 VMI 的基础上发展起来的上游企业和下游企业权利、责任平衡与风险共担的库存管理模式。因此，正确答案是错误。

鉴定范围 3

配送管理

鉴定点　配送作业管理

鉴定要求 1　配送作业计划编制、实施和控制的知识

问：配送活动如何进行分类？

答：（1）按配送组织者分类

1）商店配送：组织者是商业或物资企业的门市网点，它的规模一般不大。

2）配送中心配送：组织者是专职从事配送工作的配送中心，它的规模大，配送能力强，是配送的主要形式。

（2）按配送商品种类及数量分类

1）单（少）品种，大批量配送。

2）多品种，少批量配送。

（3）按配送时间及数量分类

1）定时配送：按规定时间间隔进行配送。

2）定量配送：按规定的批量在一个指定的时间范围内进行配送。

3）定时定量配送：按规定的配送时间和配送数量进行配送。

4）定时、定路线配送：在规定的运行路线上制定到达时间表，按运行时间表进行配送。

5）即时配送：完全按用户要求的时间和数量进行配送。

（4）其他的配送方式

1）共同配送：几个配送中心联合起来，共同制订计划，共同对某一地区用户进行配送，共同使用配送车辆。

2）加工配送：在配送中心按用户的要求进行必要的加工后再行配送。这种配送方式是将流通加工和配送一体化了。

问：什么是配送需求计划？

答：配送需求计划（Distribution Requirement Planning，DRP）也称为分销需求计划，是一种适用于流通企业或生产企业销售系统的计划管理应用软件及其信息系统。它是基于"一种既保证有效地满足市场需要，又使得物流资源配

置费用最省的计划方法,是 MRP(物料需求计划)原理与方法在物品配送中的运用"。

DRP 的输入包括社会需求文件、生产企业资源文件和库存及在途文件三部分。

社会需求文件包括企业与客户所签订供货合同的汇总、客户提货单的汇总以及企业对未来市场需求的预测。前两个均属确定的市场需求信息,但第三个是市场预测的结果,故其信息有一定程度的不确定性。

对于流通企业来说生产企业资源文件是指生产商或上游供应商能够向本企业提供的资源的汇总,对于生产企业来说它则是指本企业产品的品种和数量。

库存及在途文件是指企业现有的库存资源,其中包括供货商已发出但尚未到达的部分资源。

DRP 的输出是两个计划:一个是订货进货计划;一个是送货计划。

订货进货计划是流通企业向供货商订货的依据,送货计划则是流通企业向客户配送的依据。对于流通企业来说,这两个计划的实施构成了流通企业工作的主要内容。对于生产企业来说,不存在订货进货计划,故输出的是销售计划或送货计划。

流通企业的 DRP 运作原理如图 1-3-1 所示。

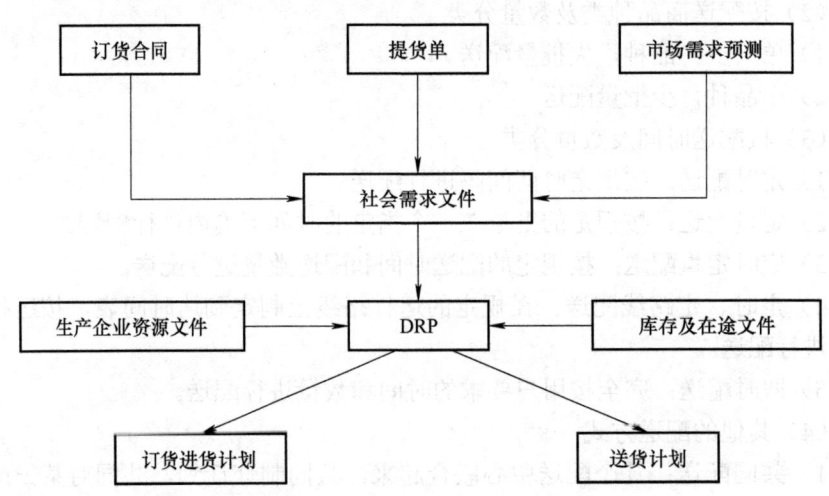

图 1-3-1 流通企业的 DRP 运作原理

运行 DRP 一般需要以下步骤:

1)编码及信息整理工作。编码包括商品代码、供货单位代码、物流中心组织系统代码、用户代码等。信息包括运输车辆信息、沿途交通状况、送货提前期、进货提前期等信息。

2)建立社会需求文件。将有关项目汇总整理成标准格式的文件。

3）建立库存文件。汇总所有经营商品计划期前的库存量及在途量并形成标准格式文件。

4）建立供货商文件。编制所经营商品品种供货商的明细资料，如订货批量、订货提前期等。

5）由计算机系统运行 DRP 输出订货进货计划及送货计划。

6）DRP 的实施。根据输出的两个计划文件以及运输车辆、沿途交通状况安排日常车辆的运行作业及调度。

问：什么是配送作业计划？

答：配送作业计划是指配送企业（配送中心）在一定时间内编制的生产计划。它是配送中心生产经营的首要职能和中心环节。

配送作业计划的内容主要包括：按日期排定用户所需商品的品种、规格、数量、送达时间、送达地点，以及送货车辆和人员等的安排规划。

问：配送作业计划的编制步骤是什么？

答：按照以下步骤编制配送作业计划：划分基本送货区域→车辆预配载→暂定送货先后顺序→车辆安排→选择配送线路→确定每辆车的送货顺序→完成车辆配载。

问：配送作业的一般流程是什么？

答：配送作业是配送企业或配送部门运作的核心内容，因而配送作业流程的合理性以及配送作业效率的高低都会直接影响整个物流系统的正常运行。配送作业的一般流程如图 1-3-2 所示。当收到客户订单后，首先将订单按其性质进行"订单处理"，之后根据处理后的订单信息，进行从仓库中取出客户所需货品的"拣货"作业。拣货完成后，一旦发现拣货区剩余的存货量过低时，则必须由储存区进行"补货"作业。如果储存区的存货量低于规定标准时，便向

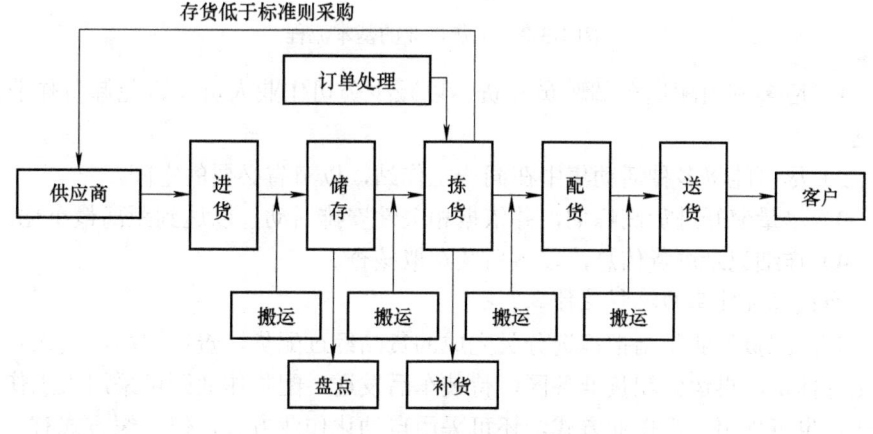

图 1-3-2 配送作业的一般流程

供应商采购订货。从仓库拣选出的货品经过"配货"之后即可准备送货,等到一切准备就绪,驾驶员便可将货品装在配送车上,向客户进行"送货"作业。另外可发现,在所有作业进程中,只要涉及物的流动作业,其间的过程就一定有"搬运"作业。

问:进货作业的基本流程是什么?

答:进货作业包括接货、卸货、验收入库,然后将有关信息书面化等一系列工作。进货作业的基本流程如图 1-3-3 所示。在其流程安排中,应注意以下事项:

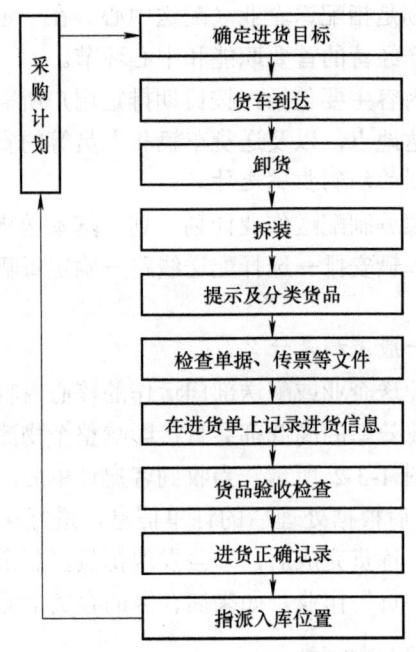

图 1-3-3　进货作业的基本流程

1)应多利用配送车驾驶员卸货,以减少公司作业人员和避免卸货作业的拖延。

2)尽可能将多种活动集中在同一工作站,以节省必要的空间。

3)尽量避开进货高峰期,并依据相关性安排活动,以达到距离最小化。

4)详细记录进货信息,以备后续存取核查。

问:配货作业的流程是什么?

答:配货作业是指把拣选分类完成的货品经过配货检查过程后,装入容器和做好标识,再运到配货准备区,待装车后发送。配货作业既可采用人工作业方式,也可采用人机作业方式,还可采用自动化作业方式,但组织方式有一定区别。配货作业的流程如图 1-3-4 所示。

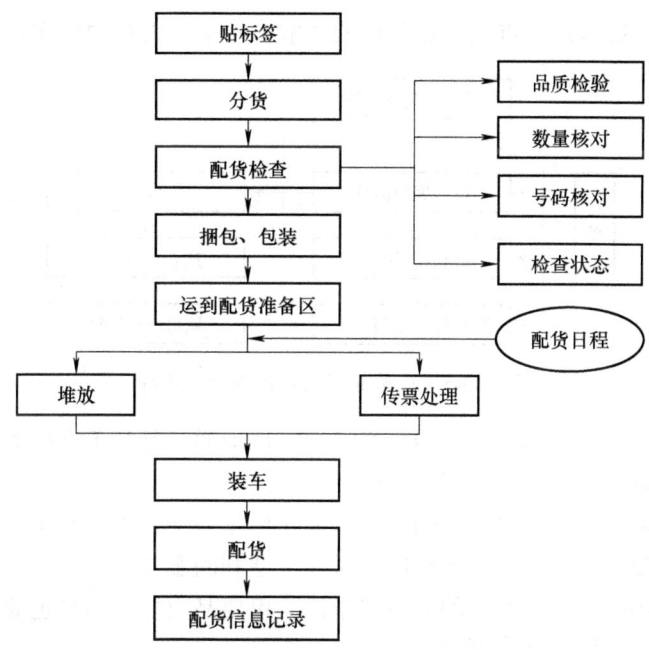

图 1-3-4 配货作业的流程

问：货物编码的方法有哪些？

答：进货作业是配送作业的首要环节。为了让后续作业准确而快速地进行，并使货物品质及作业水准得到妥善维持，在进货阶段对货物进行有效的编码是一项十分重要的内容。编码的结构应尽量简单，长度应尽量短，一方面便于记忆，另一方面也可以节省机器存储空间，减少代码处理中的差错，提高信息处理效率。常用的编码方法有顺序编码、数字分段编码、分组编码、实际意义编码、后数位编码、暗示编码。

问：订单处理的基本内容及步骤是什么？

答：从接到客户订单开始到着手准备拣货之间的作业阶段，称为订单处理，通常包括订单资料确认、存货查询、单据处理等内容。订单处理分人工和计算机两种形式。人工处理具有较大弹性，但只适合少量订单的处理。计算机处理则速度快、效率高、成本低，适合大量订单的处理，是目前主要的订单处理形式。订单处理的基本内容及步骤如图 1-3-5 所示。

问：配送服务的要点有哪些？

答：配送服务的要点主要有时效性、可靠性、沟通性、便利性和经济性。

（1）时效性 时效性也就是要确保能在指定的时间内交货，是客户最重视的因素。

（2）可靠性 可靠性是指将货品完好无缺地送达目的地。就配送而言，要达成可靠性目标其关键原则在于：①装卸货时的细心程度；②运送过程中对货品的保护；③对客户地点及作业环境的了解；④配送人员的操守。

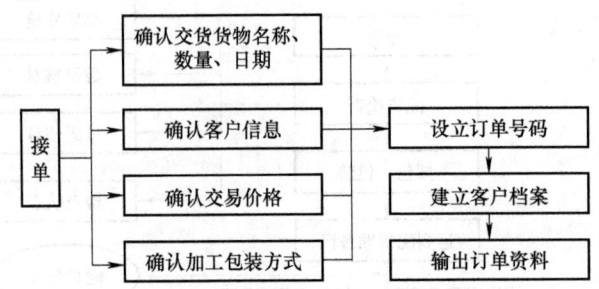

图 1-3-5　订单处理的基本内容及步骤

（3）沟通性　配送人员应能与客户很好地沟通，且具备良好的服务态度，才能维护公司的形象，并巩固客户的忠诚度。

（4）便利性　配送最主要的是要让客户感觉方便，因而对于客户的送货计划，应采取较弹性的系统，才能够随时提供便利的服务。

（5）经济性　满足客户的服务要求，不仅要品质好，而且也要费用低。

问：配送增值服务有哪些？

答：配送增值服务是指独特的或特别的活动，使厂商们能够通过共同努力提高其效率和效益。配送增值服务的范围涉及大量刺激性的业务活动。根据承担增值服务的专业人员的不同，配送增值服务分为五个主要的业务领域，即以客户为核心的服务、以促销为核心的服务、以制造为核心的服务、以时间为核心的服务，以及基本服务。

（1）以客户为核心的服务　以客户为核心的增值服务向买卖双方提供利用第三方专业人员来配送产品的各种可供选择的方式。对于仓库来说，还普遍流行一种做法，即提供"精选—定价—重新包装"服务，以便于按仓库、俱乐部和便利店等的要求独特配置，以配送制造厂商的标准产品。最后一个有关以客户为核心的服务的问题就是如何来履行。履行由这样一些活动构成：处理客户向制造商的订货，直接送货到商店或客户家，以及按照零售店货架储备所需的明细货品规格持续提供递送服务。这类专门化的增值服务可以被有效地用来支持新产品引入，以及对当地市场进行季节性配送。

（2）以促销为核心的服务　以促销为核心的增值服务涉及独特的销售点展销的配置，以及旨在刺激销售的其他范围很广的各种服务。销售点展销可以包含来自不同供应商的多种产品，组合成一个多节点的展销单元，以便于适合特定的零售商店。

（3）以制造为核心的服务　以制造为核心的增值服务是通过独特的产品分类和递送来支持制造活动的。既然每一位客户的实际设施和制造装配都是独特的，那么从理想上来说，递送和引入内向流动的材料和部件应进行客户定制化。物流渠道中的重要职位都是由专业人员承担的，这些专业人员能够把产品的最后定型一直推迟到接收客户定制化订单时止。虽然雇用专业人员承担增值服务，意味着单位成本将提高，但是，由专业人员提供增值能大大减少与生产不正确产品有关的预期风险。因此，以制造为核心的服务，与其说是在预测基础上产生独特的产品，不如说是对基本产品进行了修正，以适应特定的客户需求。其结果是改善服务。

（4）以时间为核心的服务　以时间为核心的增值服务涉及使用专业人员在递送以前对存货进行分类、组合和排序。对于以时间为核心的增值服务来说，它的一种流行形式就是准时化（JIT）配送仓库。一旦某时某地产生了需要，JIT配送仓库就会对多家卖主的零部件进行精确的分类、排序，然后递送到装配线上去。其目的是要在总量上最低限度地减少在装配工厂的搬运次数和检验次数。总之，以时间为核心的服务，其主要的一个特征就是排除不必要的仓库设施和重复劳动，以期最大限度地提高服务速度。

（5）基本服务　除了独特的或传统的增值服务形式外，专业人员还可以被用来执行厂商全部的或部分的基本服务方案。各种范围很广的服务都可以通过专业人员来提供，以支持任何的或所有的物流需求。

问：如何保证货物的配送效率？

答：为使配送达到距离、时间、成本最小化而采用的手段包括消除交错输送、回程车的利用、直配直送、变换选用配送工具、建立完整的资讯系统、改善运行车辆的通信状况、控制出货量、共同配送等。下面就某些手段作简单介绍。

（1）消除交错输送　可采取缓和交错输送的方式。

（2）直配直送　工厂的产品从厂商的物流中心直接交货到各用户，这种利用直配直送的方式可大幅简化物流的层次，使得中间的代理商和批发商不存货，下游资讯也能很快传达到上游，让整个系统达到"速度化"的效果。

（3）共同配送　所谓共同配送，是指多家企业共同参与只由一定运输公司独自进行的配送作业。

（4）建立完整的资讯系统　物流资讯系统应由订单处理、库存管理、出货计划管理、配送管理等四个子系统构成。

（5）控制出货量　若能有效控制客户的出货量，将其尽量平准化，则能提高整体配送效率。控制出货量的方式有以下四种：给予大量订货客户折扣；制定最低订货量；调整交货时间；对于季节性的变动引导客户提早预约。

问：配送组织工作的基本程序和内容是什么？

答：①物流作业配送线路的选择；②拟定配送计划；③下达配送计划；④配货和进货组织工作；⑤配送发货管理；⑥费用结算管理。

问：配送组织工作应注意的要点是什么？

答：①全面掌握用户的需求情况；②建立稳定的资源基地和客户需求；③加强配送的计划管理；④调整建立与配送相适应的组织结构；⑤科学地组织好配送；⑥争取各方面的协作和支持。

问：配送组织的模式是什么？

答：配送组织的模式有集权式配送组织模式和分权式配送组织模式。

集权式配送组织模式是指在整个企业中只有一个配送部门，对整个公司的配送业务实行集中管理，统一调配各个仓库、配送节点和供货厂商的供需关系。比如在一些连锁经营企业中，所有门店的商品配送是由公司统一组织货源并送货的。

分权式配送组织模式是指配送业务由企业的各分部或产品组，或不同地区分别管理和执行。这种模式在大型的企业集团或跨国公司中更为常见。

总体看来，集权式配送组织模式对市场反应速度慢，柔性较差，但能够有效地控制配送成本；分权式配送组织模式对客户要求的反应迅速，但是成本较高。

选择配送组织模式时应考虑的因素主要包括：①公司的规模；②产品特点及产品的销售地区；③生产所需物资的采购地区；④集权式配送组织模式提供的客户服务标准能否达到所要求的水平。

问：简述制造资源计划与DRP的关系。

答：制造需求计划是由企业制订和控制的生产计划所确定的，而DRP则是由客户需求引导的，企业无法加以控制。所以，制造需求计划通常是在一种相关需求的情况下运作的，而DRP是在一种独立的环境下运作的，由不确定的客户需求来确定存货需求。

问：简述DRP的局限性。

答：第一，DRP系统需要每一个配送中心精确的、经过协调的预测数。该预测数对于指导货物在整个配送渠道的流动是必需的。第二，DRP要求配送设施之间的运输具有固定而又可靠的完成周期。第三，由于生产故障或递送延迟，DRP常易遭受系统紧张的影响或频繁改动时间表的影响。

问：如何实现配送中心流程的优化管理？

答：①进货环节建立预约机制；②仓储环节优化货物管理；③配送环节优化配送线路，提高配送效率。

问：如何制订配送方案？

答：1）合理定位配送区域。物流经营者应根据客户特征，如配送产品的特性、地理分布等，合理定位配送区域，同时对不同的配送区域可采取差别性的配送服务政策。

2）用节约里程法（也称为节约法）制订配送方案。配送方案必须明确的项目包括如下内容：配送区域；每一个目标的配送方式；配送时间；时间的准确性和配送费用预算。

问：简述配送中心的主要功能。

答：①储存功能；②拣货功能；③衔接功能；④集散功能；⑤配送功能；⑥服务功能。

问：简述基于资源集成的配送中心模式的特点。

答：①规模大，服务范围广；②有完善的信息系统和网络体系服务于客户的变换需求；③具有物流领域的专业化优势；④其物流配送设施设备不全是属于自己所有，既有自有的，又有公用型的，分布地域广。

问：简述配送中心物流服务的选择要点。

答：1）选择要处理的商品种类。配送中心的功能设计要与商品的特性相吻合。

2）选择能提供的增值服务。

问：简述配送中心的运作类型。

答：①以生产经营为主体的配送中心；②以批发经营为主体的配送中心；③以零售经营为主体的配送中心；④以物流经营为主体的配送中心。

问：简述配送中心管理涉及的要素。

答：①配送中心的商品储存量；②配送中心的送货时间；③配送中心的功能配置。

问：简述自动拣货系统的组成。

答：1）输入系统。商品由带式或辊子输送机输入拣货系统。

2）拣货信号设定装置。一般采用激光扫描办法，对物流条码进行扫描，以区分配送商品的目的地、配送商品的对象等物流信息。

3）拣货传输装置。包括传送装置、拣货装置。

问：简述配送中心绩效管理的内容。

答：①商品销售绩效管理；②作业处理绩效管理；③仓库保管效率管理；④配送效率管理；⑤机具设备使用管理。

问：简述配送中心规划资料分析的内容。

答：①订货变化趋势分析；②订单分析；③商品特性分析；④物流工作分析。

问：简述配送中心的发展策略。

答：①积极创建适应企业配送中心发展的政策环境；②充分利用现有资源，通过技术改造发展现代企业配送中心；③积极转变企业配送中心的经营机制；④重视配送先进技术的应用；⑤重视企业配送专门人才的培养；⑥建立稳定的客户关系；⑦完善服务功能；⑧强化增值服务。

问：简述实施共同配送时应注意的问题。

答：①参与共同配送的物流业务应相对稳定，双方应签订比较稳定的共同配送合作协议；②客户分布、商品特性、物流作业特性、经营系统等方面应具有相似性，这样便于组织管理和协调，也有利于利益分配；③货主之间可以有生产、营销方面的竞争，但在物流方面是可以相互合作的，不应存在竞争；④货主和承担主体在物流信息管理方面有一定的基础，包括已建立信息管理系统、条形码的应用等；⑤利益分配要有具体的制度和方法，应制定明确的收费或费用分摊标准；⑥在共同配送合作协议中应保护货主的商业秘密，明确各自的权利和义务。

问：简述 DRP 的好处。

答：营销上的主要好处如下：①改善了服务水准，保证了准时递送，减少了客户抱怨；②更有效地改善了促销计划和新产品引入计划；③提高了预计短缺的能力，使营销努力不花费在低储备的产品上；④改善了与其他企业功能的协调；⑤提高了向客户提供协调存货管理服务的能力。

物流上的主要好处如下：①降低了配送中心的运输费用；②降低了存货水平；③使仓库的空间需求也减少了；④降低了客户的运输成本；⑤改善了物流与制造之间的存货可视性和协调性；⑥提高了预算能力。

问：简述配送中心的作用。

答：1）从供应商和厂商的角度分析：①使物流成本得到控制；②实现库存集约化；③通过提高客户服务水平，促进产品销售；④有利于把握销售信息；⑤有利于实现商、物分离。

2）从需求方的角度分析（以连锁店为例）：①降低进货成本；②改善店铺的库存水平；③减少店铺的采购、验收、入库等费用；④减少交易费用，降低物流整体成本；⑤促进信息沟通。

问：简述配送中心的作业方式。

答：1）进货入库作业。这是实现商品配送的前置工作。

2）商品在库保管作业。加强商品养护，确保质量安全，最大限度保持其使用价值和减少保管损失，加强储位合理化工作和储存商品的数量管理工作。

3）流通加工作业。对进入流通领域的产品或半成品按销售要求进行再加工。

4）配货作业。这是出货最主要的前置工作，一般有播种方式和摘果方式两种方式。

5）送货作业。首先必须完成出货作业，这是仓库保管与运输、配送两个业务部门之间在现场交接商品的作业。

问：配送中心应符合哪些要求？

答：主要为特定的用户服务；配送功能健全；完善的信息网络；辐射范围小；多品种，小批量；以配送为主，储存为辅。

问：简述配送中心的基本类别。

答：1）按经营主体分：厂商主导型配送中心、批发商主导型配送中心、零售商主导型配送中心、物流企业主导型配送中心、共同型配送中心。

2）按服务对象分：面向最终消费者的配送中心、面向制造企业的配送中心、面向零售商的配送中心。

3）按配送货物的性质分：商业货物配送中心、非商业货物配送中心。

4）按社会化程度分：个别企业的配送中心、公共配送中心。

5）按配送中心的功能分：通过型配送中心、集中库存型配送中心、流通加工型配送中心。

问：配送中心的基本模式有哪些？

答：①基于销售的配送中心模式；②基于供应的配送中心模式；③基于资源集成的配送中心模式。

问：配送中心管理的内容有哪些？

答：①信息管理计算机化；②商品分拣自动化；③商品存储立体化；④商品配送共同化。

问：物流共同化体系的构筑程序是什么？

答：①物流共同化可能性的探讨；②参与成员的决策统一；③物流共同化推进主体的确立；④系统的设计；⑤行政手续的办理；⑥资金调达；⑦系统的成立与运行；⑧实施后的检查与改善。

问：发展共同配送应注意的问题有哪些？

答：发展共同配送应注意的问题包括：①充分对应零售业向以实需型销售为中心的连锁化、网络化、单品管理化发展的趋势；②在配送物流方面，货主企业之间应该相互合作；③应当取得本企业内部的一致认同，使企业各部门意识到共同配送对经营、对物流、对企业发展的作用；④应充分评估同产业共同配送对企业战略产生的影响；⑤从事异产业共同配送时，应注意配送客户分布是否相似，商品特性是否相似，保管、装卸、备货等特性是否相似，经营系统是否相似，物流服务水平是否相似；⑥实施共同配送时，应充分评估这种共同配送对企业战略产生的影响（包括积极影响和消极影响两方面），如果消极影响大于积极影响，应考虑开展异产业共同配送。

试题选解：简述配送作业计划编制的步骤。

解：按照以下步骤编制配送作业计划：划分基本送货区域→车辆预配载→暂定送货先后顺序→车辆安排→选择配送线路→确定每辆车的送货顺序→完成车辆配载。

鉴定要求 2　拣货策略、拣选方式的知识

问：拣货作业的流程是什么？

答：拣货作业是配送作业的中心环节。所谓拣货，是依据客户的订货要求或配送中心的作业计划，尽可能迅速、准确地将商品从其储位或其他区域拣选出来的作业过程。拣货作业系统的重要组成元素包括拣货单位、拣货方式、拣货策略、拣货信息、拣货设备等。其流程为：形成拣货资料→行走和搬运→拣取→分类与集中。

（1）形成拣货资料　拣货作业必须在拣货信息的指导下才能完成。拣货信息来源于客户的订单或配送中心的送货单。拣货单格式如图 1-3-6、图 1-3-7 所示。

订单单号：		拣货员：		序号：	
客户代号：		客户名称：		日期：	
NO	货位号码	品名		数量	备注

图 1-3-6　拣货单格式 1

拣货单

拣货单编号			包装单位			储位号码
商品名称			托盘	箱	单件	
规格型号		数量				
商品编码						
生产厂商						
拣货时间	年　月　日　时　分至　时　分				拣货人	
核查时间	年　月　日　时　分至　时　分				核查人	

序号	订单编号	客户名称	包装单位			数量	出货单位	备注
			托盘	箱	单件			
1								
2								
3								
4								
5								
6								
7								
8								
9								
10								
11								

图 1-3-7　拣货单格式 2

有些配送中心直接利用客户的订单或配送中心的送货单作为人工拣货指示，即拣货作业人员直接凭订单或送货单拣取货物。

在国外，大多数配送中心一般先将订单等原始拣货信息进行处理后，转换成拣货单或电子拣货信号，指导拣货人员或自动拣取设备进行拣货作业，以提高作业效率和作业准确性。

（2）行走和搬运　行走和搬运方法见表1-3-1。

表1-3-1　行走和搬运方法

类　型	方　法	特　点
人至物方式	拣货人员以步行或搭乘拣货车辆方式到达货物储存位置	货物静止，移动方为拣取者
物至人方式	拣取人员在固定位置作业，不必去寻找商品的储存位置，主要移动方是货物	货品处于动态，如轻负载自动仓储、旋转自动仓储等，拣取者静止

（3）拣取　当货品出现在拣取者面前时，其一般采取的两个动作为拣取与确认。拣取是抓取物品的动作，确认则是确定所拣取的物品、数量是否与指示拣货的信息相同。

（4）分类与集中　配送中心在收到多个客户的订单后，可以形成批量拣取，然后再根据不同的客户或送货路线分类集中，有些需要进行流通加工的商品还需根据加工方法进行分类，加工完毕再按一定方式分类出货。分类与集中如图1-3-8所示。

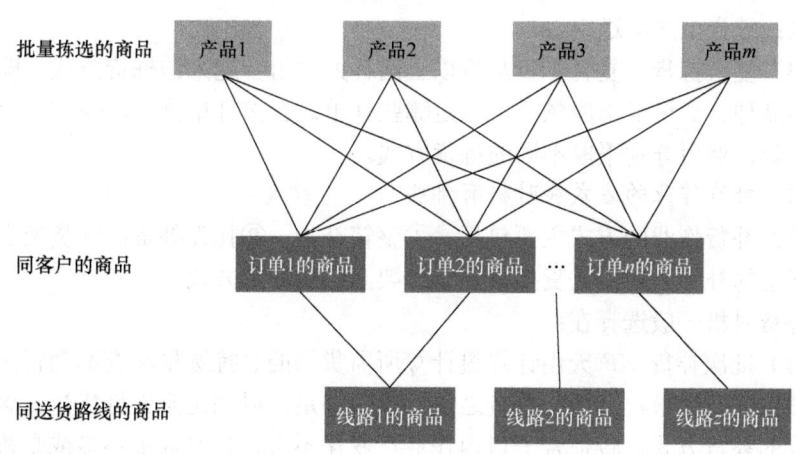

图1-3-8　分类与集中方式

问：拣货方式有哪些？

答：（1）订单式拣货　针对每一张拣货单（一个客户的一张订单），作业员巡回于配送中心货架间，按照拣货单上所列项目，将客户所订购的商品逐一由仓储货架中挑拣出来,如图 1-3-9 所示。

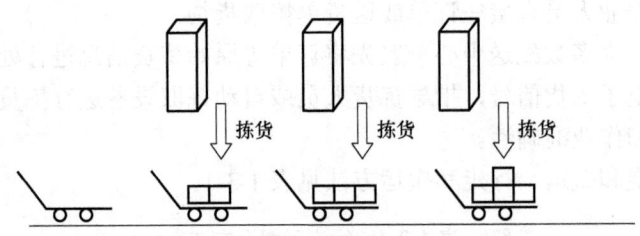

图 1-3-9　订单式拣货示意图

优点:作业方法简单;作业人员责任明确,派工容易;导入容易;互不制约,前置时间短;拣货后不用再进行分类作业。

缺点:订单太多时、客户共同需求产品时、拣货区域过大时、少批量多批次拣货时等情况下,拣货路径长,效率低。

使用时机:用户之间需求差异大;订单数量少;订单产品种类多;拣货区域分散;配送时间不一致。

(2) 批量拣货　把多张订单集合成一批,依据商品类别将数量相加后再进行拣取,之后依据客户订单再作分类处理。

优点:效率高;有利于车辆安排。

缺点:订单处理前置时间长;需要进行统计分析、分货;需要较好的订单处理系统;需要较大的分货区域。

使用时机:订单数量多;客户需求差异性小;产品品种少;客户时间要求不紧迫;综合型的配送中心。

(3) 复合拣货　复合拣货是将以上两种方式组合起来的拣货方式,即根据订单的品种、数量及出库频率,确定哪些订单适合按订单拣货,哪些订单适合批量拣货,然后分别采取不同的拣货方式。

问:补货作业的方式和时机有哪些?

答:补货作业的方式主要包括:①整箱补货;②托盘补货;③货架上层至货架下层的补货方式;④货架下层至货架上层的补货方式。

补货时机一般选择在:

(1) 批次补货　每天由计算机计算所需货物的总拣选量和查询动管区存货量后得出补货数量,从而在拣货之前一次性补足,以满足全天拣货量。这种一次补足的补货方式,较适合一日内作业量变化不大、紧急插单不多或是每批次拣选量大的情况。

(2) 定时补货　把每天划分为几个时点,补货人员在时段内检查动管拣货区货架上的货品存量,若不足则及时补货。这种方式适合分批拣货时间固定且紧急处理较多的配送中心。

（3）随机补货　指定专门的补货人员，随时巡视动管拣货区的货品存量，发现不足则随时补货。这种方式较适合每批次拣选量不大、紧急插单多以至于一日内作业量不易事先掌握的情况。

问：决定拣货策略的因素有哪些？

答：决定拣货策略的主要因素为分区、订单分割、订单分批、分类，而这四个因素之间存在互动关系，在确定运用何种拣货策略时，必须按一定的顺序，才能使其复杂程度降到最低。拣货策略运用组合图如图 1-3-10 所示，从左至右是拣货策略运用时所考虑的一般次序，可以相互配合的策略方式用箭头连接，所以任何一条由左至右可通的组合链就表示一种可行的拣货策略。

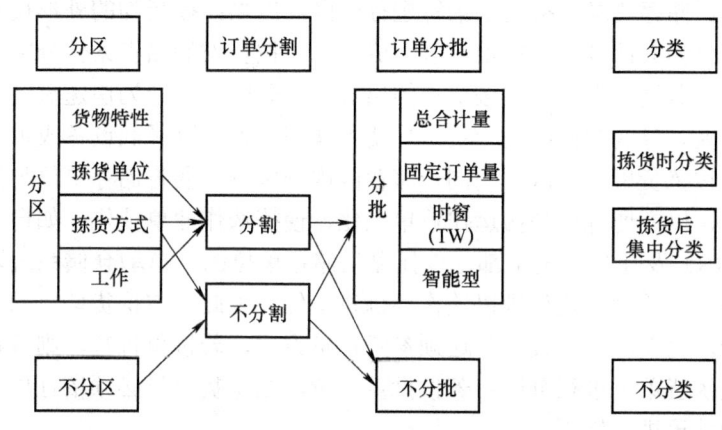

图 1-3-10　拣货策略运用组合图

问：配货作业的方法有哪些？

答：配货是配送工作的第一步，根据各个客户的需求情况，首先确定需要配送货物的种类和数量，然后在配送中心将所需货物挑选出来，即所谓的拣货。拣货工作可采用自动化的拣货设备，也可采用手工方法。配货作业有以下基本形式：

（1）分货方式（又叫播种方式）　分货式配货工艺又称为播种式工艺，是指由负责人每次集中取出商品，然后巡回于各客户的指定货位之间，到达一个货位时则将该客户所需的数量分出，每巡回一次，将若干客户所需的同种商品分放完毕。如此反复进行，最后，各客户所需的商品同时配齐，完成了一轮配货任务。其适用的范围是：客户数量多；客户需要的种类有限；每种商品的需要数量不大；各客户需求的种类差别不大；客户有较稳定的计划需求；商品体积不大。

（2）拣选方式（又叫摘果方式）　拣选式配货工艺又称为摘果式工艺，是指由负责拣货的工人或拣货机械，巡回于商品的各个储存点，按提货单指示取出所需商品，巡回一遍，则为一个客户（或少数客户）将货配齐。配好货后立即就可向客户发出。其适用的范围是：客户数量不多；客户需要的种类颇多；每种商品的需求数量变化较大；各客户需求的种类有较大的差别；客户的临时紧急需求，如即时配送；分货工艺无法操作的大件商品。

还有一种较为特殊的方式——直起式配货工艺。直起式配货是人到货前，它是拣选式配货的一种特殊形式。当客户所需的种类很少，而每种的数量又很大时，送货车辆可直接开抵储存场所装车，随时送货，而不需单设配货工艺。

问：拣货策略的分区策略如何运用？

答：（1）按货物特性分区　根据货物原有的性质，将需要特别储存、搬运或分离储存的货物进行区隔，以保证货物的品质在储存期间保持一定。可按货物的性质、储存要求、搬运要求等进行分区。例如：按货物的外形尺寸、形状分区，可分为大件区、散料堆放区、成件区；按货物的储存条件分区，可分为冷冻区、冷藏区、常温区；按货物的出货频率分区，可分为快速流转品区、慢速流转品区。分区的原则之一是尽量使用共同设备，以降低设备成本。

（2）按拣货单位分区　在同一储存区内分区时，要将储存单位与拣货单位分类统一，以方便拣选与搬运作业单元化，使拣选作业单纯化。如自动仓储系统（AS/RS）及托盘式货架都是以托盘为储存单位的，自动仓储系统以托盘为取出单位，而托盘式货架则以箱作为拣货单位，因此可按拣货单位的差异再作分区设计。另在，分区设计时还须参考拣货方式，若按单拣货，则拣货分区时可完全按拣货单位进行分区；若按批量拣货，则拣货单位必须依订单分批后总合计量的结果进行修正。

（3）按拣货方式分区　拣货方式除有批量拣货和按单拣货的区别外，还包括搬运、拣货设备等的差异。若想在同一拣货单位分区内采取不同的拣货方式或设备，就必须考虑按拣货方式分区，如电子标签货架拣选区、RF（射频）拣选区、台车拣选区等。通常要考虑的重要因素是货物被订购的概率及订购量，概率和订购量较高时应采取更具时效的拣货方式和设备。如按照商品销售额进行 ABC 分类后分区，有利于作业区单纯化、一致化，并可减少不必要的重复行走所耗费的时间。

（4）按工作分区

1）由一个或一组固定的拣货人员负责拣货区域内的货物。其优点是能减少拣货人员所需记忆的存货位置及移动距离，短时间内共同完成订单的拣选。但必须要注意工作平衡的问题。

2）接力式拣货：先决定出拣货员各自分担的产品项目或料架的责任区域范围后，各个拣货员只拣选拣货单中自己所负责的部分，然后以接力的方式交给下一位拣货员。

可先订出工作分区的组合并预计其拣货能力，再计算出所需的工作分区数：

工作分区数=总拣货能力需求/单一工作分区预估拣货能力

问：拣货策略的订单分割策略如何运用？

答：当一张订单所订购的商品项目较多，或欲设计一个讲求及时快速处理的拣货系统时，为了使其能在短时间内完成拣货处理，可利用订单分割策略将订单切分成若干子订单，交由不同的拣货人员同时进行拣货作业以加速拣货的速度。

订单分割策略必须与分区策略联合运用才能有效发挥作用。订单分割的原则按分区策略而定，一般订单分割策略主要在于配合拣货分区的结果，因此在按拣货单位分区、按拣货方式分区及按工作分区完成之后，再决定订单分割的大小范围。

问：拣货策略的订单分批策略如何运用？

答：为了提高拣货作业效率，可把多张订单集合成一批，进行批次拣货作业。订单分批的原则和批量的大小是影响拣货效率的主要因素。各类订单分批方式与适用情况见表1-3-2。

表1-3-2 各类订单分批方式与适用情况

适用情况		配送客户数	订货类型	需求频率
分批方式	总合计量分批	数量较多且稳定	差异小且数最大	周期性
	固定订单量分批	数量较多且稳定	差异小且数量不大	周期性或非周期性
	时窗分批	数量多且稳定	差异小且数量小	周期性
	智能型分批	数量较多且稳定	差异较大	非即时性

（1）总合计量分批　这种分批方式较为简单，只需将所有客户需求的货物数量统计汇总，由仓库中取出各项货物的需求总量，再进行分类作业即可。

优点：一次拣出商品的总量，可使平均拣选路径减到最短；使储存区域的储存单位单纯化。

缺点：需要功能强大的分类系统完成分类作业，订单数不可过多。

适合场合：固定点之间的周期性配送。可将所有的订单在中午前收集，在下午作合计量分批拣货单据的打印等资讯处理，隔日一早开始进行拣选、分类等工作。

（2）固定订单量分批　采取先到先处理的基本原则，按订单到达的先后顺序作批次安排，当累计订单数到达设定的固定量时，再开始进行拣货作业。其改进方法是利用智能分批的原则，将订货项目接近的订单同批处理，以缩短拣货移动的距离。其分批次数为

订单总数/固定量=分批次数

优点：维持稳定的拣货效率，使自动化的拣货、分类设备得以发挥最大功效。

缺点：订单的商品总量变化不宜太大，否则会造成分类作业的不经济。

(3) 时窗分批　此分批方式较适合密集频繁的订单，且较能应付紧急插单的要求。其分批次数为

作业总时间/时窗=分批次数

时窗分批即按固定时间分批，该固定时间称为时窗（如 1h、30min 等）。该方式的重点在于时窗大小的选定，决定的主要因素是客户的预期等候时间及单批订单的预期处理时间。为了适应客户的紧急需求，因此时窗不应过长，且每批订单处理的时间在拣货系统的设计中也应尽可能地缩短。

(4) 智能型分批　智能型分批方式是技巧性较高的一种分批方式，适合仓储面积较大、储存货物项目多的拣货区域。订单通常在前一天汇集之后，经过计算机处理，将订货项目相近或拣货路径一致的货物分为同批，求得最佳的订单分批，以缩短拣货寻找的时间及移动的距离。要做到智能型分批，最重要的就是货物储放位置和货位编码的相互配合，使得输入订单货物编号后就可凭借货物货位编号了解货物储放位置的情况，再根据拣货作业路径的特性，找出订单分批的法则。

优点：分批时已考虑到订单的类似性及拣货路径的顺序，使拣货效率更进一步提高。

缺点：所需软件技术层次较高不易达成，且信息处理的前置时间较长，若发生紧急插单处理作业较为困难。

问：拣货策略的分类策略如何运用？

答：采取批量拣货作业方式时，拣选完后还必须进行分类，而且不同的订单分批方式其分类作业的方式也有所不同。也就是说，决定分类方式的主要因素是订单分批的方式。不采取批量拣货的作业方式就不需要进行分类作业。分类方式有拣货时分类和拣货后集中分类两种。

1) 拣货时分类：①在拣货的同时将货品按各订单分类；②常与固定订单量分批或智能型分批方式联用；③需使用计算机辅助台车作为拣选设备，加快拣货速度；④较适用于少量多样的场合。

2) 拣货后集中分类：①以人工作业为主，将货品总量搬运至空地上进行分发；②利用分类输送系统进行集中分类。

适用场合：整箱拣选；拣选的货品较重、体积较大。

问：简述各种不同拣货策略的效果与各种储存策略的关系。

答：拣货策略与储存策略的配合情形见表 1-3-3。

表 1-3-3　拣货策略与储存策略的配合情形

储存策略	拣货策略							
	订单式拣货		批量拣货		分类式拣货		接力式拣货	订单分割拣货
	分区	不分区	分区	不分区	分区	不分区		
定位储存	○	○	○	○	○	○	○	○
随机储存	×	×	△	×	×	×	×	○
分类储存	○	○	○	○	○	○	○	○
分类随机储存	△	×	○	○	○	△	△	○

注：○表示适合，△表示尚可，×表示不适合。

> **试题选解：**（　　）是指由负责拣货的工人或拣货机械，巡回于商品的各个储存点，按提货单指示取出所需商品，巡回一遍，则为一个客户（或少数客户）将货配齐。
>
> A. 播种方式　　B. 摘果方式　　C. 直起式配货　　D. 自动化拣货
>
> 解：摘果方式是指由负责拣货的工人或拣货机械，巡回于商品的各个储存点，按提货单指示取出所需商品，巡回一遍，则为一个客户（或少数客户）将货配齐。因此，正确答案是 B。

鉴定要求 3　线路优化、配载的知识

问：配送线路的决策方法有哪些？

答：配送线路的决策方法主要有启发式方法和节约里程法。

（1）启发式方法　启发式方法也称为逐次逼近法，即先简单地求出初始解，然后利用一些经验法则反复计算修改初始解，并通过模仿人的跟踪校正过程使之逐步达到最优解的方法。该方法对于求解非确定性决策是一种有效的方法。启发式方法的基本思路如下：①确定目标函数，即建立配送总成本函数，目标是求出使总成本函数取得最小值的解。②求解。由于目标函数是非线性函数，所以采取先求初始解，再从以后的求解过程中，按求出初始解、求出第二次解、求出最优解的顺序，顺次得到接近最小成本的解。

（2）节约里程法　其基本思想是以循环配送来产生缩短值。节约里程法的几个基础假设：配送的货物可以在同一辆车装载；各用户的坐标 (X, Y) 及需求量均为已知；各个用户之间、配送中心到用户之间的最短路程已知；配送中心有足够的运输能力。

节约里程法的原理是三角形的两边之和大于第三边。先构造一个初始解——假设由配送中心分别给每一个用户进行配送，然后试着由配送中心出发沿着用户配送，计算比原来节约的路程，此即为节约里程法。

问：车辆配装的方法有哪些？

答：1）配送运输车辆的吨位利用率应尽量保持在 80%～100%，但是不能

超过100%，以免造成车辆损坏。

按照配装车辆的运载特性，应尽可能地提高吨位满载率，具体方法有：①研究各类车厢的装载标准，以及不同货物和不同包装体积的合理装载顺序，努力提高装载技术和操作水平，力求装足车辆核定吨位；②根据客户所需的货物品种和数量，调配适宜的车型承运（这就要求配送中心保持合理的车型结构）；③凡是可以拼装的尽可能拼装，注意做好不同客户货物的标记工作，以防出差错。

2）对于重质货物来讲，不管如何拼装基本都能够达到100%的满载率，在配装过程中比较困难的是如何将重质货物和轻质货物混装，以使容积和载重量都得到充分利用。

需要注意的是，在以下几种情况下不应一味追求满载率：①不能拼装的情况，例如理化性质抵触或者串味等情况下，尽量选派核定吨位与所配送的货物数量接近的车辆进行运输，可以适当降低满载率；②按照有关规定必须减载运行的情况，如有些危险品必须减载运行，此时可以降低满载率；③货物没有按照推荐的相关标准包装，造成无法满载的，可以降低满载率；④在配送过程中（往往是再配送过程中），按照订单捆好的货物无法满足车辆体积和载重量的双重要求。

问：车辆配载的原则有哪些？

答：车辆配载要解决的是如何将货物装车、按什么次序装车的问题。为了有效利用车辆的容积和载重量，还要考虑货物的性质、形状、重量和体积等因素进行具体安排。

车辆配载一般应遵循以下原则：①尽可能多地装入货物，充分利用车辆的有效容积和载重量；②装入货物的总体积不超过车辆的有效容积；③装入货物的总重量不超过车辆额定载重量；④重不压轻，大不压小，即轻货应放在重货上面，包装强度差的应放在包装强度好的上面；⑤货物堆放要前后、左右、上下重心平衡，以免发生翻车事件；⑥尽量做到"先送后装"，即同一车中有目的地不同的货物时，要把先到站的货物放在易于装卸的外面和上面，后到站的货物放在里面和下面；⑦货与货之间、货与车辆之间应留有空隙并适当衬垫，防止货损；⑧货物的标签朝外，以方便装卸；⑨装货完毕，应在门端处采取适当的稳固措施，以防开门卸货时，货物倾倒造成货损或人身伤亡。

试题选解：为了有效利用车辆的容积和载重量，车辆配载还要考虑货物的（　　）等因素。

A. 性质　　　　B. 形状　　　　C. 重量　　　　D. 体积

解：车辆配载要解决的是如何将货物装车、按什么次序装车的问题。为了有效利用车辆的容积和载重量，还要考虑货物的性质、形状、重量和体积等因素。因此，正确答案是ABCD。

鉴定范围 4

运输管理

鉴定点 1　当事人业务管理

鉴定要求 1　运输方式和多式联运的知识

问：运输系统的构成要素有哪些？

答：运输系统的构成要素包括运输线路、运输工具、运输参与者三个部分。其中，运输线路包括公路、铁路、管道、航线等，是运输的基础设施，是构成运输系统最重要的要素；运输工具是运输的主要手段，包括铁路机车、公路机动车、船舶、飞机等；运输参与者包括货主、承运人、货运代理人和运输经纪人等。

问：运输系统的特征有哪些？

答：1）运输服务可以通过多种运输方式实现。运输服务的使用者，可以根据货物的性质及大小、所要求的运输时间、所能负担的运输成本等条件来选择相适应的运输方式，或者合理运用多种运输方式，实行联合运输。

2）运输服务可分成自用（营）型和营业型。自用型运输是指从事货物运输活动的企业自己拥有运输工具，并且自己承担运输责任。与自用型运输相对的是营业型运输，即以运输服务作为经营对象，为他人提供运输服务。

3）运输业者不仅在各自的行业内开展相互的竞争，而且还与运输方式相异的其他运输行业企业开展竞争。

4）在把运输服务作为商品提供给客户的运输业中，存在着实际运输和利用运输两种形式。实际运输是实际利用运输手段进行运输，完成商品在空间的移动。利用运输是自己不直接从事商品运输，而是把运输服务再委托给实际运输商。这种利用运输业的代表就是代理型物流业者，他们从事广范围的物流活动，通过协调、结合多种不同的运输机构和运输方式，充分发挥各种运输手段的优点，并实现整体最优。

问：衡量各种运输方式的主要技术经济指标有哪些？

答：（1）货物运输量　货物运输量是反映交通运输业工作量的数量指标：铁路主要用货物发送吨数表示，公路和水运部门按经营量进行计算，水运可按航次、装卸情况或排水吨位来推算。

（2）货物周转量　货物周转量也是反映交通运输业工作量的数量指标。货物运输量只表示货物的运送吨数，而不能反映所运送的距离。货物周转量指标是一个全面反映运输数量和运输距离的复合产量指标，如铁路货物周转量是指一定时间内（年、月）铁路局或全路在货运工作方面所完成的货物吨公里数。

（3）货物平均运程　货物平均运程即货物的平均运输距离，表示平均每吨货物运送的距离。货物平均运程与货物周转量和运输费用的大小、车辆周转的速度、货物的送达时间有关。各类货物平均运程是分析各地区之间和国民经济各部门、各企业之间经济联系的重要指标之一。

（4）货车周转时间　货车周转时间是指货车在完成一个工作量的周转过程中平均花费的时间。这一指标可用于考核运输部门与有关部门的协作关系和工作效率。提高专用线作业与管理水平，是加速货车周转时间的关键之一。

（5）货物装卸量　货物装卸量是指进出车站、港口范围内装卸货物的数量，以吨表示。它是衡量车站、港口货物装卸工作量大小的数量指标。

（6）运送速度　运送速度是各种运输方式技术经济效果的重要指标之一。在保证质量良好地完成运输任务的前提下，用最快的速度把商品送达目的地，尽可能缩短在途时间，是对运输的基本要求。

问：当前各种运输方式各有何特点？

答：当前五种运输方式包括铁路运输、公路运输、水上运输、航空运输和管道运输。

1）铁路运输是陆路运输的干线运输方式。其优点是运量大、速度快、运距远、受自然条件影响小、能耗率低、运输成本也相对较低，缺点是机动灵活性较差、组织调度复杂、建设投资多、建设周期长、维护较复杂。铁路运输适合中远程运输。

2）公路运输承担着陆路的支线运输。其优点是机动性好，可以实现"门对门"的运输。此外，对于普通公路来说，投资较少，维护较易。但公路运输能耗率高，效率较低。

3）水上运输分为内河运输、沿海运输、近海运输和远洋运输。尽管所用船舶不同、运距各异，但水上运输的共同优点是运量大，成本低。其缺点是速度慢，且受地理条件、港口位置、水位、季节及气候等多种环境因素的制约。

4）航空运输的快捷是其他运输方式无可比拟的。另外，现代大型货机在飞行过程中也很少受气候及地形的影响。但航空运输的运输成本在五种运输方式中是最高的，且货机的机舱容量及条件也限制了货物的种类。所以，航空运输的对象多为贵重、轻小、鲜活、急需的货物。

5）管道运输的最大特点是能够实现大量连续的输送。但适合管道运输的物品受到运输方式本身的制约，管道运输的对象一般是气体、低黏度液体、浆状物质以及粉粒状物质。

问：什么是多式联运？

答：多式联运的主要特点是在不同运输方式间自由变换运输工具。这种服务是使用单一运输方式所无法得到的，其服务成本和绩效特征界于所涉及的运输服务之间。

（1）多式联运服务的组合方法　多式联运服务的组合方法包括以下几种：

铁路运输和货车运输；铁路运输和水上运输；铁路运输和航空运输；铁路运输和管道运输；货车运输和航空运输；货车运输和水上运输；货车运输和管道运输；水上运输和管道运输；水上运输和航空运输；航空运输和管道运输。

（2）平板车载运拖车　平板车载运拖车，也称为驮背运输，是指在铁路平板车上载运货车拖车，通常其运距比正常的货车运输长。它综合了货车运输的方便、灵活与铁路长距离运输经济的特点。其运费通常比单纯的货车运输要低，因此货车运输公司可以延伸其服务范围。同样的，铁路部门也能够分享到某些一般只由货车公司单独运输的业务。托运人也得以在合理价格下享受到长距离"门到门"服务的便捷。上述种种特点已使得驮背运输成为最受欢迎的多式联运方式。

（3）集装箱运输　在驮背运输协议下，整个拖车都装载在铁路平板车上运输，但也可以将拖车看成两部分：一是包容货物的集装箱或箱子；二是拖车的底盘。在公路-铁路联运服务中，可以只拖载集装箱，从而省掉下部结构和轮子的质量。这类服务叫作平板车载运集装箱。

问：提高合理运输水平的有效措施有哪些？

答：1）提高运输工具实载率。"共同配送"、铁路运输"满载超轴"以及整车运输、整车拼装、整车分卸及整车零卸等措施，都是提高实载率的有效途径。

2）减少动力投入，增加运输能力。国内外在这方面的有效措施有以下几种：汽车挂车法；加长列车、多挂车皮；水运拖排和拖带法；顶推法等。

3）发展社会化运输体系。

4）开展中短距离铁路公路分流和"以公代铁"的运输。

5）尽量发展直达运输。

6）配载运输。

7）"四就"直拨运输（即就厂直拨、就车站（码头）直拨、就仓库直拨、就船过载）。

8）发展特殊运输技术和运输工具。

9）通过流通加工、运输路线优化等，使运输达到合理化。

问：什么是干线运输和支线运输？

答：干线是指国内或国际主要的运输通道；支线是指相对干线而言较为次要的运输通道。主要运输通道和次要运输通道上的运输分别就是干线运输和支线运输。五种运输方式中的每种运输所构成的运输网中，实际都存在干线和支线的区别。目前，在我国除了管道运输尚未形成明显运输网络外，其他四种运输方式均已分别形成了各自的运输网，即都有各自的干线运输和支线运输。

干线运输的特点是运距长、运量大、运次多、运速快，运输成本相对较低；支线运输则与此相反。干线运输、支线运输（加上配送运输）是一种相互衔接、相互依托、相辅相成的关系。它们共同构成宏观运输网。就一个国家而言，各种形式的运输网又相互补充，形成该国的运输体系。

问：什么是"门到门"运输？

答：所谓"门到门"是指货物从发货人"门"中出来，中间不经过任何换装作业，直接进入收货人的"门"中。"门到门"运输是最彻底的直达运输形式。由于汽车运输的高度机动性，所以汽车运输是实现"门到门"运输最常用的方式。但汽车的"门到门"运输多是短、中程陆路运输。目前，除了汽车运输外，集装箱（货柜）运输是应用更为广泛的"门到门"运输。由于国际标准集装箱的大载重、大容量、密封性、适运输性和适装卸性，集装箱货物已成为最具单元化的货物，因此，集装箱得到广泛采用，利用集装箱可在国际货物联运中实现"门到门"运输。

"门到门"运输是节省人力、物力、时间，而且可以大幅度减少货损的高效货运方式。随着公路和铁路网的扩大和集装箱航运的推广，"门到门"运输在整个货物运输中所占比例正在不断增加。

问：什么是厢式运输？

答：厢式货运是指用厢式货车运输货物。厢式货车与普通（货车）的不同之处是厢式货车在结构上是全封闭的，而普通货车在结构上是敞开式的，至多附加一个防雨棚。

传统上只有铁路货车的棚车具有厢式结构，而货车都是敞车。这是因为铁路运距远，运输周期长，沿途环境多变，为了保证货物在运输过程中完好，在一部分货运车辆中采用了全封闭结构。随着公路网的日益密集，尤其是高速公路的增多，汽车运输逐渐从短途运输向中远途运输发展。公路运输也逐渐具备了铁路运输的特点。

厢式货车的优点是在运输途中提供了一个防雨、防雪、防尘、防污染、防跌落、防偷盗、防意外损伤以确保货物安全的运输环境。

厢式货车的货物出入方式有尾开启、侧开启和全开启三种方式。尾开启式厢式货车的门开在尾部，货物装卸均在车后进行。尾开启式厢式货车密封性较好,但装卸作业较费时,适宜大批量中远途货运。侧开启式厢式货车的门开在车厢侧面(单侧或双侧),装卸作业效率较高,适宜短途的配送运输。全开启式厢式货车的厢体可以整体打开,通常做成左右两半,开启时用液压设备沿厢顶部纵轴将左右两部分向上张开,形如鸟的双翅,所以这种厢式货车也叫翼式货车。全开启式厢式货车适宜装运较大体积货物。

问:什么是运输市场?

答:运输市场的概念有狭义和广义之分。狭义的运输市场是指为运输提供劳务交换的场所,该场所为旅客、货主、运输业者或他们的代理者提供交易的空间,并根据这些交易提供相应的服务。

广义的运输市场包括运输参与各方在交易中所产生的经济活动和经济关系的总和,即运输市场不仅是运输劳务交换的场所,而且还包括运输活动参与者之间、运输部门与其他部门之间的经济关系。运输市场的参与者可以概括为以下四个方面:

(1)需求方 需求方包括各种经济成分的客、货运输需求者,例如企业、军队、个人等。

(2)供给方 供给方包括为各种运输方式的运输服务需求者提供服务的部门以及运输经营者的行业组织。

(3)中介方 中介方包括在运输需求和供给双方之间,以中间人的身份提供各种与运输相关的服务的货运代理公司、经纪人、信息咨询公司等。

(4)政府方 政府方包括政府有关机构和各级交通运输管理部门。它们是代表国家及一般公众利益对运输市场进行监督、管理、调控的部门。

问:运输市场管理的概念和目标是什么?

答:(1)运输市场管理的概念 运输市场管理是指各级政府交通主管部门履行政府管理职能,对道路运输活动进行计划、组织、指导、协调、监督和服务等各项工作的总称。根据这一表述,可以对运输市场管理的概念可作如下理解:①运输市场管理的主体是各级政府交通主管部门;②运输市场管理的客体(对象)是运输经济活动;③运输市场管理的性质属国家行政管理;④运输市场管理的职能是计划、组织、指导、监督和服务。

(2)运输市场管理的目标 我国运输市场管理的总体目标是:保护合法经营,保障货主和旅客的正当权益,维护运输秩序,促进公路运输事业的发展,实现货畅其流、人便于行,提高社会效益。

问:运输市场管理的方法有哪些?

答:运输市场管理活动的实施需有行政的、经济的和法律的手段。这三种手段各有特点,必须综合运用。

(1)行政手段 行政手段是指各级运输市场管理部门依靠政府所赋予的权

力，通过命令、指示、规定、制度及指令性计划等形式，实施运输市场管理所使用的手段。行政手段具有直接性、主观性、强制性和高效性的特点，其力量来源是政府的强制力和影响力，适用于经营资格审批、指令性运输计划分配、突击性运输活动调节等方面。

（2）经济手段　经济手段是指政府运用经济杠杆、产业政策等，调节、引导和控制道路运输经济活动所使用的手段，常用的经济杠杆主要有投资、税收、价格、规费等。经济手段具有间接性、公开性、客观性、放大性和缓效性的特点，其力量来源是经济运行的基本规律，适用于对运输经济发展方向、速度、结构等的调控。

（3）法律手段　法律手段是指通过法律、规章等形式，规范运输经营行为所使用的管理手段。法律手段具有直接性、高强制性、公平性、程序性等特点，其力量来源于政府权威和国家机器的强制力，适用于运输经济活动基本规则的建立与贯彻等方面。

问：运输现代化的内容有哪些？

答：运输现代化是指采用当代先进适用的科学技术和运输设备设施，运用现代管理科学成就，组织、协调运输系统各组成要素之间的关系，达到充分发挥物流运输的功能。

运输现代化的主要内容包括以下几个方面：

（1）"第三次运输革命"——联合运输　联合运输是对各种运输方式的综合组织与综合运用，不仅要考虑一种运输方式的特点，更要注重发挥各种运输方式的整体功能和综合优势，以及各联运企业间的协调和配合。

（2）专用输送体系　专用输送体系主要是指适用于矿石、石油、肥料、水泥、煤炭等大宗货物运输的输送方式。一次输送单位量大、具有一定形状的货物，多采用这种方式输送。其优点是：用专用输送工具在专用基地之间往返运输，能收到装卸速度快、节约装卸费、缩短输送时间等效果。例如，铁路按商品类别发展专用输送，船舶发展大型专用船舶，公路发展自动卸车、运输液体的罐式车等特殊货车。

（3）包装-装卸-运输一体化

1）一贯托盘化运输。一贯托盘化运输就是把货物放在托盘上，使用叉车送到汽车、火车、船舶、飞机等运输工具上，进行装卸作业。推进一贯托盘化运输，可以使包装简易化和标准化，提高装卸作业效率，减少货物损坏，易于保管和有效地利用仓库面积。总之，一贯托盘化运输能使物流过程协调化、效率化，降低物流费用。

2）集装箱化运输。它具有很多优点，例如：集装箱作为一种坚固容器，对载运货物而言本身也是一个外包装，可节省货物运输原本需要的加固和包装费用；货物集装箱化，可以较好地避免货物运输中容易产生的挤压、污染、丢损和被盗现象，保证货物的完整性、安全性和运输质量等。为了推行集装箱化运输，需要大力发展集装箱专用运输工具，如集装箱专用列车、专用船舶、专用汽车等，并相应建设铁路站场、港口、码头等设施。

（4）新交通系统　随着经济的发展和物流量的增大，现有铁路、公路、水路交通压力日益严重，越来越满足不了日益增长的物流量。为了解决交通拥挤、道路阻塞、能源紧张等问题，许多新交通系统正在研究，如智能交通系统（ITS）、无人车技术、无人机技术等。

> **试题选解**：衡量各种运输方式的主要技术经济指标有（　　）。
> A. 货物运输量　B. 货物周转量　C. 货车周转时间　D. 运送速度
> 解：衡量各种运输方式的主要技术经济指标有：①货物运输量；②货物周转量；③货物平均运程；④货车周转时间；⑤货物装卸量；⑥运送速度。因此，正确答案是 ABCD。

鉴定要求 2　运输单证的知识和运输成本的核算方法

问：国内运输单据有哪些种类？

答：国内货物运输中三种基本的运输单据是提单、运费单和索赔单。

（1）提单　提单是货运的主要单据，它是托运人和承运人之间将指定货物合理运送到特定目的地且不受损坏的法律协议。根据有关规定，提单有以下三个作用：

1）它是货物的收据，受提单签发当日有效的货物等级和运价的影响。

2）它作为运输合同，明确协议各方的责任范围、权利和义务，规定了协议的条款。

3）它是物权凭证，表明了货物的所有权。

（2）运费单　提单原来不包含运费信息，但有一些提单改变了格式将运费有关内容包含在内。常见的做法是将运费显示在单独的文件中，通常称作运费单。

（3）索赔单　一般来讲，针对承运人的索赔有两种：第一种源于承运人作为一个公共承运人的法律义务；第二种源于多收费。

1）灭失、损坏和延迟索赔。公共承运人有责任及时准确地运送货物到指定地点，而不造成货物的灭失和损坏。

2）多收费。货主可以针对承运人多收取的费用进行索赔，这种多收费是由于某种计费错误导致的，如适用等级错误、使用的运价有误、使用的距离有误等。

问：国际运输单据有哪些种类？

答：国际运输有别于国内运输的显著特征是进出口所需的单据。常用的单据及其用途如下：

1）出口所需的单据主要有：①提单，既是货物收据，也是托运人和承运人之间的运输合同；②码头收据，用于国内和国际承运人之间转交货物；③交付说明，是向内陆承运人提供有关货物交付的具体说明；④出口声明，是应国家相关部门要求，作为出口统计的原始单证；⑤信用证，由银行出具的证明文件，向托运人保证在货物运出后支付货款；⑥领事发票，用来控制和辨别运往特定国家的货物；⑦商业发票，是卖方给买方的商业票据；⑧原产地证明，用来使进口国确信货物准确的生产国；⑨保险证明，使收货人相信已经是在途货物投保；⑩传送文件，包括货物细节、已传输文件的记录以及单证处理指示一览表。

2）进口所需的单据主要有：①到货通知，用于通知货物预计到达时间和某些货物细节；②海关通关文件，是一系列描述货物、产地和关税的文件，有助于货物快速通过海关，可能要立即支付关税，也可能不需要；③承运人证明和放货通知，是向海关证明货物的所有人或收货人的文件；④交货通知，是收货人签发给承运人的指令，授权承运人放货给内陆承运人；⑤运费付讫证明，用于证明货物运费已付；⑥特殊海关发票，是美国海关要求的一种官方形式的单据，如果关税基于产品价值征收，则当货物价值超过特定金额时需要该文件。

问：物流运输成本包括哪些项目？

答：物流运输成本在物流业务中占有较大比例，运输费用在社会物流费用中约占50%。运输成本是一定时期内，企业为完成货物运输业务而发生的全部费用，包括从事货物运输业务的人工费用，车辆（包括其他运输工具）的燃料费、折旧费、维修保养费、租赁费、养路费、过路费、年检费、事故损失费及相关税金等。

问：构成运输成本的内容有哪些？运输成本核算的要求有哪些？

答：运输成本主要由4项内容构成，即基础设施成本、运转设备成本、营运成本和作业成本。这些成本又可按以下方式进行分类：①变动成本，是指与每一次运输配送直接相关的费用，与运输里程和运输量成正比；②固定成本，是指在短期内不发生变化，与运输里程和运输量没有直接关系的费用；③综合成本，也叫联合成本，是指决定提供某种特定的运输、配送服务所发生的费用；④公共成本，是指承运人代表所有的托运人或某个分市场的托运人支付的费用，包括诸如端点站或管理部门之类的费用。

运输成本核算工作是运输成本管理的一项关键性工作，进行运输成本核算作业应按照以下要求进行：①科学地确定运输成本计算的对象、项目、期间以及运输成本计算方法和运输间接费用分配方法；②完整地归集与核算运输成本计算对象所发生的各种耗费；③正确计算应计入本期运输成本的费用额。

问：影响运输成本的相关因素有哪些？

答：在制定运输费率时，必须对距离、装载量、产品密度、空间利用率、搬运的难易、责任以及市场因素等七个因素进行综合考虑，这个顺序也体现了这几种因素的重要程度。

（1）距离　距离是影响运输成本的主要因素，因为它直接对劳动力、燃料和维修保养等变动成本发生作用。

（2）装载量　大多数物流活动中存在着规模经济，装载量的大小也会影响运输成本。

（3）产品密度　产品密度是指产品的质量和体积之比，它把质量和空间方面的因素结合起来考虑。

（4）空间利用率　空间利用率是指产品的具体尺寸及其对运输工具的空间利用程度的影响。

（5）搬运的难易　显然同质的产品或可以用通用设备搬运的产品比较容易搬运，而特别的搬运设备则会提高总的运输成本。

（6）责任　责任主要关系到货物损坏风险和导致索赔事故，对产品要考虑的因素是易损坏性、货运财产损害责任、易腐性、易被盗窃性、易自燃性或自爆性以及单位价值。

（7）市场因素　影响比较大的市场因素有：①同种运输方式间的竞争以及不同种运输方式间的竞争；②市场的位置；③政府对承运人限制的现状和趋势；④运输活动的季节性等。

另外，运输通道和通道流量均衡等市场因素也会影响到运输成本。运输通道指的是从始发地到终点的移动，流量指的是两地间的运输量，均衡指的是运输通道两端的流量相等。

问：不同物流运输方式的成本特征是什么？

答：（1）铁路运输成本　传统上，铁路运输部门常将总成本的 1/2 或 1/3 当作可变成本。

（2）公路运输成本　货车运输的固定成本是所有运输方式中最低的，因为承运人不拥有用于运营的公路，拖挂车只是很小的经济单位，车站的运营也不需昂贵的设备。而另一方面，货车运输的可变成本很高，因为公路建设和公路维护成本都以燃油税、公路收费、重量一公里税的方式征收。货车运输成本主要可分为端点费用和线路费用。端点费用包括取货和送货成本、站台装卸成本、制单费和收费成本，占货车运输总成本的 15%～25%。这些成本以元/(t·km) 计算，在运输批量小于 3000t 时，这些成本会随运输批量不同变化很快。当运输批量超过 3000t，随着取货、送货和装卸成本分摊到更大的运输批量上，端点费用会持续下降，但下降的速度比小批货物运输时费用下降的速度慢得多。

（3）水运成本　水运承运人主要将资金投放在运输设备和端点设施上。水路和港口都是公有的，由政府运营，只有少数项目向水运承运人收费，在内陆水运中尤其如此。水运承运人预算中主要的固定成本都与端点作业有关。这些费用包括船只进入港口时的港口费用和货物装卸费。水运货物装卸速度特别慢，除散货和集装箱货可以有效使用机械化物料搬运设备外，昂贵的搬运成本使得其他情况下的端点费用高得令人几乎无法接受。

水运中常见的高端点成本一定程度上被很低的线路费用所抵消。水路不对使用者收费，水运的可变成本仅包括那些与运输的运营设备相关的成本。因为水运以很慢的速度、很小的牵引力进行运输，营运成本（不包括人工成本）尤其低。由于端点成本很高，线路费用很低，吨公里成本随运距和运量的变化急速下降，所以水运是最廉价的大宗货物运输方式之一，适合长距离、大批量运输。

（4）航空运输成本　航空运输与水运和货车运输的成本特征有很多相同之处。航空运输的端点和空中通道一般不属航空公司所有。航空公司根据需要以燃油、仓储、场地租金和起降费的形式购买机场服务。如果将地面装卸、取货和送货服务包括在航空货运服务中，这些成本就成为空运端点成本的部分。此外，航空公司还持有（或租赁）运输设备，在经济寿命周期内对其进行折旧就构成每年的固定使用费。在短期，航空公司的可变成本受运距的影响比受运量的影响大。由于飞机在起飞和降落阶段效率最低，可变成本就会随着运距的加长而降低。运量对可变成本有间接影响，因为对空运服务需求的增加使得航空公司可以引入大型飞机，而大型飞机按吨公里计算的营运成本较低。

（5）管道运输成本　管道运输与铁路运输的成本特征一样。管道公司（或拥有管道的油气公司）拥有运输管道、泵站和气泵设备。它们可能拥有或租赁管道的使用权。这些固定成本加上其他成本使管道的固定成本与总成本的比例是所有运输方式中最高的。为提高竞争力，管道运输的运量必须非常大，以抵消这么高的固定成本。可变成本主要包括运送产品（通常为原油、成品油或天然气）的动力和与泵站经营相关的成本。管道运输对动力的需求差异很大，取决于线路的运量和管道的直径。

问：什么是运价？

答：运价即运输价格，是指单位运输生产量的营运收入，是运输劳务的销售价格，是运输劳务价值的货币表现。运输价格是国民经济价格体系的一个重要组成部分。

运输价格主要由运输成本、税金和利润三个部分组成。

（1）运输成本　运输成本是指运输经营者完成运输生产任务所耗费的全部活化劳动和物化劳动的货币表现。

（2）税金　税金是经营者从事运输生产活动所创造的剩余价值中的一部分。

（3）利润　利润是经营者从事运输生产活动所创造的剩余价值中的另一部分，是经营者投资和从事运输活动所产生的收益。

问：运输定价必须遵循哪些原则？

答：运输定价必须遵循以下原则：

1）以运输价值为基础的原则，即以平均运输成本反映运输价值，以运输价值为基础制定运价，可使不同经营者在运输生产过程中的劳动耗费按照统一的尺度来计量和补偿，从而保证运输生产活动的正常进行。

2）反映供求关系变化的原则，即价值规律对运输市场的调节作用表现为随着供求关系的变化，运输价格围绕着运输价值而上下波动。

3）比价关系合理性原则，即运输业内部存在多种不同的运输服务表现形式，在制定运价时，必须充分考虑各种运输形式间的价格协调，形成合理的差价比价体系。同时，在制定运价时，还需考虑不同运输方式间保持合理的比价关系。

4）政策性原则，即运价作为国家调控运输市场的经济手段，制定运价时，必须全面贯彻国家的经济政策和产业政策，为实现国家在一定时期的政治、经济任务服务。

问：运输价格的计价方法有哪些？

答：运输体系内服务项目繁多，成本消耗方式各异，因此，制定和核计运输服务价格时应根据具体服务内容的不同，以基价加附加价的形式进行。

由于各种运输方式的计价方法各有不同，现仅以公路运输为例，阐述其计价方法。货物运输基本运价是指普通中型吨位车辆整车装载一等货物，在等级公路上运输的每吨公里运费。各种类型的货物运输价格按下列办法核计：

1）普通货物运输实行分等计价，以一等货物运价为基础，二、三等货物在基价的基础上加成计算。

2）集装箱标准箱运价按不同规格箱型的基本运价执行，或在基价的基础上加成计算。

3）货物运输其他收费项目均按相关运输方式的有关规定计收。

问：运价管理的体制和形式是怎样的？

答：（1）运价管理的体制　我国的运价管理遵循间接调控为主、直接管理为辅的原则，实行统一领导、分级管理。国家相关部委负责管理和监督全国运价工作，制定全国道路运价方针、政策、法规及改革措施等。地方各级交通主管部门，根据运价管理分工目录，负责本地区的运价管理和监督，制定本地区的政府定价水平和政府指导价幅度。各级交通主管部门结合本地的实际情况，具体负责运价的管理。

（2）运价管理的形式　根据运价对国民经济和人民生活的影响程度，运价可分为政府定价、政府指导价和经营者定价三种价格形式。

1）政府定价，是指各级交通主管部门按照运价管理权限，制定的运输统一价格。近年来，随着市场的不断开放，政府定价的职能正在逐渐淡化。

2）政府指导价，是指各级交通主管部门按照运价管理权限，制定的运输中准价格、浮动幅度及最低保护价。政府指导价体现了统一性与灵活性相结合的原则，允许经营者在规定范围和幅度内调价。

3）经营者定价，是指经营者在运价法规规定的范围内，根据运输生产成本、平均利润水平和市场供求状况，自主制定的运价。

问：与运量有关的运价有哪些？

答：运输行业的成本经济特征表明服务成本与运输批量有关。通常的运价结构反映了这些经济特征，大批量运输的运价总是比小量运输的运价要低。运量通过以下方式在运价结构中得到反映。

1）直接针对运输批量报价。如果批量小，为承运人带来的收益很低，就要对所运货物收取起码运费或与运量无关的统一运价。运输批量大一些，超过起码运费但又低于整车运量时，会随运量不同收取零担运费。如果运输批量等于或超过指定的整车运量，就收取整车运费。

2）运用运费分级系统可以对大量运输的货物提供一些折扣。某种货物大批量运输可以为托运人争取到特殊运价。

问：与运距有关的运价有哪些？

答：（1）单一运价　单一运价即对不同的起讫点距离只适用一种运价。

（2）比例运价　如果线路成本所占的比重很大，就要由比例运价来协调简单的运价结构和服务成本之间的矛盾。只要知道两个运价，就可以绘出直线来得到该商品的其他运价。

（3）递减运价　由于端点费用经常被包含在线路费用中，所以常用的运价一般建立在递减原则的基础上。

（4）分段统一运价　分段统一运价是适用于一个广阔范围内的起讫点之间的单一运价。

（5）与需求相关的运价　影响托运人心目中运输服务价值的因素有两个：托运人的经济环境和其他可选择的运输服务。

问：如何来划分线路运价？

答：线路运价指在起运地和目的地端点之间发生的费用，或整车运输中的"门到门"运费。线路运价可以按产品类别、运输批量、路线和其他标准分类。

（1）按产品类别划分 根据产品类别来确定线路运价，在设定产品运价时要考虑许多因素，如货物的密度、运输工具的积载能力、装卸的难易程度和运输责任的大小。具体包括以下三种：等级运价、协议运价和综合运价。

（2）按运输批量划分 运价和实际的运输收费随实际交付的货量（运量）而有所差异。根据运价表中起码运费和运输批量可以计算运价。某些承运人还制定了时间-运量运价，如果托运人在某特定时段运送货物，且货量超过最低运量就可以享受更低的运价。

（3）按路线划分 使用整车运输方式运送货物时，承运人会根据每公里收费计算总的运输费用。

（4）其他运价 将一些不适用前述分类方法的运价简单地归为"其他运价"类，包括体积运价、进出口运价、延迟运价、保值运价、海运运价等。

问：哪些项目构成了特殊线路服务费？

答：（1）改道和再委托 改道是指在运输途中改变货物运送的目的地，再委托通常是指在到达原定目的地后改变运输收货人。托运人经常通过两种方法行使改道、再委托的权利。

1）对于易腐货物，托运人可以先向大致的市场区域运输整车货物，在具体目的地确定后，托运人再变更卸货地，运往特定市场。

2）承运人的设备可被用作仓库，通过迂回的运送路线，托运人可以在正常所需之外大量增加在途时间。如果需求出现，就可以直接将货物运往市场。

（2）中途经停服务 铁路承运人和少部分汽车承运人还提供一种特殊服务，即允许货物在运到最终目的地之前先被储存起来。从运价来看，承运人将这种运输视同货物直接从起运地运到目的地，其运输费用包括从起运地到目的地的直达运价，加上因中途停留而增加的少量费用。

收取中途装卸服务费的依据是运到最终目的地的合并后的货物质量，每增加一个停留点还要收取额外费用。如果使用中途装卸服务，承运人会要求一次性收取费用。如果运输总量的大部分都出现在距起点最远的点时，利用中途装卸服务支付的运费比单独定价的运费更有优势。

（3）运输保护 运输途中，许多产品由于其特有的物理特性，需要特殊保护。承运人就要提供某些特殊设备，如防损车厢、冷藏车和暖气设备，还要提供保护服务的必要人员和物料，承运人就要在运费外增加附加费来弥补成本的上涨。

（4）联运 承运人的服务范围是有限的，并不是每个承运人都对所有地区提供联运服务。通常会发生某承运人取货，然后交给另外一个承运人运到终点的情况。

问：哪些项目构成了端点服务费？

答：对在运输网络内端点周围提供的服务，承运人会在运费外增收附加费。主要的端点服务是取货和送货、转轨、滞期和滞留（如订单已到交货期却不收货、未建仓库或仓库已满无法入库等情况）。

（1）取货和送货　许多承运人将取货和送货服务作为常规服务内容，并将该服务费用包括在线路运费中。

（2）转轨　铁路运输的"线路服务"包括端点或车站之间的运输服务。

（3）滞期费和滞留费　滞期费和滞留费是两个意思相当的名词。计算滞期费的办法有两种：一是直接法，运输设备的每一部分在计算滞期费时都单独处理，每部分设备根据其滞期的时间长短支付滞期费；二是平均法，是由承运人和托运人签署协议按月平均计算托运人的滞期情况，并据以收费。

问：运输成本控制的方法有哪些？

答：运输成本控制的要点是在设计规划运输系统时必须使运输成本最小，主要包括运输工具选择、仓库布局设计及运输服务制度设定等。

合理选择运输工具：对于不同货物的形状、价格、运输批量、交货日期、到达地点等货物特性，都有与之相对应的适当运输工具。然而，正如速度快的交通工具成本也高一样，运输工具的经济性和迅速性、安全性、便利性之间有相互制约的关系。所以，在控制运输成本时，必须对运输工具所具有的特性进行综合评价，以便做出合理选择运输工具的策略。

仓库布局设计是指一个仓库的各个组成部分，如库房、货棚、货场、辅助建筑物、铁路专用线、库内道路、附属固定设备等的位置安排。从运输成本控制的角度看，可通过优化仓库布局来降低成本达到运输成本最小化。

运输服务制度设定是指发展集中运输、共同配送、直达运输等运输服务制度。

问：运输成本核算的工作过程是什么？

答：（1）运输成本核算的重点作业内容　从运输成本核算的整个工作流程中可以看出，在整个运输成本核算过程中，重点工作有三个：①运输成本核算对象的选取；②运输成本核算标准与核算方法的选择；③运输成本的核算并形成运输成本核算表。

（2）运输成本核算作业中的注意事项

1）统计资料的完整、准确。统计资料的完整、准确对于制定核算标准、执行核算办法起关键性作用。为此，必须配套建立相关台账、总账，并将各车运行情况，包括对内和对外修理费、安全事故情况、原材料和油料消耗情况，按月公布,以便相互监督,并召开相关会议,通报执行情况,找出影响核算执行的关键因素。

2)原始记录的审核。通过原始记录的审核,保证运输成本核算的真实、正确和合法性。审核其内容是否齐全,数字计算是否正确,签章是否齐全;审核所耗费用的种类和用途是否符合规定,用量有无超过定额或计划等。

3)运输成本的归集与分配。对于直接材料、直接人工,应按运输成本计算对象,如车辆类型、线路等进行归集,直接计入成本;而对于间接费用,则应按发生地点或用途进行归集,然后再把归集到的间接成本在各个成本对象之间进行分配。

> **试题选解:** 影响运输成本的相关因素有(　　)。
> A. 距离　　　　　　B. 装载量　　　　　C. 产品密度
> D. 空间利用率　　　E. 市场因素
> 解:影响运输成本的相关因素有:①距离;②装载量;③产品密度;④空间利用率;⑤搬运的难易;⑥责任;⑦市场因素。因此,正确答案是 ABCDE。

鉴定要求 3　托运人、承运人、收货人的知识

问:承运人、托运人、收货人的相互关系是什么?

答:1)承运人:是指本人或者委托他人以本人名义与托运人订立货物运输合同的人。承运人就是实际运送货物的人,一般是运输公司、船公司、航空公司等。

2)托运人:是指将货物托付承运人按照合同约定的时间运送到指定地点,向承运人支付相应报酬的一方当事人。托运人和承运人不会是同一个人。

3)收货人:是指在货物运单上指定的在货物到达地提取货物的单位或个人。收货人在货物到达目的地后,凭到货通知单和货运单(或提单)在指定港、站办理相关手续,付清应付费用后,验收并提取货物。

在货运合同中,承运人的责任一般说来主要是保证所运输的货物按时、安全地送达目的地。因此,承运人应对货物在运输过程中发生的货物灭失、短少、污染、损坏等负责。一旦发生此种情况,应按实际损失给予赔偿。但是,这种损失必须发生在承运人的责任期间内。承运人的责任期间一般是从货物由托运人交付承运人时起,至货物由承运人交付收货人为止。

问:承运人的责任有哪些?

答:承运人的责任是指:承运人未按约定的期限将货物运达,应负违约责任;因承运人责任将货物错运或错交,应将货物无偿运到指定的地点,交给指定的收货人。承运人的责任主要有以下类别:

1）逾期送达责任。不按合同规定的时间和要求配车发运，造成货物逾期送达的，应按合同规定付给对方违约金。

2）货损货差责任。从货物装运时起到货物运达交付完毕止，在这个运输责任期间，发生货物灭失、短少、变质、污染、损坏的，应按货物实际损失赔偿对方。

3）错运错交责任。货物错运到达地点或错交收货人，由此造成时间延误的，按货物逾期送达处理。

4）故意行为责任。经核实确属故意行为造成事故的，除按合同规定赔偿直接损失外，交通主管部门或合同管理机关还会对承运人处以罚款，并追究肇事者个人责任。

问：托运人的责任有哪些？

答：托运人的责任是指托运人未按合同规定的时间和要求，备好货物和提供装卸条件，以及货物运达后无人收货或拒绝收货，而造成承运人车辆放空、延滞及其他损失，托运人应负赔偿责任。

因托运人下列过错，造成承运人、站场经营人、搬运装卸经营人的车辆、机具、设备等损坏、污染或人身伤亡以及因此而引起的第三方的损失，由托运人负责赔偿：

1）在托运的货物中有故意夹带危险货物和其他易腐蚀、易污染货物以及禁、限运货物等行为。

2）错报、匿报货物的重量、规格、性质。

3）货物包装不符合标准，包装、容器不良，而从外部无法发现。

4）错用包装、储运指示标志。

5）托运人不如实填写运单，错报、误填货物名称或装卸地点，造成承运人错运、装货落空以及由此引起的其他损失。

问：收货人的责任有哪些？

答：收货人应在收到通知后凭联运提单办理提货手续。若货物卸船后超过10天（含4天集装箱免费堆存期）不提者，港口将集装箱转栈堆放，由此发生的费用，由收货人负担。

此外，收到的货物有灭失、损害现象，收货人应在收到货运记录后7天内提出索赔通知书；若货物的状况在交货时已由双方证明，则不需要书面的索赔通知。收货人提出索赔诉讼的时间应在交付货物之日起180天内，否则承运或有关责任方在任何情况下可免除对货物灭失或损害所担负的一切责任。

试题选解： 简述承运人的责任。

解：承运人的责任主要有：①逾期送达责任；②货损货差责任；③错运错交责任；④故意行为责任。

鉴定点 2　运输风险管理

鉴定要求 1　运输风险的知识

问：风险的含义是什么？包括哪些种类？

答：风险是指未来结果的不确定性。保险理论中的风险，通常是指损失发生及其程度的不确定性，常被用在保险合同的保险人承保责任范围的条款中。

风险的构成要素主要包括风险因素、风险事故和风险损失。

按风险的性质分类，可分为纯粹风险、投机风险。按风险产生的原因分类，可分为自然风险、社会风险、经济风险。按风险涉及的对象分类，可分为财产风险、责任风险、人身风险、信用风险。

问：物流风险主要包括哪些方面？

答：（1）合同责任风险　合同责任风险主要是指公司与客户所签合同的责任风险，主要包括：①第三方物流企业与其分包商所签合同的责任风险；②合同责任范围加大的风险（承担合同约定外责任或承担合同约定不明的损失）；③单一分包商风险（容易受到牵制等）；④保险合约风险（如出现货运事故后，购买保险是否生效的问题）。

（2）运作风险　运作风险主要包括：

1）货物运输风险。货物在运输途中受控制的机会较小，存在着不可预计的风险，如失窃、挤压、雨淋、车祸、塞车等，都会给物流公司带来损失。如果有数量差异、规格不符等情况，会导致货物交接失败，甚至要赔偿由此产生的损失，既直接造成了经济损失又间接给客户造成不良影响。

2）货物保管风险。货物保管主要包括在库保管和在途保管，一般情况下在库保管时间较长。货物在库保管过程中存在着许多潜在的风险，如失窃、作业破损、虫害鼠咬、火灾等，只有将损失降到最低，才能为客户提供更好的服务。

3）货物交接风险。货物的移交包括第三方物流公司或分包商与货主之间的移交、与货主的客户之间的移交、第三方物流公司与分包商之间的移交。在移交过程中双方要依据送货清单核对货物的数量、品名、规格、完好程度等，有时甚至没有送货清单，只是在交接时现拟清单，这些都存在着潜在的风险。

4）单证传递安全。物流离不开信息流，单证传递是信息流的一种重要表现形式。单证在传递过程中也会存在许多意想不到的风险，最基本的是保证单证本身的安全。在单证传递过程中有可能会出现改单的现象，尤其是货物交接时货单不符的情况下最容易出现纰漏。

5）操作人员工作失误。物流的操作离不开工作人员，工作中出现失误是在所难免的。工作人员的工作失误可能发生在任何一个工作环节，最令人头痛的问题是出现失误后还找不出责任人，使同样的失误还会重复出现。

6）商品特性的风险。商品的特性与第三方物流企业承担的责任有着密切的关系，其特性直接关系到商品损坏的风险程度及导致的索赔事故。商品的特性主要包括几个方面：易损坏性、易腐烂性、易自燃性、易爆炸性，以及每单位价值和财产对货运损坏的责任等。

7）车辆安全风险：公司自有车辆运行安全与否，驾驶员驾驶技术不过关、违规驾驶等情况。

问：物流运输风险的防范和处置措施有哪些？

答：1）物流运输风险的防范措施：①购买货运保险；②对物流车队进行产品宣导工作；③选择合理的运输车型，并进行车况安全检查、装货（车）督查、单证管理；④货物运输全程高速、按指定路线行驶，尽量避免瞬间急转弯、激烈震动和碰撞导致货物倾斜或震动；⑤应尽可能避开恶劣路况，确保车辆运行平稳。

2）物流运输风险发生后的处置措施：①货损发生时，项目客服人员应在第一时间向物流部报告，同时还必须提供货损照片（详细版）、品质报告、损失清单及相关可能物证；②项目客服人员向工厂重新申请补货，物流部会根据产出计划，第一时间安排车辆运到项目地；③物流部会对承运物流公司进行相应的惩罚。

问：国内货物运输保险有哪些分类方式？

答：（1）按运输工具的不同分类

1）水上货物运输保险：承保利用水上运输工具（如轮船、驳船、机帆船、木船、水泥船等）运输货物的一种保险。

2）陆上货物运输保险：承保除水上运输工具和飞机以外的所有其他运输工具或手段运输货物的保险，包括机动的、人力的、畜力的运输工具，如火车、汽车等。

3）航空货物保险：承保以飞机作为运输工具运载货物的运输保险。

除上述三种货运险外，还有特种货物运输保险，如排筏保险、港内外驳运险、市内陆上运输保险等。

（2）按运输方式分类

1）直运货物运输保险。直运是直达运输的简称。直达运输是指货物从起运地至目的地只使用一种运输工具的运输，即使中途货物需要转运，转运所用的运输工具也属同一种类。

2）联运货物运输保险。联运是使用同一张运输单据，用两种或两种以上不同的主要运输工具运送货物的运输，一般有水陆联运、江海联运、陆空联运等。采用联运方式运输的货物投保货运险，其费率要高于直达运输下货物的费率。

3）集装箱运输保险。由于集装箱运输能做到装运单位化，即把零散货物集中装在大型标准化货箱内，因此，它可以简化甚至避免沿途货物的装卸和转运，从而能够提高货物运输效率，加速船舶周转，减少货物残损短少。由于上述种种优点，利用集装箱运输的货物，如投保货运险，其费率要较利用其他运输方式低。

问：国内水路、陆路（公路、铁路）货物运输保险基本险承保责任范围有哪些？

答：1）因火灾、爆炸、雷电、冰雹、暴风、暴雨、洪水、地震、海啸、地陷、崖崩、滑坡、泥石流所造成的损失。

2）由于运输工具发生碰撞、搁浅、触礁、倾覆、沉没、出轨或隧道、码头坍塌所造成的损失。

3）在装货、卸货或转载时，因遭受不属于包装质量不善或装卸人员违反操作规程所造成的损失。

4）按国家规定或一般惯例应分摊的共同海损的费用。

5）在发生上述灾害、事故时，因纷乱而造成货物的散失及因施救或保护货物所支付的直接合理费用。

问：国内水路、陆路（公路、铁路）货物运输保险综合险承保责任范围有哪些？

答：除基本险的责任外，还负责：

1）因受震动、碰撞、挤压而造成破碎、弯曲、凹瘪、折断、开裂或包装破裂致使货物散失的损失。

2）液体货物因受震动、碰撞或挤压致使所用容器（包括封口）损坏而渗漏的损失，或用液体保藏的货物因液体渗漏而造成保藏货物腐烂变质的损失。

3）遭受盗窃或整件提货不着的损失。

4）符合安全运输规定而遭受雨淋所致的损失。

问：保险责任的起讫期如何确定？

答：保险责任的起讫期，是自签发保险凭证和保险货物离起运地发货人最后一个仓库或储存处所时起，至保险货物到达该保险凭证上注明的目的地的收货人在当地的第一个仓库或储存处所时终止。但保险货物运抵目的地后，如果收货人未及时提货，则保险责任的终止期最多延长至以收货人接到到货通知单后的十五天为限（以邮戳日期为准）。

问：海洋货物运输保险包括哪些险种？

答：1）基本险，包括平安险、水渍险和一切险（包括一般附加险）。

2）特别附加险，包括交货不到险、进口关税险、舱面险、拒收险和黄曲霉素险。

3）特殊附加险，包括战争险和罢工险。

问：陆上货物运输保险包括哪些险种？

答：1）基本险，包括陆运险和陆运一切险。

2）特殊附加险，包括战争险。

问：航空货物运输保险包括哪些险种？

答：1）基本险，包括航空运输险和航空运输一切险。

2）特殊附加险，包括战争险。

> **试题选解**：物流运输风险的防范措施有哪些？
>
> 解：物流运输风险的防范措施主要有：①购买货运保险；②对物流车队进行产品宣导工作；③选择合理的运输车型，并进行车况安全检查、装货（车）督查、单证管理；④货物运输全程高速、按指定路线行驶，尽量避免瞬间急转弯、激烈震动和碰撞导致货物倾斜或震动；⑤应尽可能避开恶劣路况，确保车辆运行平稳。

鉴定要求2　国内和国际的运输法律、法规和规章的知识

问：与运输相关的法律法规有哪些？

答：主要有《中华人民共和国民法典》《中华人民共和国海商法》《中华人民共和国民用航空法》《中华人民共和国铁路法》《道路货物运输及站场管理规定》《联合国国际货物多式联运公约》《1991年联合国贸易和发展会议/国际商会多式联运单证规则》（简称《多式联运单证规则》）《海牙规则》《维斯比规则》《汉堡规则》。

问：运输合同的含义是什么？有哪些种类？

答：运输合同是承运人将旅客或者货物从起运地点运输到约定地点，旅客、托运人或者收货人支付票款或者运输费用的合同。

运输合同的种类主要有：

1）按承运方式的不同，运输合同可分为道路运输合同、水路运输合同、航空运输合同、管道运输合同及多式联运合同。

2）按运输对象的不同，运输合同可分为客运合同和货运合同。

货运合同按合同期限的不同，可分为长期合同（合同期限在一年以上的合同）和短期合同（合同期限在一年以下的合同，如年度、季度、月度合同）；按货物数量的不同，可分为批量合同和运次合同。批量合同一般是一次托运货物数量较多的大宗货物运输合同；运次合同一般是托运货物较少，一个运次即

可完成的运输合同。所谓运次是指完成包括准备、装载、运输、卸载四个主要工作环节在内的一次运输过程。

3) 按合同形式的不同,运输合同可分为书面合同和契约合同。书面合同是指签订正式书面协议书形式的合同;契约合同是指托运人按规定填写货物运输托运单或货单。这些单证具有契约性质,承运人要按托运单或货单要求承担义务、履行责任。

问:运输合同的特征有哪些?

答:运输合同除具有合同普遍的法律特征外,还具有自身的特征:

1) 运输合同是当事人之间为实现一定的经济目的,明确相互间的权利义务关系而订立的协议。签订合同的当事人,双方或一方必须是法人。

2) 签订运输合同的承运方必须持有经营货运的营业执照,具有合法的经营资格。

3) 运输合同的内容限于运输经济行为,主要是以运输经济业务活动为内容。

4) 运输合同是实践合同,承托双方除了就合同的必要条款达成协议外,还要求托运人必须将托运的货物交付给承运人,合同才能成立。

5) 运输合同的当事人往往涉及第三者,即除了托运人和承运人之外,一般还有收货人(也可能收货人就是托运人)。

6) 运输合同具有标准合同的性质,主要内容和条款由有关部门统一制定。

问:运输合同订立的原则是什么?

答:货运合同的签订是指承托双方经过协商后用书面形式签订的有效合同。其签订的基本原则如下:

(1) 合法规范的原则 所谓合法规范,是指运输合同的内容和签订程序必须符合法律的要求。货运合同只有合法规范才能得到国家的承认并具有法律效力,当事人的权益才能得到保护,才能达到签订运输合同的目的。

(2) 平等互利的原则 不论企业大小,所有制性质是否相同,在签订运输合同中承托双方当事人的法律地位一律平等;在合同内容上,双方的权利义务必须对等。

(3) 协商一致的原则 合同是双方的法律行为,双方意愿经过协商达到一致,彼此均不得把自己的意志强加于对方。任何其他单位和个人不得非法干预。

(4) 等价有偿原则 合同当事人都享有同等的权利和义务,每一方从对方得到利益时,都要付给对方相应的代价,不能只享受权利而不承担义务。

问:运输合同订立的程序是什么?

答：(1) 要约　要约是希望和他人订立合同的意思表示，即合同当事人的一方提出签订合同的提议，提议的内容包括订立合同的愿望、合同的内容和主要条款。要约一般由托运人提出。

(2) 承诺　承诺是受要约人同意要约的意思表示，即承运人接受或受理托运人的提议，对托运人提出的全部内容和条款表示同意。受理的过程包括双方协商一致的过程。

问：运输合同的内容有哪些？

答：①货物的名称、性质、体积、数量及包装标准；②货物起运和到达地点、运距、收发货人名称及详细地址；③运输质量及安全要求；④货物装卸责任和方法；⑤货物的交接手续；⑥批量货物运输的起止时间；⑦年、季、月度合同的运输计划、提送期限和运输计划的最大限量；⑧运杂费计算标准和结算方式；⑨变更、解除合同的期限；⑩违约责任；⑪双方商定的其他条款。

问：简述铁路货物的托运、受理、承运。

答：铁路实行计划运输，发货人要求铁路运输整车货物时，应向铁路提出月度要车计划，车站根据要车计划受理货物。在进行货物搬运时，发货人应向车站按批提出货物运单一份，如使用机械冷藏车运输的货物，同一到站、同一收货人可数批合提一份运单。对于整车要求分卸的货物，除提出基本货物运单一份外，每一分卸站应另增加分卸货物运单两份（分卸站、收货人各一份）。

对于同一批托运的货物因货物种类较多，发货人不能在运单内逐一填记，或托运集装货物，以及同一包装内有两种以上的货物，发货人应提出物品清单一式三份，其中一份由发运站存查，一份随同运输票据递交到达站，一份退还发货人。对在货物运单和物品清单内所填记事项的事实性发货人应负完全责任，若谎报货物品名，则应按有关规定核收违约罚款。

对于办理海关、检疫手续及其他特殊情况的证明文件，以及有关货物数量、质量、规格的单据，发货人可委托铁路代递到站交收货人。

对于应派押运人的货物，发货人必须派人押运，除特定者外，押运人数每批不应超过两人，并应做到：押运人应支付押运人乘车费；对于押运的货物，发货人应在货物运单内注明押运人姓名、证明文件名称及号码；押运人应乘坐所押运的货车，或该货车不适合乘坐时，可乘坐守车或车长指定的车内；押运人对所押运的货物负有保证安全的责任，如发生任何有损货物质量的情况，应立即向车长或站长提出声明，由车长或站长协助适当处理。

问：铁路货物运输期限如何计算？

答：铁路承运货物的期限从承运货物的次日起按下列规定计算：

1) 货物运输期间每250运价公里或未满为1日，按快运办理的整车货物每500运价公里或未满为1日。

2）需要中途加冰的货物，每加冰1次另加1日。

3）运价里程超过250km的零担货物和零担集装箱货物另加两日，超过1000km则加3日。

4）一件货物的重量超过2t，体积超过$3m^3$，或长度超过9m的零担货物及零担危险货物另加两日。

5）整车分卸的货物每增加一个分卸站另加1日。

6）直通运输的整车货物另加1日。

问：水路运输业务如何办理托运？

答：托运是指货物托运人或发货人向承运人提出要求运输货物的行为。货物托运人在提出托运申请时，必须向水路运输部门办理托运手续。办理托运手续有严格的条件，根据现行的水运法规有关规定：必须提出货物的托运计划，并根据核定的运输计划办理托运；对于已订立运输合同的货物托运，则凭运输合同办理托运手续；零星货物的托运则不受计划限制；托运人在办理货物托运时，应提出货物运单、提交托运的货物、支付费用。

问：海运出口货物运输业务包括哪些环节？

答：海运出口货物运输业务是指根据贸易合同中的运输条件，把售予国外客户的出口货物加以组织和安排，通过海运方式运到国外目的港的一种业务。

凡以CIF（成本加保险费加运费）和CFR（成本加运费）条件签订的出口合同，皆由卖方安排运输。卖方须根据买卖合同中规定的交货期安排运输工作。如凭信用证方式结汇的，卖方须等收到信用证后方可安排运输。海运出口货物运输工作一般包括以下环节：

1）审核信用证中的装运条款。出口单位在收到信用证以后，要对其进行严格审核，如发现信用证中的有关条款与贸易合同内容不符应及时要求进口方修改信用证。

2）审核信用证中的装运条款，要重点审核装运期、装运港、目的港、结汇日期、转船和分批装运等，要根据货物出运前的实际情况，决定对信用证中的有关运输条款是否接受、修改或拒绝。

3）备货、报验和领证。出口方收到信用证后，要按信用证上规定的交货期及时备好出口货物，并按合同及信用证的要求对货物进行包装、刷唛。

4）对需经机构检验出证的出口货物，在货物备齐后，应向商检机构申请检验，取得合格的检验证书。

问：国内航空货物运输业务对货物托运条件有哪些要求？

答：1）凭单位介绍信或其他有效证件，填写货物托运单，向承运人或其代理人办理托运手续。

2）货物托运单的内容应填写清楚，如：收、发货人具体单位、姓名、地址；货物的名称、种类、包装、价值、件数；是否办理货物航空保险；运输要求等。

3）如托运政府限制托运的货物，以及需要办理公安和检疫等各项手续的货物，均应附有效证明文件。

4）托运的货物中不准夹带禁止运输和限制运输的物品、危险品、贵重物品、现钞、证券等。

5）对不同的运输条件，或根据货物性质不能一同运输的货物，则应分别填写货物托运单。

> **试题选解**：根据（　　　）原则，不论企业大小，所有制性质是否相同，在签订运输合同中承托双方当事人的法律地位一律平等。
> A. 合法规范　　B. 平等互利　　C. 协商一致　　D. 等价有偿
> 解：根据平等互利的原则，不论企业大小，所有制性质是否相同，在签订运输合同中承托双方当事人的法律地位一律平等；在合同内容上，双方的权利义务必须对等。因此，正确答案是B。

鉴定点3　作业计划管理

鉴定要求1　运输、运输代理作业计划编制、实施和控制的知识

问：运输计划的作用、任务和种类有哪些？

答：(1) 运输计划的作用

1）运输计划是实现运输企业经营思想、经营目标和经营决策的基本保证。

2）运输计划是运输企业实施各项管理活动的纲领和基本依据。

3）运输计划是运输企业推行全面计划管理的基本内容和主要形式。

(2) 运输计划的任务

1）谋求企业外部环境、内部条件和经营目标三者之间的动态平衡，促进企业经营活动顺利进行。

2）把企业经营思想、经营方针、经营策略和经营目标转化为具体任务和行动方案，并通过计划的实施，实现企业经营目标。

3）根据市场要求，合理有效地配置和使用各种资源，充分挖掘和利用企业内部的各种潜力，取得最佳的经济效益。

4）通过运输计划，使企业各方面、各环节的经营活动在数量、质量、时间、速度等方面形成一定的最优比例关系，达到综合平衡、相互协调。

5）通过运输计划，把企业和职工的主要活动和经济效益与整个国家和社

会的经济活动与利益紧密结合起来，履行企业使命和社会责任。

（3）运输计划的种类　根据货运计划下达的规律和车队的类型，运输计划可以分成稳定型和临时型两种。

稳定型的货运计划指的是在某一个时期内，车队的运输任务相对是稳定的、明确的。比如一些大型建筑工地中一些生产物资的运输，车队可以根据自己的运力情况安排运输，不会出现没有货的情况。这个时候，车队可以事先制定日计划、月度计划、季度计划和年度计划。这种类型的车队多见于国家重点建设项目（比如高速公路、水电站）和大型企业集团（比如采矿企业、石油公司）。而且这类车队一般都是以短途运输为主。

临时型的货运计划有时也叫货运任务或货运订单。其特点是：运输任务下达给车队的时间很短，一般在两天以内，有时几个小时。车队往往一接到业务部门或客户的货运订单，就要安排车辆前往装货。在这种情况下，车队就很难提前做好车辆计划、车辆运用计划和车辆作业计划了。车队只能够"以客户为中心"，尽最大可能满足客户的需求。因此，这要求车队调度人员必须具备很强的工作能力。

问：稳定型的货运计划有哪些内容？

答：稳定型的货运计划主要包括运输量计划、车辆计划、车辆运用计划、车辆作业计划等内容。运输量计划和车辆计划是企业运输生产计划的基础部分，车辆运用计划是车辆计划的补充。运输量计划表明社会对汽车运输的需要，车辆计划和车辆运用计划则表明企业可能提供的运输生产能力。车辆作业计划是为了完成运输生产计划和实现具体的运输过程而编制的运输生产作业性质的计划，具体规定了每辆运输车辆在一定时间内必须完成的运输任务、允许的作业时间和应达到的运用效率指标。

问：运输调度工作的内容是什么？

答：运输企业接到货运任务后，就要着手任务与人员的指派、安排车辆前往装货，这就是调度。调度工作的主要内容就是根据运输任务，安排正确的车辆、正确的驾驶员和正确的路线。

车辆调度需要考虑的因素主要包括车辆品牌的选择、车辆吨位的选择、车辆容积的选择、车辆货箱形式的选择、车况的选择、综合因素的考虑。

驾驶员安排需要考虑的因素主要包括驾驶经验与技术水平、维修技术水平、工作态度、身体条件、性格特点、文化水平、思想状况、家庭情况。

线路安排需要考虑的因素主要包括道路情况、车辆装载情况、卸货点之间的距离、每个卸货点的卸货时间、具体的到货时间、天气条件，以及车辆、驾驶员、线路等情况的综合考虑。

问：运输调度工作的流程是什么？

答：①接受运输任务；②安排车辆、驾驶员和线路；③异常情况处理；④车辆回队管理。

问：运输调度对调度员的要求有哪些？

答：（1）调度员的业务素质要求　主要包括：非常熟悉全车队车辆的情况；非常熟悉全车队驾驶员的情况；了解道路情况；了解货物情况；了解客户及其有关情况；了解运输市场的行情；需要全面考虑问题。

（2）调度员的思想素质要求　主要包括：热爱调度工作，把调度工作看成是一种乐趣；全心地投入；有责任心；有很强的沟通和协调能力；有不断创新和进取的思想；廉洁自律。

问：什么是运输代理？

答：运输代理是指接受委托人的委托，代办各种运输业务并按提供的劳务收取佣金或手续费、代理费的一种形式。从事运输代理事务的自然人或法人称为运输代理人。常见的运输代理形式有3种，分别是租船代理、船务代理和货运代理。

（1）租船代理　租船代理是一种以船舶为商业活动对象而进行船舶租赁业务的形式。租船代理人主要是按照委托人（船东或租船人）的指示要求，为委托人提供最合适的对象和最有利的条件，并促成租赁交易的成交。租船代理的佣金按照惯例由船东支付。代理佣金一般均按租金的1%~2.5%在租船合同中规定。

（2）船务代理　船务代理是船务代理机构为船舶承运机构或货物收发机构代为办理的有关船、货业务，可分为长期代理与航次代理两种。

长期代理是委托人与代理人之间在委托之前就业务范围和财务结算达成协议，在较长的委托期内都有效。航次代理是双方为某特定船舶的特定航次而专门建立的委托代理关系，可以随时建立、随时终止，有较大的灵活性。

船务代理业务主要包括的内容有：

1）船舶进出港业务方面：办理船舶进出港口的申报手续，联系安排船舶引航、拖轮、靠泊、报关；洽办船舶检验、修理、扫舱、熏舱以及海事处理；办理集装箱进出港口的申报手续，联系集装箱的装卸以及洽办集装箱的联运中转业务等。

2）货运业务方面：安排组织货物装卸、检验、交接、储存、转运、衡量、熏舱以及理赔事务；接受委托代签提单及运输契约，签发货物及集装箱交接单证，并代印各种统一货运单证；办理揽货、订船和代收运费；洽办海事处理，联系海上救助；经办租船和船舶买卖及其交接工作，代签租船合同和买卖船合同等。

（3）货运代理　货运代理是指货运代理人代表货主办理有关货物报关、交接、调拨、检验、包装、仓储、转运、订舱等业务活动的形式,并按代理业务项目和提供的劳务向货主收取代理费。货运代理通常可分为订船揽货代理、货物报关代理、货物装卸代理、集装箱代理。此外,还有转运代理、理货代理、储存代理等货运代理形式。按货运方式的不同,货运代理又可分为海运代理、空运代理、陆运代理等形式。

> **试题选解**：代理佣金一般均按租金的（　　）在租船合同中规定。
> A. 0.5%~1%　　B. 1%~2.5%　　C. 2.5%~3.5%　　D. 3.5%~4.5%
> 解：代理佣金一般均按租金的1%~2.5%在租船合同中规定。因此,正确答案是B。

鉴定要求2　运输方式和货物基本知识

问：什么是运输方式？常见的运输方式有哪些？

答：运输方式是指将产品从供应链网络的一个位置移动到另一个位置所采取的方式。根据所用运输工具的不同,运输方式可分为公路运输、铁路运输、水上运输、航空运输、管道运输等。

问：什么是物流运输形式？常见的物流运输形式有哪些？

答：物流运输形式是指物资从生产者手中转移到消费者手中的运送形式。物流运输形式主要有以下几种：

（1）直达运输　直达运输是指根据物流公司与客户之间的运输合同,将货物通过一种运输方式直接运送到消费者手中的运输形式。

（2）中转运输　中转运输分两种情况：一种是货物从发运地到收货地不能一次直接运达,必须中途变换运输方式或运输工具,且不能办理联运的情况下的中转运输；另一种是货物从发运地到收货地虽可一次直达,但为了节约运费和加速货物流转,而采取合装整车发运到适当的地点再进行中转分运。

（3）联合运输　联合运输又称联运,是指从发运地直到收货地的运输过程中,由两种或两种以上不同的运输方式衔接,把货物从一个地点运到另一地点的运输形式。

（4）专业化运输　专业化运输是指运输工具的专业化,即一些运输工具专门用于某种货物的运输。专业化运输形式适用于对运输有特别要求的货物。

（5）集装箱运输　集装箱运输是指将一定数量的货物装入标准规格的集装箱,以集装箱作为集装、运送单位,利用多式联运等方式,将货物运到收货地的运输形式,是一种新型高效率的运输形式。

问：货运系统由哪些部分组成？

答：货运系统主要由货运市场、服务客体、经营主体、货运基础设施、移动设施、组织管理手段六部分组成。

问：货运经营主体是什么？

答：货运经营主体是指从事货运业及相关服务的经营者，主要包括货运经营者和货运代理商。

（1）货运经营者　按其经营内容划分，主要分为普通货运经营者、零担货运经营者、大件货运经营者、集装箱货运经营者、危险货运经营者、其他相关服务的经营者等。

（2）货运代理商　货运代理商在其代理权限内，以委托人的名义进行运输或运输组织活动，货运业务范围差异较大。

问：货运服务的主要方式有哪些？

答：（1）准时货运服务　准时货运服务是指在特定的时刻，将货物按所需的品种、数量送达指定的目的地并交付给客户的服务。

（2）快速货运服务　快速货运服务是指在约定的货物时刻表的限定下，以"门到门"或"桌到桌"的方式实现的一种货物运输。

（3）整车货运服务　整车货运服务是指一次承运整车为基本数量单位，或以这样的基本单位签订贸易合同，并实现货物交付的货运服务。

（4）成组货运服务　成组货运服务是指以成组化单元托盘等形式进行受理、分销、配载、中转、送货与交付的货运服务。

（5）专项货运服务　专项货运服务是指针对一些有特殊要求的货物种类展开的货运服务。

问：汽车货物运输有哪些模式？

答：汽车货物运输主要有以下三种模式：

（1）物流企业拥有自有车队进行运输（包括挂靠车辆）　大部分物流企业都拥有自己的车队，用以完成物流中的运输。此时物流企业往往扮演承运人的角色，按照合同约定的时间和地点将货物运达目的地。

（2）物流企业租用他人汽车进行运输　物流企业可以不拥有自己的车队，当需要运输的时候，物流企业通常与车辆所有人签订汽车租用合同。出租人将汽车交给承租人使用、获得收益，由承租人支付租金。此时物流企业不仅在运输合同中扮演承运人的角色，还要在租赁合同中扮演承租人的角色。

（3）物流企业将货物运输外包给第三方（合同运输商车辆）　很多物流企业既不使用自己的汽车，也不租用别人的汽车，而是把货物运输交给专业的汽车承运人来完成。此时物流企业扮演托运人或托运人的代理人角色与汽车承运人签订汽车货物运输合同。

问：什么是集装作业法？

答：集装作业法是指对货物先进行集装，再对集装件进行装卸搬运的方法。集装作业法一次装卸搬运量大，作业速度快，且仅对集装体进行作业，因而货损、货差小。集装作业法的作业范围较广，一般货物都可进行集装。对于粉、粒、液、气状货物，经过一定包装后，也可集合成大的集装件；对于长大、笨重的货物，经适当分解处置后，也可采用集装方式进行作业。集装作业广泛应用于装卸搬运作业中。

> **试题选解**：判断：整车货运服务是指以成组化单元托盘等形式进行受理、分销、配载、中转、送货与交付的货运服务。（　　）
> 解：成组货运服务是指以成组化单元托盘等形式进行受理、分销、配载、中转、送货与交付的货运服务。因此，正确答案是错误。

鉴定要求3　运输策略和线路优化的知识

问：如何评价合理化运输？

答：所谓运输合理化，就是按照商品流通规律、交通运输条件、货物合理流向、市场供需情况，行驶最短的里程、经最少的环节、用最合适的运力、花最低的费用、以最快的速度，将货物从生产地运到消费地。其评价指标如下：

（1）运输距离　在运输活动中，由于运输工具、运输时间、运输成本、运输方式、货损、运费、运输工具周转等都与运输距离的长短有一定的比例关系，因此，运输距离的长短是运输合理与否的一个最基本要素。缩短运距既有宏观的社会效益，也具有微观的企业效益。

（2）运输环节　进行运输业务活动，均需要增加运输的附属活动，如包装、装卸、搬运等相关工作，多一个环节，必然会增加时间、费用，也会增添货损、货差。因此，组织直达运输，可减少中间环节和二程运输，对于合理运输有直接的促进作用。

（3）运输工具　各种运输工具都有各自的优势领域，根据货种、批量对运输工具进行优化选择，按其特点组织装卸运输作业，最大限度地发挥所用运输工具的优势，是运输合理化的重要环节。

（4）运输时间　运输是物流过程中需要花费较多时间的环节，尤其是远程运输，运输时间占全部物流时间的较大比例，因此，缩短运输时间对整个物流流通时间的缩短有决定性作用。此外，缩短运输时间，还有利于加速运输工具的周转，充分发挥运力的作用；有利于货主资金的周转和提高运输线路的使用效率，最大限度地发挥基础资源的作用。

（5）运输费用　运输费用是衡量物流运输经济效益的一项重要指标，也是组织合理运输的主要目的之一。由于运输费用在整个物流成本中占近50%的比例，所以运输费用的高低不仅直接关系到物流企业的经济效益，决定了整个物流系统的竞争能力，而且还影响到货主企业的生产或销售成本。尽可能地降低运输费用，无论对于物流运输企业，还是货主企业，都是追求的一个重要目标,也是判断各种运输合理化措施是否行之有效的重要依据。

问:不合理化运输有哪些表现形式?

答:不合理化运输主要包括:

(1)车辆空载行驶 车辆空载行驶是最典型的不合理运输形式。例如:利用自备车送货提货,往往是单程重车、单程空驶;由于工作失误或计划不周造成货源没有落实,车辆空去空回,导致双程空驶。

(2)对流运输 对流运输是指同一种货物或彼此之间可以相互代用而又不影响管理、技术及效益的货物,在同一条运输线路或平行运输线路上作相对方向的不合理运输。主要有以下两类形式:①明显的对流运输,即在同一运输线路上的对流,如图1-4-1所示;②隐含的对流运输。

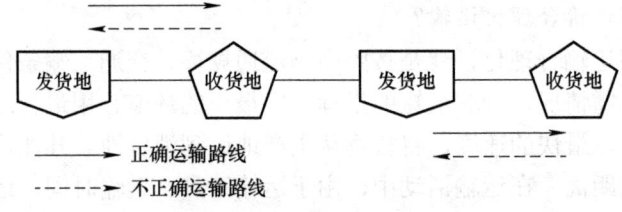

图1-4-1 对流运输示意图

(3)倒流运输 倒流运输是指货物从销地向产地或其他地点向产地倒流的不合理运输方式。

(4)无效运输 无效运输是指被运输的货物杂质过多,如原木的边角余料、煤炭中的煤矸石等,使运输能力浪费于不必要物资的运输。例如,我国每年有大批原木进行远距离的调运,但是原木的直接使用率只有70%,其余30%边角余料的运输基本上属于无效运输。

(5)重复运输 重复运输是指一种货物本可以直达目的地,但因物流仓库设置不合理或计划不周,导致增加运输环节、浪费运输设备和装卸搬运能力、延长了运输时间的不合理运输方式。

(6)迂回运输 迂回运输是指货物经多余的线路绕道而行的不合理运输方式。

(7)过远运输 过远运输是指舍近求远的不合理运输方式。

问:组织合理化运输有哪些措施?

答:主要措施包括:合理选择运输方式;合理选择运输工具;正确选择运输路线;提高货物包装质量并改进运送中的包装方法;混合运送,减少运力投入;采用大吨位运输工具;发展社会化运输系统;发展直达运输;提倡合装整车运输;充分利用运输工具的装载能力。

问:规划运输路径时,合理路线和时刻表的制定需要考虑哪些原则?

答：①安排车辆负责相互距离最接近站点的货物运输；②安排车辆各日途经的站点时，应注意使站点群更加紧凑；③从距仓库最远的站点开始设计路线；④货车的行车路线应呈水滴状；⑤尽可能使用最大的车辆进行运送，这样设计出的路线是最有效的；⑥取货、送货应该混合安排，不应该在完成全部送货任务之后再取货；⑦对过于遥远而无法归入群落的站点，可以采用其他配送方式；⑧避免时窗过短。

问：运输线路优化有哪几种方法？

答：（1）图表分析法　图表分析法是指利用产销平衡表和交通线路示意图，科学制定合理的商品运输方案，以求得商品运输最小吨公里的方法。

适用范围：适用于产销区域较小、产销少和产销关系比较简单的情况。

总的运量一定时，要实现总运输吨公量最小，其关键在于选择最短路径进行运送。

（2）图上作业法　图上作业法适用的交通线路为线状、圈状，而且对产销地点的数量没有严格限制。

图上作业法的原则可归纳如下：①流向画右方，对流不应当；②里圈、外圈分别算，要求不过半圈长；③如若超过半圈长，应甩运量最小段；④反复求算莫怕烦，直到找到优方案。

（3）Excel 建模求解　Excel 建模求解即利用 Excel "规划求解" 功能建立运输线路优化模型和求解的方法。

问：货物运输模型有哪几种？

答：（1）供求均衡的运输模型

1）基本假设：

① 要将某类商品从 m 个产地 $P_1,P_2,\cdots,P_m$ 运往 n 个销地 $Q_1,Q_2,\cdots,Q_n$。

② 产地 $P_i(i=1,2,\cdots,m)$ 的供应量为 p_i。

③ 销地 $Q_j(j=1,2,\cdots,n)$ 的需求量为 q_j。

④ 已知从产地 P_i 到销地 Q_j 的单位运价为 C_{ij}，运输里程为 L_{ij}，则从产地 P_i 到销地 Q_j 的商品运量应满足：总产量=总销量，即 $\sum_{i=1}^{m} p_i = \sum_{j=1}^{n} q_j$。

⑤ x_{ij} 表示由 P_i 到 Q_j 的商品运量，且 x_{ij} 又满足下列约束条件：

$$\begin{cases} \sum_{j=1}^{n} x_{ij} = p_i & (1) \\ \sum_{i=1}^{m} x_{ij} = q_j & (2) \\ x_{ij} \geq 0 & (3) \end{cases}$$

式（1）表明，每个产地运往各销地的商品数量等于该产地总的供应量。

式（2）表明，对于每个销地来说，每个产地的供应量之和等于该销地的需求量。

式（3）表明，商品运量最小为零，但不能为负数。

2）建立目标函数。确定一个最合理的产销地联系方案，使 x_{ij} 各值满足式（1）～式（3）的约束条件，同时使得总的运费（或运量吨公里）最小，即目标函数为

$$\text{Min}(f) = \sum_{i=1}^{m}\sum_{j=1}^{n} C_{ij} x_{ij} \quad \text{或} \quad \text{Min}(f) = \sum_{i=1}^{m}\sum_{j=1}^{n} L_{ij} x_{ij}$$

（2）供求不均衡的运输模型　使用运输表可求解供求均衡的运输模型。而在流通运输的实际工作中，并非都能满足此条件，通常出现的情况是供过于求或供不应求，即

$$\sum_{i=1}^{m} p_i < \sum_{j=1}^{n} q_j \quad \text{或} \quad \sum_{i=1}^{m} p_i > \sum_{j=1}^{n} q_j$$

因此，必须对模型适当修正，以便能用运输表求出运输方案。

> **试题选解：** 不合理化运输主要包括（　　）。
> A. 车辆空载行驶　　　B. 对流运输　　　C. 无效运输
> D. 迂回运输　　　　　E. 过远运输。
> 解：不合理化运输主要包括：①车辆空载行驶；②对流运输；③倒流运输；④无效运输；⑤重复运输；⑥迂回运输；⑦过远运输。因此，正确答案是 ABCDE。

鉴定范围 5

成本与绩效管理

鉴定点 1　作业成本控制

鉴定要求 1　物流作业成本的知识

问：物流费用的概念是什么？

答：物流费用是指物资在时间和空间的移动（含静止）过程中所耗费的各种劳动和资源的货币表现。具体地说，它是物资在实物运动过程中，如包装、装卸、运输、储存、流通加工等各个活动中所支出的人力、财力和物力的总和。加强对物流费用的有效管理，对降低物流成本、提高物流活动的经济效益具有非常重要的意义。

问：物流成本管理的作用有哪些？

答：物流成本管理的作用主要包括：可以发现物流活动中存在的一些问题，了解物流成本的大小和它在生产中的重要性，从而提高企业内部对物流的认识；制订物流计划，调整物流活动并评价物流活动效果，使整个物流系统的设计最优；发现物流活动中的不合理因素。

问：物流成本计算的范围包括哪些？

答：（1）物流活动的范围　物流活动贯穿企业活动全过程，因此在计算物流成本时要针对不同的需求确定不同的起止范围。

（2）物流活动的环节　物流活动包含的环节很多，如输送、保管、装卸、包装等都是属于物流环节，但是在计算过程中要根据需要确定不同的物流环节。

（3）费用的性质　运费、保管费等是企业外部的费用支出，人工费、折旧费、修理费、动力费等是企业内部的费用支出，要根据计算的需要和费用的性质确定哪一部分要列入物流成本计算的范围。

还应该注意到，根据企业财务数据计算的物流费用只能反映物流成本的一部分，很多项目在财务报表中不一定单独列项，所以有相当数量的物流费用是不可见的。

问：什么是物流成本合理化管理？

答：管理物流成本的关键在于分析和控制下述的几个环节，各环节之间是连续和循环的，在循环的基础上不断进行调解，直到最优。

（1）物流成本预测和计划　成本预测是对成本指标、计划指标事先进行测算平衡，寻求降低物流成本的有关技术经济措施，以指导成本计划的制订。成本计划是在预测的基础上对物流成本进行合理的安排和计划，是控制物流成本的关键和前提。

（2）物流成本计算　在计划开始执行后，应当对发生的物流成本进行统计，并分析成本状况。

（3）物流成本控制　在对物流成本进行计算和分析的基础上，根据企业的实际情况，参照成本计划，应当采用合理的方式对物流成本进行调解和控制，使物流成本减到最低限度，以达到预期的物流成本目标。

（4）物流成本信息反馈　在控制和分析的基础上，将物流成本的分析情况提供给相关的决策部门，使其掌握情况，加强成本控制，保证规定目标的实现。

（5）物流成本决策　根据信息反馈的结果，决定采取能以最少耗费获得最大效益的最优方案，以指导今后的工作，更好地进入物流成本管理的下一个循环过程，从而形成良性循环。

问：传统物流成本与现代物流成本的计算方法有哪些？

答：将来取得的收益能否收回投资的一个基本判断标准是 DCF 法（现金收支折现法）。DCF 法进一步又可以分为 NPV 法（净现值法）和 IRR 法（内部收益率法）。目前，DCF 法在美国较为常用。日本大多数企业使用 ROI 法（投资收益率法）和回收期间法，这些方法侧重的是投资额的回收或能在多少年回收。上述几种方法的具体计算公式如下：

1）投资收益率法：对投入资本收益率的评价。

$$投资收益率 = \frac{年度偿还后收益}{设备投资额 + 增加运营资金}$$

2）回收期间法：对投资几年能回收作出评价。

$$回收期间（年数） = \frac{设备投资收益}{预定现金流 - 年平均折旧}$$

3）DCF 法。

① NPV 法：当 $NPV > 0$ 时成立。

$$NPV = \sum_{t=1}^{n} \frac{C_t}{(1+i)^t} - 设备投资额$$

式中，C 为现金流；i 为资本成本；t 为期间。

② IRR 法：当 $NPV >$ 资本成本 时成立。

当设备投资额 $= \sum_{t=1}^{n} \frac{C_t}{(1+i)^t}$ 时，此时 $i = IRR$。

问：物流费用由哪些部分构成？如何分类？

答：(1) 物流费用的构成　一般企业中的物流费用主要由人工费用、物资消耗、再分配项目的支出和发生的其他费用等几部分构成。

(2) 物流费用的分类　常见的分类方式主要有下述几种：

1) 按费用支出形式分类。根据支出形式的不同主要将物流费用分为本企业支付的物流费用和支付给他人的物流费用两大项。每个项目中又将物流费用详细分解为材料费、人工费、差旅费、维护费等。其优点是便于检查物流费用在各项日常支出中的数额和所占的比例，便于对比与分析各项费用水平的变化情况。这种分类方式适合于生产企业和专业物流部门。

2) 按物流活动环节分类。根据物流活动构成的几个基本环节，把物流费用分为物流环节费用、情报流通费用和物流管理费用三个方面，如图 1-5-1 所示。其优点是便于检查物流构成各个环节的费用支出情况，对物流资金的安排、衔接各环节的关系有十分方便的作用。这种分类方式适合于综合性的物流部门使用。

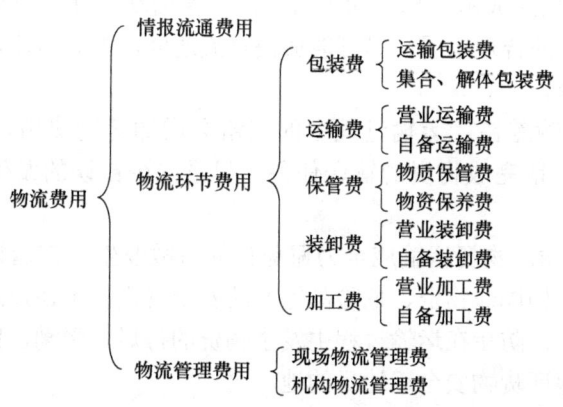

图 1-5-1　按物流活动环节的物流费用分类

3) 按物流范围分类。这种分类方式按物流的流动过程进行分类，强调物流的先后次序，便于分析在各个物流阶段中物流费用的情况，如图 1-5-2 所示。其无论在专业的物流部门还是在综合性的物流部门，以及各类形式的企业物流中都具有较大的实用性。

问：什么是运输费用？

答：运输费用是承运单位向客户提供运输劳务所需的报酬，即运费。运费由运输成本、税金和利润构成。运输费用占整个物流成本的比重最大，是影响物流成本最主要的因素。

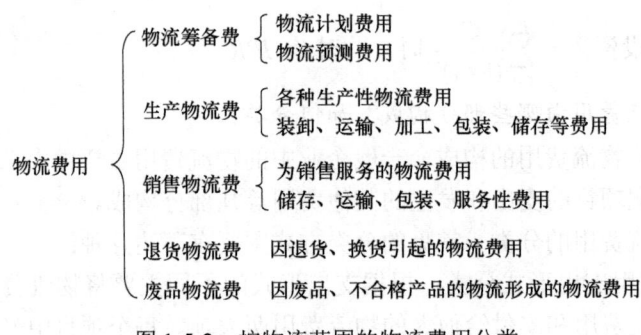

图 1-5-2　按物流范围的物流费用分类

（1）运费的分类

1）按适用的范围划分为普通运费、特定运费、地方运费、国际联运运费等。

2）按货物发送批量、使用的容器划分为整车（批）运费、零担运费、集装箱运费。

3）按计算方式不同划分为分段里程运费、单一里程运费、航线里程运费。

（2）运输费用的管理

1）加强运输的成本核算。除了日常的经营活动以外，应加强对各种运输工具和运输设施的合理运用，尽可能加快物流速度，扩大运输量，从而使这部分成本相对减少。

2）防止运输差错。运输过程中的差错会增加运输费用，这就要求运输工作要准确无误地完成物资的输送任务，尽量减少错误的发生，从而降低运输成本。

3）安全运输。物资运输应全力避免任何事故发生。在运输过程中应严格执行有关物资（如爆炸物资、危险品等）的安全规定，不违反运输操作规程；要注意物资看护，防止在运输过程中发生物资的霉烂、受潮、残损、丢失等事故的发生，以保证货物安全运达目的地。

问：什么是仓储费用？

答：仓储费用是指物资在储存、保管过程中所发生的费用。仓储费用的构成主要包括储运业务费用、仓储费用、进出库费用等。仓储费用的管理主要体现以下四个方面：

（1）仓储费用的管理　降低仓储费用的最大潜力在于节约衬垫与苫盖材料以及有关人工费用的支出，开展技术革新和技术改造，充分挖掘仓储设备的潜力。

（2）装卸搬运费用的管理　装卸搬运机械的设备折旧费用在进出库费用中所占的比例较大。因此，仓储部门应首先注意在选择使用机械设备时的经济性和实用性。

（3）仓储人工费用的管理　尽量减少非生产人员的工资支出，同时应不断提高劳动生产率，不断降低储运成本中的劳动消耗部分。此外，选择合理的劳动组织形式、工资形式，对于降低人工费用也有重要影响。

（4）仓储其他费用的管理　在仓储中诸如油料、燃料、电力、低值易耗品等比较微小的费用，在整个物流费用成本中所占的比例较小，应注意不断降低这部分费用。

问：什么是装卸搬运费用？

答：装卸搬运活动在物流的各个环节都存在，是衔接物流各环节活动正常进行的关键。按照发生的场所不同，可以将装卸搬运费用分为两部分：一是设备投资额，主要包括机械设备购置费、机械安装费、基本折旧费和附属设备费；二是运营费用，主要包括设备维修费用、人工费用、辅助费用和其他费用。装卸搬运费用的管理主要体现在以下两个方面：

（1）合理选择设备　应以现场作业要求和物资特性为依据合理选择设备。在选择设备时尽可能地从性能、节省能源、投资较小的角度出发，应当杜绝盲目追求先进的设备或不切实际地追求机械的大型化、高标准。

（2）避免无效作业　防止和消除无效作业对降低装卸搬运费用、提高经济效益有重要作用。为了有效地防止和消除无效作业，主要方法有减少装卸次数、提高物资纯度、减少装卸距离。

问：什么是包装费用？

答：包装起着保护产品、方便储运、促进销售的作用。包装费用主要包括材料费用、机械费用、技术费用、辅助费用和人工费用。包装费用的管理主要体现在以下七个方面：

（1）选择合理的包装材料　在包装某一商品时，应选择价格较低的材料，同时应不断开发新材料、采用新工艺，以代替那些质次价高的旧材料。

（2）设计不同的包装形态　设计外包装和内包装时，除设法降低形态本身所能降低的费用外，还必须考虑这种包装能否使运输费用和保管费用降到最低限度。

（3）运用合理的方法　采用价值分析法，从寻找有代替性的廉价材料开始，采用合理的包装工艺，发挥专业人员的作用，从品质、适用性、耐用性、外观等方面考虑降低包装成本的可能性。

（4）采用机械化包装　机械化包装的费用关键表现在两个方面：其一，可大大缩减劳动工资费用；其二，可提高劳动生产率，从而有利于降低包装费用。

（5）实现包装标准化　实现包装规格尺寸的标准化，不仅能促进包装工业生产的发展，而且使单位包装成本得到大幅度下降，使包装材料单耗下降。

（6）组织散货物流　有些产品采用无包装时所造成的损失有时比实际使用

包装花费的费用还要少,这时可考虑省去包装采用散运。

(7) 包装物的再利用　将使用过的商品容器和包装辅助材料,通过各种渠道和各种方式收集起来,然后由有关部门进行处理。旧包装的再利用,则是将回收上来的旧包装,经修复、改制,再次进行使用的过程。

问:什么是流通加工费用?

答:流通加工是指物资进入流通领域后,按照用户的要求进行的加工活动。为流通加工活动而支付的费用称为流通加工费用。流通加工费用主要包括设备费用、材料费用、劳务费用及其他费用。流通加工费用的管理主要体现在以下五个方面:

(1) 确定合理的流通加工方式　流通企业应根据服务对象选择适当的加工方法和加工深度,因为其费用支出是不相同的,所以必须进行经济核算和可行性研究,合理确定加工费用的支出。

(2) 确定合理的加工能力　流通加工费用与加工批量、加工数量存在着正比关系,但加工批量是否均衡、加工数量是否稳定,会给加工带来很大影响,因此应根据物流需要和加工者的实际能力来确定加工的批量和数量。

(3) 加强流通加工的生产管理　流通加工的生产管理与流通加工费用联系十分紧密。一般来说,生产管理的水平越高,其费用水平越低。

(4) 流通加工费用的单独核算　流通加工活动不属于一个独立的经济部门,一般隶属于其他物流企业,例如仓储业所从事的流通加工等。为了正确分析其使用情况和经济效益,应对流通加工费用单独进行管理,独立核算。

(5) 制定相应的经济指标　为了更好地反映流通加工的经济效益,应制定能反映流通加工特征的经济指标来进行考核。

问:变动成本包括哪些?

答:变动成本是指随产量变化而变化的成本,包括资金占用成本、储存空间成本、库存服务成本、库存风险成本。

试题选解: 一般企业中的物流费用主要由(　　)等几部分构成。
A. 人工费用　B. 物资消耗　C. 再分配项目的支出　D. 其他费用
解:一般企业中的物流费用主要由人工费用、物资消耗、再分配项目的支出和发生的其他费用等几部分构成。因此,正确答案是ABCD。

鉴定要求2　物流作业成本核算的方法与工具

问:什么是物流成本核算?

答:物流成本核算是指按照国家有关法规、制度和企业经营管理的要求,对物流服务过程中实际发生的各种劳动耗费进行计算,并提供真实、有效的物流成本信息的过程。物流成本核算并不是企业财务会计制度的规定,而是属于管理会计的范畴。

问：物流成本核算的目的是什么？

答：1）通过核算企业的整体物流成本，以及物流成本占企业销售额或企业运营费用的比重，提高企业对物流重要性的认识。

2）通过核算某一具体物流活动或物流部门的成本，分析物流活动中存在的问题，如物流成本上升或下降的原因、物流预算的执行情况等。

3）通过核算某一物流设备或机械（如单台运输货车）的成本，了解其消耗情况，从而找到提高设备利用率以降低物流成本的途径。

4）通过分解核算每个客户的物流成本，为物流服务收费水平的制定及有效地进行客户管理提供决策依据。

问：物流成本核算的程序是什么？

答：1）选择物流成本核算方法，主要包括会计方式、统计方式，以及会计方式与统计方式相结合的方式。

2）确定物流成本核算对象，制作物流成本信息表。物流成本核算对象的选择取决于进行物流成本核算的目的。

3）确定成本核算期间。核算期间是指归集物流成本、计算各项物流费用的时间范围。统计远洋运输物流成本时通常以航次周期作为核算期间。

4）归集和分配物流成本，填写物流成本信息表。即根据确定的物流成本核算方法与物流成本核算对象，对各项物流成本进行归集和分配，并将相关数据填写到物流成本信息表中。

问：如何确定物流成本核算对象？

答：物流成本核算对象是指物流企业或物流成本管理部门在一定期间和空间范围内，为归集和分配各项物流费用而确定的成本承担实体。

物流成本核算对象的选择取决于进行物流成本核算的目的，即希望通过物流成本核算获取哪些信息。例如，为了加强和改进客户服务管理，可以选择客户作为核算对象。

确定好核算对象后，还必须确定具体的成本项目，以便进行成本的归集与分配。这两者构成了一张二维信息报表，见表1-5-1。

对于大部分制造企业来说，都可以将物流成本项目、物流成本范围和物流成本支付形态作为物流成本核算对象，然后利用这三种核算对象共同构成两张报表，即企业物流成本主表和企业自营物流成本支付形态表。它们基本反映了主要形式的物流成本。

（1）企业物流成本主表　企业物流成本主表是按物流成本项目、物流成本范围和物流成本支付形态三维形式反映企业一定期间各项物流成本信息的报表，如图1-5-3所示。

表 1-5-1　二维信息报表

成本项目		服务客户						合计
		甲类大客户	乙类大客户	甲类中小客户	乙类中小客户	…	其他客户	
企业内部物流成本	材料费							
	人工费							
	维护费							
	一般经费							
	特别经费							
	⋮							
	小计							
委托物流费								
合计								

表号：企物流 A1 表

企业详细名称：××××××　　企业法人代码：××××××　　（单位：元）

成本范围及支付形态		代码	供应物流成本			企业内物流成本			销售物流成本			回收物流成本			废弃物物流成本			物流总成本		
			自营	委托	小计	自营	委托	小计	自营	委托	小计	自营	委托	小计	自营	委托	小计	自营	委托	小计
代码			01	02	03	04	05	06	07	08	09	10	11	12	13	14	15	16	17	18
成本项目	物流功能成本	运输成本	01																		
		仓储成本	02																		
		包装成本	03																		
		装卸搬运成本	04																		
		流通加工成本	05																		
		物流信息成本	06																		
		物流管理成本	07																		
		合计	08																		
	存货相关成本	流动资金占用成本	09																		
		存货风险成本	10																		
		存货保险成本	11																		
		合计	12																		
	其他成本		13																		
	物流总成本		14																		

单位负责人：　　　　　　制表人：　　　　　　填表日期：

图 1-5-3　企业物流成本主表

（2）企业自营物流成本支付形态表　企业自营物流成本支付形态表是按成本项目和自营物流成本支付形态二维形式反映企业一定期间自营物流成本信息的报表。它是根据物流成本项目和自营物流成本支付形态之间的相互关系，按一定的标准和顺序，把企业一定期间的项目物流成本及其对应的自营支付形态物流成本加以适当排列，对日常工作中形成的大量成本费用数据进行整理计算后编制而成的，如图 1-5-4 所示。它是对企业物流成本主表的补充说明。

表号：企物流 A2 表

企业详细名称：×××××× 　　企业法人代码：×××××× 　　（单位：元）

自营支付形态			代码	材料费	人工费	维护费	一般经费	特别经费	合计
代码				1	2	3	4	5	6
成本项目	物流功能成本	运输成本	01						
		仓储成本	02						
		包装成本	03						
		装卸搬运成本	04						
		流通加工成本	05						
		物流信息成本	06						
		物流管理成本	07						
		合计	08						
	存货相关成本	流动资金占用成本	09						
		存货风险成本	10						
		存货保险成本	11						
	合计		12						
	其他成本		13						
	物流总成本		14						

单位负责人：　　　　　　　　　制表人：　　　　　　　　　填表日期：

图 1-5-4　企业自营物流成本支付形态表

问：物流成本控制有哪些方法？

答：（1）从流通降低物流成本　物流企业应考虑从产品制成到最终用户整个供应过程的物流成本效率化，亦即物流设施的投资或扩建与否要视整个流通渠道的发展和要求而定。同时应明确测定出对每个用户成本削减的幅度，进而以价格下降的形式转化成对用户的利益，否则会影响用户对厂商和批发商的信赖。

（2）通过物流服务削减成本　企业应当在考虑用户产业特性和商品特性的基础上，与用户方充分协调、探讨有关配送、降低成本等问题，可以商讨将由此而产生的利益与用户方分享,从而相互促进,并在提高物流服务的前提下寻求降低物流成本的途径。

(3) 借助信息降低物流成本　借助于现代信息系统的构筑,一方面使各种物流作业或业务处理能准确、迅速地进行;另一方面能由此建立起物流经营战略系统,通过将企业订购的意向、数量、价格等信息在网络上进行传输,从而使生产、流通全过程的企业或部门分享由此带来的利益,充分应对可能发生的各种需求,进而调整不同企业间的经营行为和计划,从整体上控制了物流成本发生的可能性。

(4) 通过配送降低物流成本　伴随配送产生的成本费用要尽可能降低,特别是最近多频度、小单位配送的发展,更要求企业采用合适的配送方法。一般来讲,企业要实现效率化的配送,就必须重视配车计划管理、提高装载率以及车辆运行管理。

(5) 削减退货成本　退货可以分为由于用户原因产生的退货和本企业原因产生的退货两种情况。通常认为用户原因所产生的退货是不可控的。对于零售商或批发商而言,为了防止由于商品断货而产生机会成本是它们过量进货的主要原因,一旦出现商品滞销,必然会存在退货问题。要杜绝此类情况发生,应在销售预测的基础上,利用单品管理建立起实需型销售体制,减少退货成本。

(6) 利用连续运输和物流外包降低成本　从运输手段上讲,可以通过连续运输来实现物流成本的降低,即商品从制造商处到最终消费者的直达运输,也可以利用各种运输工具有机衔接来实现,并运用运输工具的标准化以及运输管理的统一化,来减少商品周转、装载过程中的费用和损失,且可大大缩短商品在途时间。物流外包是利用企业外部的分销公司、运输公司、仓库或第三方货运人执行本企业的物流管理或产品分销职能的全部或部分。其范围可以是对传统运输或仓储服务的有限的简单购买,或者是广泛的,包括对整个供应链管理的复杂的合同。它可以是常规的,即将先前内部开展的工作外委;或者是创新的,有选择地补充物流管理手段,以提高物流效益。一个物流外包服务提供者可以使一个公司从规模经济、更多的"门到门"运输等方面实现运输费用的节约,并体现出利用这些专业人员与技术的优势。另外,一些突发事件、额外费用(如空运和租车)等问题的减少,也增加了工作的有序性和供应链的可预测性。

> **试题选解**：判断：物流成本核算对象的选择取决于成本核算对象。( )
>
> 解：物流成本核算对象的选择取决于进行物流成本核算的目的。因此,正确答案是错误。

鉴定点 2　作业绩效考核

鉴定要求 1　绩效考核制度

问：什么是物流绩效管理？

答：绩效管理，是解决让无形资产有效创造价值的问题，它针对的是知识、技能和人的管理。绩效管理既是企业典型的人力资源管理问题，又是企业战略管理的一个非常重要的有机组成部分。绩效管理强调的是对过程的监控，通过对行动过程中各项指标的观察与评估，保证战略目标的实现。它不是基于目标的管理，而是基于事实的管理。因此，绩效管理的出现，使得企业战略已不再是企业决策层少数几个人的任务，而是成为从 CEO 到每一位员工所有人的事。

物流绩效管理要达到两个目的：第一，降低供应链成本，即加强物流成本管理，通过对成本考核和运营费率等的控制，降低物流成本以实现价值链的优化；第二，达到客户满意度要求，从一方面来讲就是要加强物流的时间管理，在保证货物与订单一致且减少破损的前提下，及时保质保量地送到客户手中。

目前被广泛应用的绩效管理框架主要是关键业绩指标法、平衡计分法。根据我国物流企业的机构设置、物流组织定位，及国外物流公司的实践，物流绩效的管理最好是在以物流能力为核心，以供应链成本和最终客户满意度的灵敏性分析为基础，对企业与物流部门进行绩效考核。具体的衡量体系可以由三部分组成：供应链物流能力考核、企业物流绩效考核以及物流部门绩效考核。

问：如何对供应链物流进行绩效考核？

答：（1）供应链统一　努力统一与协调供应链作业及最终客户的满意，要求物流角色专一、利益分享，强调物流渠道的贯通。

（2）信息技术　信息技术包括应用硬件、软件与网络，以便于物流信息的改进，强调可变性、整合性。

（3）信息分享　信息分享是在功能部门与供应链伙伴间交换物流战略与战术数据，强调物流、财务信息分享的形式与比例。

（4）联系　联系是关于交换和应用信息的能力。

（5）标准化　标准化是关于不断寻找物流实践在组织之间共同应用的能力，要求与行业标准相符。

（6）简化　减少物流过程和关系的复杂性。

（7）纪律　取得高水平及标准化与简单化，追求共同的作业方针与程序。

问：如何对公司进行物流绩效考核？

答：(1) 物流成本考核　物流部门独立成为利润中心之后，物流成本考核更为直接地与产品事业部或销售部门挂钩，故应考核产品事业部或销售部门所发生的物流成本。企业物流绩效最直接的衡量指标便是物流成本率，其计算公式为

物流成本率=年物流成本总额/年销售额

这里的物流成本是完成特定物流活动所发生的真实成本。在企业中统计的物流成本是运输成本和配送中心的运营成本。由于没有标准的统计和成本划分方法，很多隐性的物流成本被划入了生产成本和销售成本。科学的物流成本应该是以物流活动为基础的，所有与完成物流功能有关的成本都应该包括在以物流活动为基础的成本分类中。

(2) 库存周转率　库存周转率的计算公式为

库存周转率=年销售量/平均库存水平

库存周转率的数值越大，则表示产品销售情况越好，库存占压资金越少。库存周转率主要考核的对象应该是产品事业部。

(3) 客户服务水平　客户服务水平主要是针对产品事业部或销售部门的考核指标，主要有以下指标：

1) 订货满足率。订货满足率的计算公式为

订货满足率=现有库存能够满足订单的次数/客户订货总次数

可见，订货满足率是指对客户订单中所要的货物，现有的库存能够履行订单的比率。各配送中心的存货应该达到95%的满足率。而在通过调货来补充配送中心库存的情况下，达到这个比率较难。

2) 订单与交货的一致性。订单与交货的一致性无论在生产性企业还是服务性企业中都被认为是最重要的因素，其主要的作业指标是无误交货率。无误交货率的计算公式为

无误交货率=当月准确按照客户订单发货的次数/当月内发货总次数

在实际操作中，我们应该保证能够正确地按照客户的订单来交货。在调研中我们也了解到客户最关心的也是这一点，所以没有按照客户的订单发货给企业的服务形象造成的损害是最大的。因此，在发货前必须根据客户的订单反复审核所发货物是否符合客户的要求。从这个角度上说，企业在配送中心设立订单管理员这个职位非常有必要，有专人从源头来跟踪和保证订单的传输和准确，降低订单的出错概率，将极大地提高公司的服务水平。

3) 交货及时率。交货及时率的计算公式为

交货及时率=当月汽车准时送达车数/当月汽车送货车数

很多产品目前的交货时间可以达到短途次日交货。可以通过设立区域配送中心针对重点城市和地区中有能力接整车的一级批发商和二级批发商进行直

运,再在大区内其他省份设立二次分拨中心来支持县、乡、镇地区开展的深度分销策略,进行更小批量的配送。

4)货物破损率。货物破损率的计算公式为

货物破损率=当月破损商品价值/当月发送商品总价值

这个指标用来衡量在向客户配送过程中货物的破损率,一般最高限额是5%,破损情况很多是在货物的装卸过程中发生的。在出货高峰期,可能会由于没有足够的装卸力量而导致发货速度慢和产生较高的破损率。建议的解决方式是在销售旺季的出货高峰期,配送中心租用叉车来降低破损率、提高装卸速度。

5)投诉次数。承运商帮助企业将货物送达客户,所以承运商在和客户进行货物交接的过程中代表着企业的服务形象,在这一过程中提供尽可能多的服务将提高客户对企业的忠诚度。但配送中心反映,客户投诉最多的还是承运商在和客户交接过程中服务没有到位。针对客户的投诉我们的建议是,企业应该细化和承运商的服务协议,在协议中明确提出帮助卸货、到货前通知客户、代收退货等基本服务以及今后可能的代收货款。

问:如何对物流部门进行绩效考核?

答:作为一个利润中心,物流部门的绩效考核主要是在一定的物流费用率下对物流销售收益和客户服务水平进行考核。

(1)物流部门收益考核

1)物流毛收益。物流毛收益=年物流服务收入总额-年物流服务支出总额。

2)物流费用率。物流费用率=年物流费用总额/年销售额。

3)物流部门收益。物流部门收益=(物流毛收益-管理费用)×物流费用率权重×修正系数。虽然物流部门是一个利润中心,其利润贡献的最直接衡量指标是销售收益,但为了达到降低物流成本的目的,物流销售收益必须是一定物流费用率下的收益,超过规定的物流费用率,部门收益需要打折扣(这里的物流费用只包括运输费用、仓储费用、管理费用,不包括存货成本等)。如果实际物流费用率比标准费用率高出很多,超过了权重上限,则部门收益为零,甚至为负数。物流费用率标准的制定采用目标期望法。为达到物流费用率逐年降低的目标,可依据去年的物流费用率制定本年度的物流费用率,同时排除能源、劳动力的价格上涨或下跌,及交通法规等变化的影响。

4)物流效用增长率。物流效用增长率=物流费用本年比上一年增长率/销售额本年比上一年增长率。该指标合理的数值应该小于1,如果大于1,则应考核物流费用控制具有的降低空间。

(2)运营费用比率　运营费用比率=所支付的仓库租金和运费/支出总额。

该指标可作为物流部门的考核指标，也可作为物流部考核配送中心的指标。

> **试题选解**：判断：物流绩效管理强调的是对目标的监控，通过对行动过程中各项指标的观察与评估，保证战略目标的实现。（   ）
>
> 解：物流绩效管理强调的是对过程的监控，通过对行动过程中各项指标的观察与评估，保证战略目标的实现。它不是基于目标的管理，而是基于事实的管理。因此，正确答案是错误。

鉴定要求 2　作业资源利用程度指标、作业效益指标、服务水平指标和作业能力与质量指标等的计算方法

问：配送中心作业绩效评价的目标是什么？

答：1）通过评价服务水平和配送成本，并与以往进行比较分析，向管理者和客户提供绩效评估报告。

2）应用配送系统的标准体系实时对配送系统的运作绩效进行控制，以此改进配送运作程序，调整运作方式。

3）评价配送中心各业务部门和人员的工作绩效，达到激励员工、实现更优化配送运作效率的目的。

4）评价配送中心作业绩效，了解配送中心空间、人员、设施、物品、订单、时间、成本、品质、作业规划等各个要素的状况，以便制定改进的措施。

问：配送中心作业绩效评价的内容包括哪些？

答：1）配送中心财务方面：包括配送成本、配送业务量、配送业务营业收入、配送利润水平及利润趋势的评价等。

2）配送中心技术方面：包括配送中心业务流程的评价、配送中心设施设备的配置及运行的评价等。

3）配送中心资源方面：包括能源利用率、原材料利用率、回收率及资源对环境的影响情况等。

问：配送中心作业项目评价的指标体系包括哪些？

答：配送中心作业项目评价的指标体系包括：①设施空间利用率；②人员作业效率；③设备利用率；④物品、订单效率；⑤作业规划管理能力；⑥时间效益率；⑦成本率；⑧品质水平。

问：进出货作业如何进行评价？

答：进货作业包括把物品等物资作实体上的领取，从货车上将货物卸下，开箱检查其数量和质量，然后将有关信息书面化等一系列工作。

出货作业是将拣取分类完成的货品作好出货检验后，根据各个车辆或配送路线将货品运至出货准备区，而后装车配送的物流活动。

进出货作业的评价指标如下：

（1）空间利用率指标

站台使用率=进出货车次装卸货停留总时间/（站台泊位数×工作天数×每天工作时数）

站台高峰率=高峰车数/站台泊位数

（2）人员负担和时间耗用指标

每人每小时处理进货量=进货量/（进货人员数×每日进货时数×工作天数）

每人每小时处理出货量=出货量/（出货人员数×每日出货时数×工作天数）

进货时间率=每日进货时数/每日工作时数

出货时间率=每日出货时数/每日工作时数

（3）设备移动率指标

每台进出货设备每天的装卸货量=（出货量+进货量）/（装卸设备数×工作天数）

每台进出货设备每小时的装卸货量=（出货量+进货量）/（装卸设备数×工作天数×每日进出货时数）

问：储存作业如何进行评价？

答：储存作业是指对存货或物品作妥善保管，充分利用仓库空间，注重库存控制，减少资金占用，降低保管成本，减少积压、过期、变质物品的物流活动。

在管理方面的要求：善于利用仓库空间，有效利用配送中心每一平方米面积；加强存货管理，保证存货可得性，降低存货的缺货率；防止存货过多而占用资源和资金。

储存作业的评价指标如下：

（1）设施空间利用率指标

储区面积率=储区面积/配送中心建筑面积

可使用保管面积率=可保管面积/储区面积

储位容积使用率=存货总体积/储位总容积

单位面积保管量=平均库存量/可保管面积

平均每品项所占储位数=料架储位数/总品项数

（2）库存周转率指标

库存周转率=出货量/平均库存量=营业额/平均库存金额

（3）库存管理费率指标

库存管理费率=库存管理费用/平均库存量

（4）呆废料率指标

呆废料率=呆废料件数/平均库存量=呆废料金额/平均库存金额

问：盘点作业如何进行评价？

答：经常定期或不定期作检查，及早发现问题，以免造成日后出货的更大损失，这是盘点的目的。在盘点作业中，以盘点过程中所发现的存货数量不符的情况作为评价重点。盘点作业的评价指标如下：

（1）盘点数量误差率

盘点数量误差率=盘点误差量/盘点总量

（2）盘点品项误差率

盘点品项误差率=盘点误差品项数/盘点实施品项数

（3）平均盘差品金额

平均盘差品金额=盘点误差金额/盘点误差量

问：订单处理作业如何进行评价？

答：订单处理作业是指由接到客户订单开始到着手准备拣货之间的作业阶段，包括订单资料确认、存货查询、单据处理等，其主要评价指标如下：

（1）订单延迟率

订单延迟率=延迟交货订单数/订单数量

（2）订单货件延迟率

订单货件延迟率=延迟交货量/出货量

（3）紧急订单响应率

紧急订单响应率=未超过 12h 出货订单数/订单数量

（4）客户取消订单率和客户抱怨率

客户取消订单率=客户取消订单数/订单数量

客户抱怨率=客户抱怨次数/订单数量

（5）缺货率

缺货率=接单缺货数/出货量

（6）短缺率

短缺率=出货品短缺数/出货量

问：拣货作业如何进行评价？

答：拣货作业是配送作业的中心环节，是指依据客户的订货要求或配送中心的作业计划，准确、迅速地将商品从其储位或其他区域拣取出来的作业过程。拣货时间、拣货策略及拣货的精确度影响出货品质。除极少自动化程度较高的配送中心外，拣货作业大多是靠人工配合简单机械化设备的劳动力密集作业，耗费成本较多。

拣货作业的评价指标如下：

（1）拣货时间率

拣货时间率=每日拣货时数/每天工作时数

(2) 每人时拣取品项数、每人时拣取次数和每人时拣取材积数

每人时拣取品项数=订单总笔数/（拣取人员数×每日拣货时数×工作天数）

每人时拣取次数=拣货单位累计总件数/（拣取人员数×每日拣货时数×工作天数）

每人时拣取材积数=出货品材积数/（拣取人员数×每日拣货时数×工作天数）

(3) 拣取能量使用率

拣取能量使用率=订单数量/（一天目标拣取订单数×工作天数）

(4) 拣货责任品项数

拣货责任品项数=总品项数/分区拣取区域数

(5) 拣取品项移动距离

拣取品项移动距离=拣货行走移动距离/订单总笔数

(6) 批量拣货时间

批量拣货时间=每日拣货时数×工作天数/拣货分批次数

(7) 拣货人员装备率、拣货设备成本产出

拣货人员装备率=拣货设备成本/拣货人员数

拣货设备成本产出=出货品材积数/拣货设备成本

(8) 每批量包含订单张数、每批量包含品项数、每批量拣取次数、每批量拣取材积数

每批量包含订单数=订单数量/拣货分批次数

每批量包含品项数=订单总笔数/拣货分批次数

每批量拣取次数=出货箱数/拣货分批次数

每批量拣取材积数=出货品材积数/拣货分批次数

(9) 单位时间处理订单数、单位时间拣取品项数、单位时间拣取次数、单位时间拣取材积数

单位时间处理订单量=订单数量/（每日拣货时数×工作天数）

单位时间拣取品项数=订单数量×每张订单平均品项数/（每日拣货时数×工作天数）

单位时间拣取次数=拣货单位累计总时数/（每日拣货时数×工作天数）

单位时间拣取材积数=出货品材积数/（每日拣货时数×工作天数）

(10) 每订单投入拣货成本、每订单笔数投入拣货成本、每拣取次数投入拣货成本、单位材积投入拣货成本

每订单投入拣货成本=拣货成本/订单数量

每订单笔数投入拣货成本=拣货成本/订单总笔数

每拣取次数投入拣货成本=拣货成本/拣货单位累计总件数

单位材积投入拣货成本=拣货投入成本/出货品材积数

（11）拣货差错率　拣货差错率用于衡量拣货作业的品质，以评价拣货员的细心程度或自动化设备的正确性功能。其计算公式为

拣货差错率=拣取错误笔数/订单总笔数

问：配送作业如何进行评价？

答：配送作业是指从配送中心将货品送达客户处的作业活动。适量的配送人员、适合的配送车辆、最佳送货路线相结合才能有效配送。配送作业的评价指标如下：

（1）平均每人配送量、平均每人配送距离、平均每人配送重量、平均每人配送车次

平均每人配送量=出货量/配送人员数

平均每人配送距离=配送总距离/配送人员数

平均每人配送重量=配送总重量/配送人员数

平均每人配送车次=配送总车次/配送人员数

（2）平均每台车配送吨公里数、平均每台车配送距离、平均每台车配送重量

平均每台车配送吨公里数=配送总距离×配送总重量/（自车数量+外车数量）

平均每台车配送距离=配送总距离/（自车数量+外车数量）

平均每台车配送重量=配送总重量/（自车数量+外车数量）

（3）空车率

空车率=空车走行距离/配送总距离

（4）配送车移动率、积载率、平均每车次配送重量、平均每车次吨公里数

配送车移动率=配送总车次/［（自车数量+外车数量）×工作天数］

积载率=出货品材积数/（车辆总材积数×配送车移动率×工作天数）

平均每车次配送重量=配送总重量/配送总车次

平均每车次吨公里数=配送总距离×配送总重量/配送总车次

（5）外车比例、季节品比率

外车比例=外车数量/（自车数量+外车数量）

季节品比率=本月季节品存量/平均库存量

（6）配送成本比率、每吨重配送成本、每材积配送成本、每车次配送成本、每公里配送成本

配送成本比率=（自车配送成本+外车配送成本）/物流总费用

每吨重配送成本=（自车配送成本+外车配送成本）/配送总重量

每材积配送成本=（自车配送成本+外车配送成本）/出货品材积数

每车次配送成本=（自车配送成本+外车配送成本）/配送总车次

每公里配送成本=（自车配送成本+外车配送成本）/配送总距离

（7）配送平均速度

配送平均速度=配送总距离/配送总时间

（8）配送延迟率

配送延迟率=配送延迟车次/配送总车次

问：采购作业如何进行评价？

答：由于出库使库存量减少，当库存量下降到一定点时，应立即采购补充库存。采用何种订购方式、供应商信用、货品品质是采购作业的重要环节。采购作业的评价指标如下：

（1）出货品成本占营业额比率

出货品成本占营业额比率=出货品采购成本/营业额

（2）货品采购及管理总费用

货品采购及管理总费用=采购作业费用+库存管理费用

（3）进货数量误差率、进货不良品率和进货延迟率

进货数量误差率=进货误差量/进货量

进货不良品率=进货不合格数量/进货量

进货延迟率=延迟进货数量/进货量

问：车辆运行效用指标包括哪些内容？

答：车辆运行效用指标主要包括：

（1）车辆的时间利用指标

车辆工作率=工作车日/总车日×100%

车辆完好率=完好车日/总车日×100%

平均日出车时间=计算期每日出车时间累计/同期工作车日总数

出车时间利用系数=运行时间/出车时间

昼夜时间利用系数=平均每日出车时数/24

备注：总车日=完好车日+非完好车日；完好车日=工作车日+停驶车日。

（2）车辆速度利用指标

技术速度=总里程/同期运行时间

营运速度=总里程/同期出车时间

平均车日行程=计算期总行程/同期工作车日（千米/车日）

　　　　　　=平均每日出车时间×营运速度

　　　　　　=平均每日出车时间×出车时间利用系数×技术速度

（3）车辆行程利用指标

总行程=平均车日行程×工作车日数

=平均营运车数×日历天数×车辆工作率×平均车日行程

行程利用率=载重行程（重车千米）/总行程（总车千米）×100%

=（总行程-空驶行程）/总行程×100%

（4）车辆载重能力利用指标

吨位利用率=实际载重量/额定载重量

实载率=换算周转量/同期总行程载重量=行程利用率×吨位利用率

拖运率=挂车周转量/（汽车周转量+挂车周转量）

挂车周转量=汽车周转量×拖运率/（1-拖运率）

（5）车辆利用指标体系及其相互关系 汽车货运经营活动是在极其复杂的条件下进行的。车辆货运生产率，除受车辆本身技术性能、产业布局、道路和气候等条件影响外，还取决于企业内部的组织管理水平，也就是车辆在时间、速度、行程、装载能力和后备功率等五方面的利用程度。评价和计算车辆利用效率，就是通过有关指标来反映上述五个方面的利用程度车辆利用指标体系及其相互关系如图1-5-5所示。

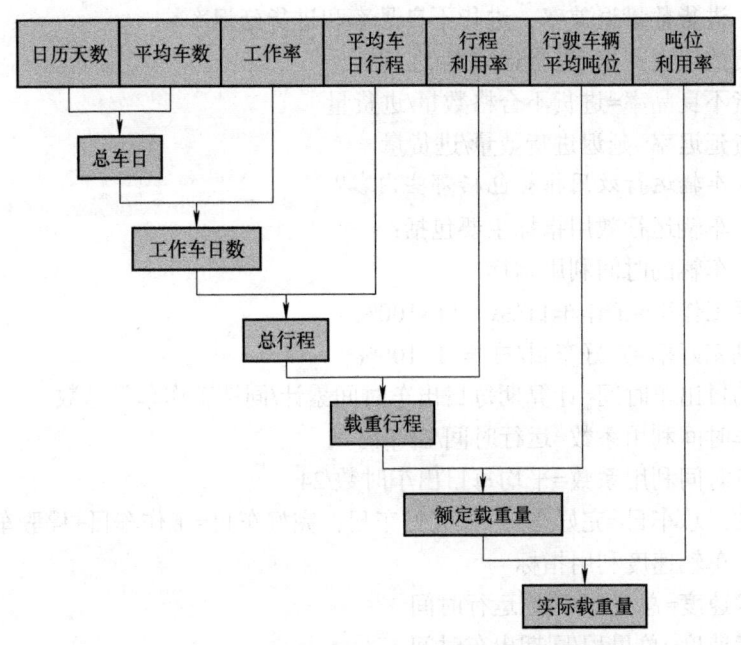

图1-5-5 车辆利用指标体系及其相互关系

问：对一些非作业方面如何进行评价？

答：非作业方面评价的重点是对配送中心资产营运、财务效益、人员等的评价，其评价指标如下：

（1）固定资产周转率

固定资产周转率=营业额/固定资产总额

(2) 产出与投入平衡

产出与投入平衡=出货量/进货量

(3) 每天营运金额

每天营运金额=营业额/工作天数

(4) 营业支出与营业额比率

营业支出与营业额比率=营业支出/营业额

问：作业绩效评价分析的方法有哪些？

答：(1) 比较分析法　比较分析法是指对两个或几个有关的可比数据进行对比，揭示差异和矛盾。比较是分析的最基本方法，没有比较，分析就无法开始。比较分析法主要进行以下两方面的比较：①按比较对象（和谁比）分类比较；②按比较内容（比什么）分类比较。

(2) 功效系数法　功效系数法是指根据多目标规则原理，将所要考核的各项指标分别对照不同分类和分档的标准值，通过功效函数转化为可以度量计分的方法，是配送中心绩效评价的基本方法，主要用于配送中心定量指标的计算分析。

(3) 综合分析判断法　综合分析判断法是指综合考虑影响配送中心绩效的各种潜在的或非计量的因素，参照评议参考标准，对评议指标进行印象比较分析判断的方法，主要用于定性分析。

问：作业绩效评价分析的步骤是什么？

答：①判断数据的好坏；②发现问题点；③确定问题；④查找原因；⑤寻找解决方法。

问：作业绩效评价的问题如何整改？

答：①在所有问题点中决定亟待解决的问题；②收集有关事实，决定改善目标；③分析事实，检讨改善方法；④拟订改善计划；⑤试行改善；⑥评价试行实施结果，并使之标准化；⑦制定管理标准，执行标准。

问：客户服务绩效从哪几方面进行评价分析？

答：1) 配送中心服务的可得性。可得性是指当客户需要时，能够满足客户需求的能力。衡量可得性可采用以下三种指标：①订货完成率；②缺货频率；③供应比率。

2) 配送中心的作业绩效。作业绩效可通过订发货周期、一致性、灵活性、故障与恢复等指标进行衡量。

3) 配送中心客户服务的可靠性。

问：如何运用物流绩效倍增系统？

答：物流绩效倍增系统是一个对企业现有物流条件进行一系列的改善，达到提升物流绩效目标的方法体系。它的核心点主要有三个：绩效、分析与检查、管理。它们的英文单词第一个字合在一起为 PAC，所以该系统又可以称为 PAC 系统。

物流绩效倍增系统的运作程序主要包括：

1) 收集日常物流配送工作的各项数据资料，确定各项作业耗费的生产工时。
2) 分析各物流工作岗位的绩效损失原因。
3) 根据科学方法来确定每个物流配送工作岗位的标准工时。
4) 测算物流绩效的损失状况。
5) 消除物流绩效损失。

> **试题选解**：配送中心的作业绩效可通过（　　）等指标进行衡量。
> A. 订发货周期　　B. 一致性　　C. 灵活性　　D. 故障与恢复
> 解：配送中心的作业绩效可通过订发货周期、一致性、灵活性、故障与恢复等指标进行衡量。因此，正确答案是 ABCD。

鉴定范围 6

数字化与智能化

鉴定点　管理数据化与智能化应用

鉴定要求 1　大数据、人工智能的知识

问：什么是大数据？

答：大数据（Big Data）是指无法在一定时间范围内用常规软件工具进行捕捉、管理和处理的数据集合，是需要新处理模式才能具有更强的决策力、洞察发现力和流程优化能力的海量、高增长率和多样化的信息资产。

大数据具有 5V 特点：Volume（大量）、Velocity（高速）、Variety（多样）、Value（低价值密度）、Veracity（真实性）。

大数据的价值体现在：①对大量消费者提供产品或服务的企业可以利用大数据进行精准营销；②小而美模式的中小微企业可以利用大数据做服务转型；③面临互联网压力必须转型的传统企业，需要与时俱进充分利用大数据的价值。

问：什么是人工智能？

答：人工智能（Artificial Intelligence，AI）是研究、开发用于模拟、延伸和扩展人的智能的理论、方法、技术及应用系统的一门新的技术科学。

人工智能是计算机科学的一个分支，目的是了解智能的实质，并生产出一种新的能以与人类智能相似的方式做出反应的智能机器。该领域的研究包括机器人、语言识别、图像识别、自然语言处理和专家系统等。人工智能从诞生以来，理论和技术日益成熟，应用领域也不断扩大。未来人工智能带来的科技产品，将会是人类智慧的"容器"。人工智能可以对人的意识、思维的信息过程进行模拟。人工智能不是人的智能，但能像人那样思考，也可能超过人的智能。人工智能技术可实际应用于机器视觉、指纹识别、人脸识别、视网膜识别、虹膜识别、掌纹识别、专家系统、自动规划、智能搜索、定理证明、博弈、自动程序设计、智能控制、机器人学、语言和图像理解、遗传编程等。

人工智能领域的关键技术和方法有：

（1）自动识别技术　自动识别技术是以计算机、光、机、电、通信等技术

的发展为基础的一种高度自动化的数据采集技术。它通过应用一定的识别装置，自动地获取被识别物体的相关信息，并提供给后台的处理系统来完成相关后续处理的一种技术。它能够帮助人们快速而又准确地进行海量数据的自动采集和输入，在运输、仓储、配送等方面已得到广泛的应用。经过多年的发展，自动识别技术已经发展成为由条码识别技术、智能卡识别技术、光字符识别技术、射频识别（RFID）技术、生物识别技术等组成的综合技术，并正在向集成应用的方向发展。条码识别技术是使用最广泛的自动识别技术，它利用光电扫描设备识读条码符号，从而实现信息自动录入。条码是由一组按特定规则排列的条、空及对应字符组成的表示一定信息的符号。不同的码制，条码符号的组成规则不同。较常使用的码制有 EAN/UPC 条码、128 条码、ITF-14 条码、交插二五条码、三九条码、库德巴条码等。射频识别技术是现代自动识别技术，它是利用感应、无线电波或微波技术的读写器设备对射频识别标签（也称为电子标签）进行非接触式识读，达到对数据自动采集的目的。它可以识别高速运动物体，也可以同时识读多个对象，具有抗恶劣环境、保密性强等特点。生物识别技术是利用人类自身生理或行为特征进行身份认定的一种技术。生物特征包括手形、指纹、脸形、虹膜、视网膜、脉搏、耳廓等，行为特征包括签字、声音等。由于人体特征具有不可复制的特性，这一技术的安全性较传统意义上的身份验证机制有很大的提高。人们已经发展了虹膜识别技术、视网膜识别技术、面部识别技术、签名识别技术、声音识别技术、指纹识别技术等六种生物识别技术。

（2）数据挖掘技术　数据仓库出现在 20 世纪 80 年代中期，它是一个面向主题的、集成的、非易失的、时变的数据集合。数据仓库的目标是把来源不同、结构相异的数据经加工后在数据仓库中存储、提取和维护，它支持全面的、大量的复杂数据的分析处理和高层次的决策。数据仓库用户拥有任意提取数据的自由，而不干扰业务数据库的正常运行。数据挖掘是从大量的、不完全的、有噪声的、模糊的及随机的实际应用数据中，挖掘出隐含的、未知的、对决策有潜在价值的知识和规则的过程，一般分为描述型数据挖掘和预测型数据挖掘两种。描述型数据挖掘包括数据总结、聚类及关联分析等，预测型数据挖掘包括分类、回归及时间序列分析等。其目的是通过对数据的统计、分析、综合、归纳和推理，揭示事件间的相互关系，预测未来的发展趋势，为企业的决策者提供决策依据。

（3）神经网络　神经网络是在生物神经网络研究的基础上模拟人类的形象直觉思维，根据生物神经元和神经网络的特点，通过简化、归纳、提炼总结出来的一类并行处理网络。神经网络的主要功能主要有联想记忆、分类聚类和优化计算等。虽然神经网络具有结构复杂、可解释性差、训练时间长等缺点，但由于其对噪声数据的高承受能力和低错误率的优点，以及各种网络训练算法（如网络剪枝算法和规则提取算法）的不断提出与完善，使得神经网络在数据挖掘中的应用越来越为广大使用者所青睐。

（4）进化计算　进化计算是模拟生物进化理论而发展起来的一种通用的问题求解的方法。因为它来源于自然界的生物进化，所以它具有自然界生物所共有的极强的适应性特点，这使得它能够解决那些难以用传统方法来解决的复杂问题。它采用了多点并行搜索的方式，通过选择、交叉和变异等进化操作，反复迭代，在个体的适应度值的指导下，使得每代进化的结果都优于上一代，如此逐代进化，直至产生全局最优解或全局近优解。其中最具代表性的就是遗传算法，它是基于自然界的生物遗传进化机理而演化出来的一种自适应优化算法。

（5）粒度计算　早在 1990 年，我国著名学者张钹和张铃就进行了关于粒度问题的讨论，并指出："人类智能的一个公认特点，就是人们能从极不相同的粒度（Granularity）上观察和分析同一问题。人们不仅能在不同粒度的世界上进行问题求解，而且能够很快地从一个粒度世界跳到另一个粒度世界，往返自如，毫无困难。这种处理不同粒度世界的能力，正是人类问题求解的强有力的表现。"随后，Zadeh 讨论模糊信息粒度理论时，提出人类认知的三个主要概念，即粒度（包括将全体分解为部分）、组织（包括从部分集成全体）和因果（包括因果的关联），并进一步提出了粒度计算。他认为，粒度计算是一把大伞，它覆盖了所有有关粒度的理论、方法论、技术和工具的研究。目前，粒度计算理论主要有模糊集理论、粗糙集理论和商空间理论等。

（6）GIS 技术　GIS（地理信息系统）是打造智能物流的关键技术与工具，使用 GIS 可以构建物流一张图，将订单信息、网点信息、送货信息、车辆信息、客户信息等数据都在一张图中进行管理，实现快速智能分单、网点合理布局、送货路线合理规划、包裹监控与管理。

GIS 技术可以帮助物流企业实现基于地图的服务，比如：

1) 网点标注：将物流企业的网点及网点信息（如地址、电话、提送货等信息）标注到地图上，便于用户和企业管理者进行快速查询。

2) 片区划分：从"地理空间"的角度管理大数据，为物流业务系统提供业务区划管理基础服务，如划分物流分单责任区等，并与网点进行关联。

3) 快速分单：使用 GIS 的地址匹配技术，搜索定位区划单元，将地址快速分派到区域及网点，并根据该物流区划单元的属性找到责任人以实现"最后一公里"配送。

4) 车辆监控管理系统：对货物从出库到送达客户手中进行全程监控，减少货物丢失；合理调度车辆，提高车辆利用率；有各种报警设置，保证货物、驾驶员、车辆安全，节省企业资源。

5）物流配送路线规划辅助系统：用于辅助物流配送规划，可合理规划路线，保证货物快速到达，节省企业资源，提高客户满意度。

6）数据统计与服务：将物流企业的数据信息在地图上进行可视化直观显示，通过科学的业务模型、GIS专业算法和空间挖掘分析，洞察通过其他方式无法了解的趋势和内在关系，从而为企业的各种商业行为，如制定市场营销策略、规划物流路线、合理选址分析、分析预测发展趋势等构建良好的基础，使商业决策系统更加智能和精准，从而帮助物流企业获取更大的市场契机。

问：大数据能给物流行业带来什么？

答：（1）推动智慧物流发展

1）做好整合和拆分：企业间数据整合的成功模式是利益交换模式，用服务换取管理，循环产生更多价值；整合前还需要对信息进行科学拆分，拆分是整合的基础。

2）数据的充分利用：主要关注两个方面，一是数据的数量优于质量，二是数据的相关性优于数据逻辑性或因果性。

3）服务的方向开始朝着动态化、个性化发展。

4）始终围绕网络和流程问题发展，不断提升资源管控和作业流程（服务流程）优化水平。

（2）驱动电商物流变革　加速了物流仓储平台建设和物流信息平台建设；搭建网络平台，进行高效率的信息管理，简化所有单证手续；引进EDI系统，实现无纸化；发布物流系统EDI标准，规范各方面的电子联系；配套自动存储和回复系统、仓储管理系统，提升运营效率。

（3）加速公路运输整合　物流当前主要的运力主要有自有车辆、签约承运商、业务量大时的临时租车。而在大数据时代将面向社会整合运力，而整合的内容主要包括时间、空间、管理和服务。

问：人工智能能给物流行业带来什么？

答：人工智能技术在物流行业的影响主要聚焦在智能搜索、推理规划以及智能机器人等领域。

（1）仓储环节　对于企业仓库选址的优化问题，人工智能技术能够根据现实环境的种种约束条件（如用户、供应商和生产商的地理位置，运输经济性，劳动力可获得性，建筑成本，税收制度等）进行充分的优化，给出接近最优解决方案的选址模式。因为人工智能能够减少人为因素的干预，使选址更为精准，从而使物流企业的成本大幅降低，利润大幅上涨。

1）机器人技术。无论是搬运机器人、码垛机器人还是拣选机器人、包装机器人，真正应用于无人仓时，对机器人技术的要求均高于普通仓库。在完全无人化的环境下,不仅要求机器人完全代替人工进行高效的作业,还要保证精度和准确性(即作业质量)。相比较而言,无人仓对拣选机器人的挑战更大:既要保证读取信息的及时准确,又要适用于不同包装、不同大小、不同材质的海量商品,对机器人拣货技术而言不得不说是个巨大的挑战。未来,配送采用无人机技术实现点对点的派送是指日可待的。

2)人工智能算法。无人仓的实现并不仅仅是各种自动化物流设备的应用,更重要的是信息技术的应用。尤其是人工智能算法,它贯穿于无人仓整个物流作业的始末,商品如何布局、拣选区如何分布、机器人如何调度和定位都需要有先进的算法。例如,基于海量的数据,通过算法分析、判断商品拣选区和存储区的布局、应该配备的商品以及配置的数量等;通过调度算法和定位算法为搬运机器人规划最优路径指导机器人高效地作业。此外,当成百上千台智能搬运机器人同时作业时,如何依赖优化的算法避免拥堵和碰撞也是一大技术难点。

3)精准的自动识别技术。由于无人仓的一切作业都需要依赖数据,因此商品信息的快速、准确识别和读取至关重要,但这也最难实现,特别是在海量商品的运动过程中准确读取商品信息。

(2)库存管理　人工智能通过分析历史消费数据,建立相关模型对以往的数据进行解释并预测未来的数据,动态调整库存水平,保持企业存货的有序流通,提升消费者满意度的同时,不增加企业盲目生产的成本浪费,使得企业始终能够提供高质量的生产服务。

(3)运输路径的规划　智能机器人、智能快递柜的广泛使用都大大提高了物流系统的效率,大大降低了物流行业对人力的依赖。随着无人驾驶等技术的成熟,未来的运输将更加快捷和高效。通过实时跟踪交通信息以及调整运输路径,物流配送的时间精度将逐步提高。而无人监控的智能投递系统也将大大减少包装物的使用,更加环保。

试题选解: 大数据具有(　　)特点。
A. Volume(大量)　　B. Velocity(高速)　　C. Variety(多样)
D. Value(低价值密度)　E. Veracity(真实性)
解: 大数据具有 5V 特点:Volume(大量)、Velocity(高速)、Variety(多样)、Value(低价值密度)、Veracity(真实性)。因此,正确答案是 ABCDE。

鉴定要求 2　物流技术与装备最新发展与应用的知识

问:现代物流技术的主要特征有哪些?
答:现代物流技术的特征主要体现在:

（1）物流反应快速化　物流服务提供者对上游、下游的物流、配送需求的反应速度越来越快，前置时间越来越短，配送间隔越来越短，物流配送速度越来越快，商品周转次数越来越多。

（2）物流功能集成化　现代物流着重于将物流与供应链的其他环节进行集成，包括物流渠道与商流渠道的集成、物流渠道之间的集成、物流功能的集成、物流环节与制造环节的集成等。

（3）物流服务系列化　现代物流强调物流服务功能的恰当定位与完善化、系列化。除了传统的储存、运输、包装、流通加工等服务外，现代物流服务在外延上向上扩展至市场调查与预测、采购及订单处理，向下延伸至配送、物流咨询、物流方案的选择与规划、库存控制策略建议、货款回收与结算、教育培训等增值服务；在内涵上则提高了以上服务对决策的支持作用。

（4）物流作业规范化　现代物流强调功能、作业流程、作业动作的标准化与程式化，使复杂的作业变成简单的、易于推广与考核的动作。

（5）物流目标系统化　现代物流从系统的角度统筹规划一个公司整体的各种物流活动，处理好物流活动与商流活动及公司目标之间、物流活动与物流活动之间的关系，不求单个活动的最优化，但求整体活动的最优化。

（6）物流手段现代化　现代物流使用先进的技术、设备与管理为销售提供服务，生产、流通、销售规模越大、范围越广，物流技术、设备及管理越现代化，计算机技术、通信技术、机电一体化技术、语音识别技术等都得到了普遍应用。世界上最先进的物流系统已经运用了卫星定位系统、卫星通信、射频识别装置、机器人，实现了自动化、机械化、无纸化和智能化。

（7）物流组织网络化　为了对产品促销提供快速、全方位的物流支持，现代物流需要有完善、健全的物流网络体系，使网络上点与点之间的物流活动保持系统性、一致性，最终保证整个物流网络有最优的库存总水平及库存分布。同时，运输与配送也应实现快速、机动化，既能铺开又能收拢，分散的物流单体只有形成网络才能满足现代生产与流通的需要。

（8）物流经营市场化　现代物流的具体经营采用市场机制，无论是企业自己组织物流，还是委托社会化物流企业承担物流任务，都以"服务-成本"的最佳配合为总目标，谁能提供最佳的"服务-成本"组合，就找谁服务。国际上既有大量自办物流相当出色的"大而全""小而全"的例子，也有大量利用第三方物流企业提供物流服务的例子，比较而言，物流的社会化、专业化已经占到主流，即使是非社会化、非专业化的物流组织也都实行严格的经济核算。

（9）物流信息电子化　由于计算机信息技术的应用，现代物流过程的可见性明显增加，物流过程中库存积压、延期交货、送货不及时、库存与运输不可控等风险大大降低,从而可以加强供应商、物流商、批发商、零售商在组织物流过程中的协调和配合以及对物流过程的控制。

问:我国现代物流业未来的发展趋势是什么?

答:新一代物流体系应该具有短链、智慧、共生的"3S"特征,如图1-6-1所示。

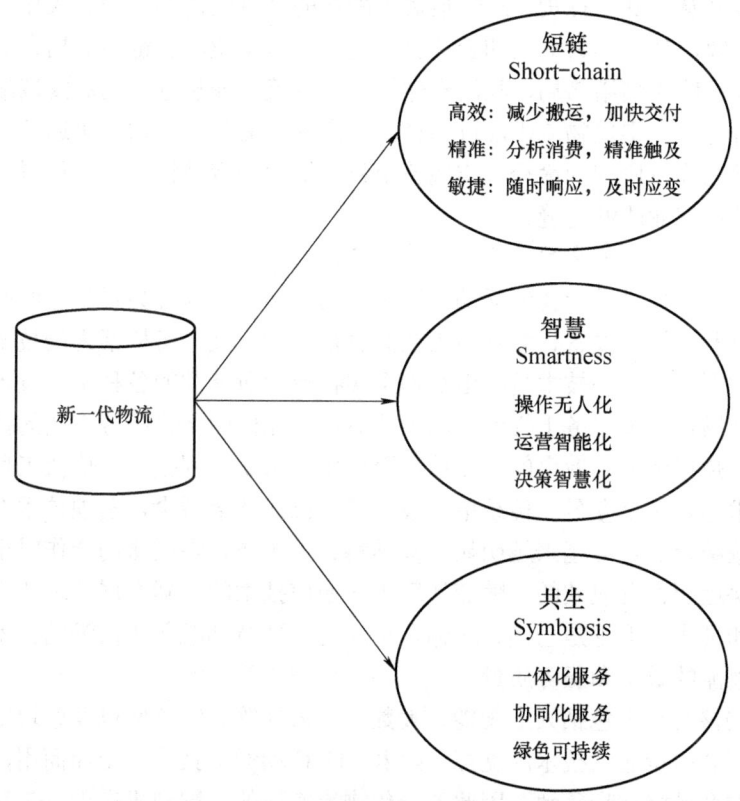

图1-6-1 新一代物流的特征

由于新零售环境下消费和产业迅速升级和技术飞猛发展,多环节、长链条、自动化运作和局部优化发展为主的传统物流面临着巨大变革。传统物流的长链条、多环节特征导致调整难度较大而不够灵活,因此容错性较差,并且一旦出错将导致物流效率降低和成本增加。原本依靠经验的决策体系也将因人工智能技术的使用而彻底改变,系统设备也能够实现思考和决策。传统物流主要作为各行业的支持模块,因此需要实现部分物流节点上的体验、效率、成本的最佳(即局部最优模式),但是在智能商业时代,物流应该从供应链和价值网络等全局形式去重新规划行业间、物流企业间的分工和协同化发展。新一代物流完全可以解决这些问题。

新一代物流通过不断优化仓储布局网络，提高交付效率，能够将消费分析的结果反向输出给品牌商，促使上游精准营销，达到优化整个供应链性能的目的。同时，新一代物流能够柔化整个供应链，不断适应需求的变化。新一代物流能够蜕变的最主要原因还是因为技术的突破，新一代物流将充分利用计算机技术和通信技术的创新，致力于打造一个全面化智慧型物流系统。人工智能技术将会实现从仓储、拣货、运输最后到配送的全供应链环节的无人化，形成高效智能的物流环境。大数据和云计算等先进技术将驱动全链路数据存储和性能计算，使得物流网络布局、物流仓储管理、物流运输规划、物流终端配送等都能够即时计算，实现物流供应链的精准、高效。另外，物联网等通信技术将彻底改变现在物流协同的途径，实现整个社会资源的智慧协同化，使得物流系统可以和其他产业能够无缝整合。

问：物流技术未来的发展趋势是什么？

答：物流技术是指物流活动中所采用的自然科学与社会科学方面的理论、方法，以及设施、设备、装置与工艺的总称。物流技术可概括为硬技术和软技术两个方面。物流硬技术是指组织物资实物流动所涉及的各种机械设备、运输工具、站场设施及服务于物流的电子计算机、通信网络设备等方面的技术。物流软技术是指组成高效率的物流系统而使用的系统工程技术、价值工程技术、配送技术等。时至今日，传统单一技术类型已在逐渐减少，多项技术的融合以及跨领域结合的趋势越来越明显，多学科、多领域、多区域的合作对于物流的影响是深远而富有成效的。随着计算机与通信技术的迅猛发展，现代物流也逐步完善和进步，无论是仓储、运输还是配送各环节都融入了前沿的技术，极大提高了物流的效率和服务质量。

这些核心技术包括人工智能、大数据、云计算、物联网以及区块链，这些都离不开高质量通信技术的支撑，随着 5G 移动通信技术的全面商用，基于上述核心的产品将逐步落地，因此新一代物流实现的关键契机在于 5G 移动通信技术的推动。

1. 物联网技术

物联网作为新一代信息技术，是网络通信领域的重要分支。首先，物联网的基础是互联网，互联网是物联网的基石，更简单的描述就是物联网以互联网为主要核心。其次，物联网通信方式不仅仅局限于人与人之间的通信，也可以是实际场景中任何两个物品之间的通信。因此，物联网技术通过射频识别、全球定位系统（GPS）、激光扫描器、红外感应器等信息传感设备，按指定的协议标准进行信息交换，从而可以智能地对物品进行跟踪识别以及监控维护等操作。物联网可以单独进行局域网通信，也可以接入互联网，甚至可以和移动通信网络等融合，直接实现人类社会与物理世界的信息整合。物联网架构如

图 1-6-2 所示。

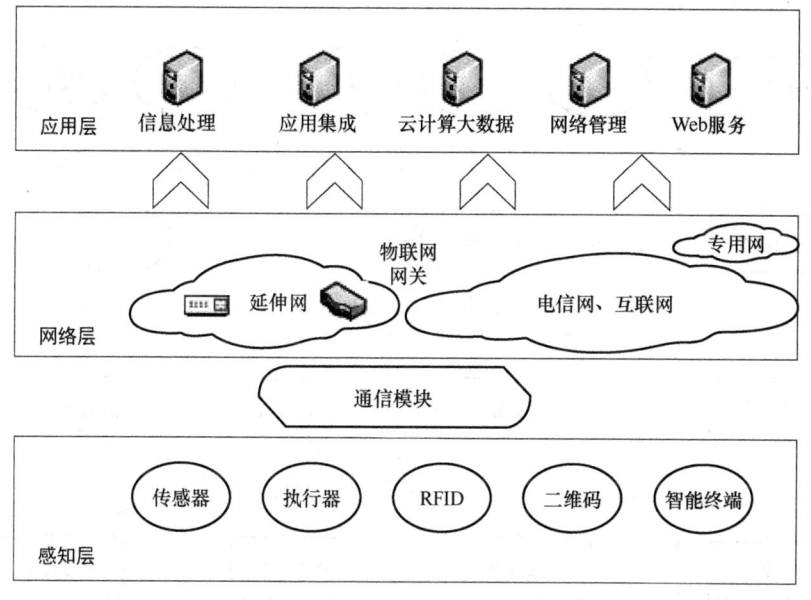

图 1-6-2 物联网架构

物联网领域中有很多热门技术，如射频识别、无线传感器网络（WSN）、GPS、车载系统、个人数字助理（PDA）以及窄带物联网（NB-IoT）等。正是这些物联网技术，使得物流中的每一个节点都能够融入物联网大框架中，进而使每一个独立的物流模块都能够互相通信，提升了物流运输的效率并构建了一体化的物流信息平台，如图 1-6-3 所示。

物联网技术在物流中的应用如下：

1）射频识别是新一代物流中使用最广泛的物联网技术。目前，各大物流企业利用射频识别完成了物流环节中标签信息的流转。

2）车载导航定位系统也是物联网技术应用在物流中的成功典范。该系统可以对重要物品进行实时追踪，能够为新一代物流提供物流配送和动态调度功能。此外，它还能够帮助物流企业在运输过程中优化车辆行驶路线和调度车辆进行装卸货物等工作，使得企业在低成本下创造出较高利润。

3）无线传感器网络是物联网的一种工业应用，对于新一代物流也具有非凡的意义。例如，在运输途中无线传感器的数据可以及时上传至远程数据库，物流企业能够通过无线传感器网络实现人、物之间的相互通信，且各项物流数据可以及时被更新上传，保证了物流数据的完整性。

4）使用与 NB-IoT 类似的物联网信息一体化平台，建立智能物流网关，监控物品流向的信息，保密客户产生的消费数据，实现权限性的数据查询，建立大数据分析体系等，能够形成集中控制的物流型物联网架构。

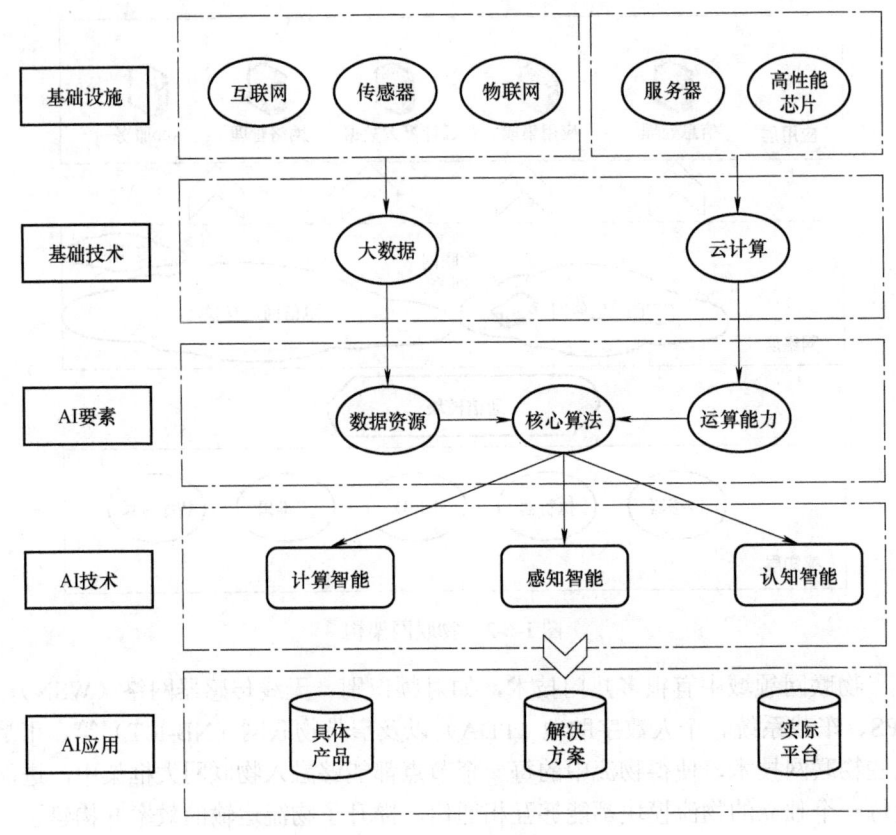

图 1-6-3　整体架构

5）M2M 技术也是物联网和物流紧密相连的完美体现。新一代物流中，该项技术能够通过在机器内部有效嵌入无线通信设备，实现物流节点与物品之间智能化、交互式的通信。

因此，现代物流体系中物联网技术无处不在，以后新一代的物流也离不开物联网技术的推动。物联网将使物流的交付和供应链效率大幅度提高。

2. 人工智能技术

人工智能也是一种前沿的交叉技术，主要目的是模拟人类思维生产出一些智能化的系统，并使它们能像人类一样在社会中发挥着相应的职能作用。近年来，人工智能技术迅猛发展，主要动力来源于信息技术和智能设备，信息技术主要是计算机技术和通信技术，智能设备即指嵌入式设备以及其他芯片和边缘计算机节点等。随着平台、算法、交互方式领域的不断更新和突破，新时代的人工智能技术将主要以 AI+某一具体产业或行业的形态呈现出来，物流就是其一，AI+物流将会是下一代物流体系的一个主要特性，如图 1-6-4 所示。

鉴定范围6 数字化与智能化

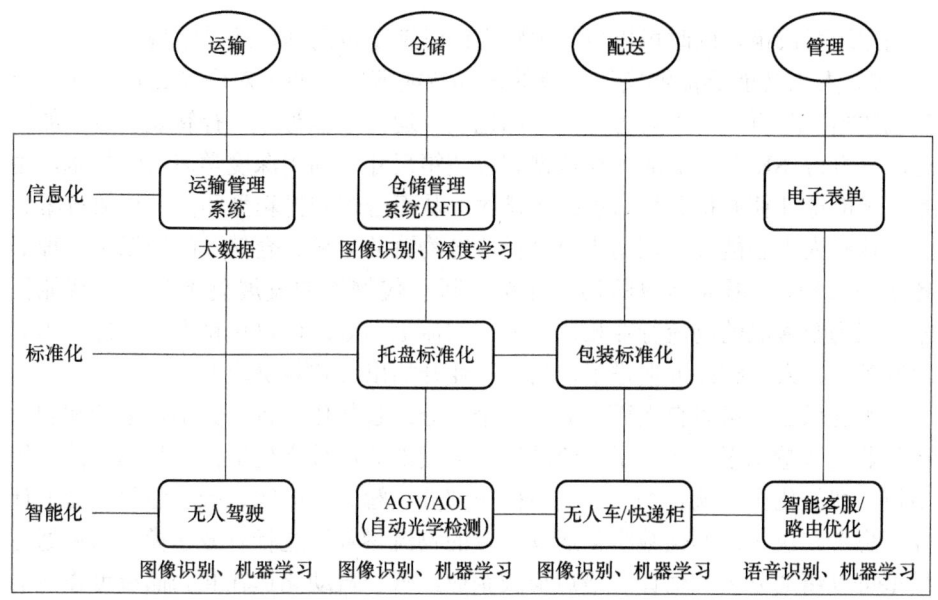

图1-6-4 AI+物流应用示意图

人工智能将会是新一代物流的一项重要支撑技术：

1）使用人工智能完成运输管理系统（TMS）中的车货匹配。物流企业可以利用人工智能技术结合自身资源打造全新的货运匹配平台。物流企业基于自身货源建立数字化货运平台，可以低价获取社会运力。

2）使用机器学习和深度学习完成无人物流的驾驶和配送体系。无人驾驶技术可以解决长途运输的困难性，提高物流运输的效率。无人配送既可以缩短配送的时间，同样也可以避免用户与配送员之间的冲突，解决最后一公里的物流配送难题。

3）使用图像识别技术实现物流信息的自动化录入，提高了物流员工的工作效率。计算机视觉识别、深度学习等技术可以提升手写运单机器的有效识别率，大幅度地避免人工输单，同时降低这一阶段产生的误差。

4）使用语音识别技术和视频识别技术优化智能客服系统。这些人工智能领域的计算机技术可以用来自动识别物流企业场院内外的人、物、设备、车的状态，并且学习优秀的管理经验和指挥调度方案等，进而逐步实现对物流工作人员的辅助决策，甚至可以实现自动决策。

5）仓储的智能拣货依赖于人工智能。目前已经有很多物流企业开始使用自动拣货系统，通过人工智能算法完成物流产品的分拣，完全不需要人为参与，这样可以解放劳动生产力，为企业节省成本。

6）人工智能还能为新一代物流提供更加智慧的运营管理模式：可以设计出能够自学习和自适应的运营规则引擎，可以通过历史业务数据和目前业务条件制定运营决策,同时可以自主识别当前时期是否高峰期还是常规期。

7)人工智能还能够实现物流的内部智能调度。通过对商品数量、体积等基础数据的分析,可以对各环节(如包装、运输车辆等)进行智能调度,如通过测算百万 SKU 商品的体积数据和包装箱尺寸,利用深度学习算法技术,由系统智能地计算并推荐耗材和打包排序,从而合理安排箱型和商品摆放方案。

这些人工智能技术应用于整个供应链物流的运输、仓储、配送以及管理等各个环节中,形成高效的物流体系。新一代物流的发展离不开人工智能技术,因为全智能的物流行业相比现在的物流更高效,可以更精准、高速地为客户服务。在人工智能的促进下,物流产业开始出现智慧供应链。

智慧供应链可以自上而下分为三个部分:智慧化平台、数字化运营和智能化作业。智慧化平台相当于物流的决策调度部分,数字化运营就是物流的神经中枢,智能化作业就是物流的实际操作部分。智慧供应链依赖智慧化平台的计算、思考和决策,仰仗数字化运营平台的物流参数等进行有效建模,然后通过模型可以精准分析和估计,最后形成企业经营、自动化运输和仓储调度作业的最优方案。

3. 大数据与云计算技术

在大数据环境下,传统的数据库软件不能有效地对相关内容进行存储、管理和抓取,因为大数据具有体量大、类别多、价值密度低等特征。从传统数据库到大数据平台的发展不仅仅是技术需求上的蜕变,更是数据管理模式的颠覆。大数据与云计算一般都会在一起被提及,二者相互促进、相互发展。云计算作为一种远程计算工具,可以提供强大的计算能力,高效地支撑着大数据存储、管理和分析,已经成为大数据时代不可或缺的工具。

物流中使用的云计算框架由云请求端、应用服务平台以及云提供端三个重要部分组成。应用服务平台是以大数据和云计算为支撑下的操作平台,可以提供核心服务,也可以向云提供端提供管理和维护等相关功能。

新一代物流中离不开大数据和云计算的服务支撑:

1)例如物流配送中心的选址问题,在一些前沿的研究报告中,大数据和云计算技术为配送中心选址提供了很多参考方案,并且已经通过很多实践取得了丰厚的成果。

2)云计算与大数据还可以实现路径监控、物流资源的合理分配等功能,有利于实现车辆调度、优化路线、信息查询等相关计算。物流资源包括运输资源和存储资源等。只需要从海量的数据中提取当前的需求信息,同时对已配置和将要配置的物流资源进行优化,从而实现对物流资源的合理分配。

3)云计算与大数据技术还可以实现多级配送。一级配送中心直接通过数据仓库和大数据挖掘技术等对订单需求量、装卸能力等进行有效分析,实现对物品品种和数量的可控预测。二级配送点辅助一级配送中心进行送货，可以避免货物长期囤积等状况，实现优质的服务水平。

4）在物流决策中，竞争环境的分析与决策和物流供给与需求分析都需要庞大的物流数据分析和高性能物流计算等。在竞争环境分析中，为了达到利益最大化，需要与合适的物流或电商等企业合作，预测竞争对手的发展动向。在物流的供给与需求分析方面，如果分析特殊时期和相应区域的物流供需信息，就可以实现合理的配送管理。

5）物流业务多变、随机且不可预测，但通过大数据分析与云计算，可以有效了解消费者的偏好，预判消费者的消费可能，提前做好货品调配、合理规划物流路线方案等，即使在物流高峰时期，物流运输的效率仍旧很高。

6）在管理层面上，新一代物流离不开基于大数据和云计算的智能决策。大数据技术可以对客户习惯与偏好进行归类，从而可以为客户提供专业并且个性的服务。

大数据技术与云计算技术将为未来的新一代物流提供强大的数据支撑和计算服务，使新一代物流无论是在资源调度、物流配送、决策管理还是在数据分析上都有质的飞跃。

4. 区块链技术

区块链作为近年最热的前沿技术，也将成为新一代物流中广泛运用的核心支撑技术。区块链技术利用块链式数据结构来验证与存储数据，利用分布式节点共识算法来生成和更新数据，利用密码学的方式来保证链上数据传输和访问的安全，利用自动化脚本代码组成的智能合约来编程和操作数据。

区块链具有共享账本、智能合约、隐私保护、共识机制几个关键特点，这使得区块链技术能够被广泛应用在各行业中（包括行业中的金融体系）。新一代物流非常适合区块链技术，物流生态系统从外观来看就是由多个参与方组成的利益共同体，其多流融合的业务场景非常适合区块链技术发挥它的价值和效果。

图1-6-5所示为区块链技术在新一代物流中的四大应用场景。

1）区块链技术在新一代物流中应用最为广泛的是快递保价场景。物流企业在物流商品运输过程中需要保险公司为其提供商品保价。围绕快递保价场景，快递公司进行商品运输，保险公司提供商品保价，商家提供商品销售，卖家购买保价服务，政府进行行业监管。商品的物流详情、账户、身份、理赔及其他参考数据等信息记录在区块链上。保价就是合约的概念，当客户对包裹进行正常签收后，合约正常结束，保费自动清算结束。如果出现问题件或者遗失件时，则由保险公司理赔，也可以通过区块链溯源，追查主要责任方。

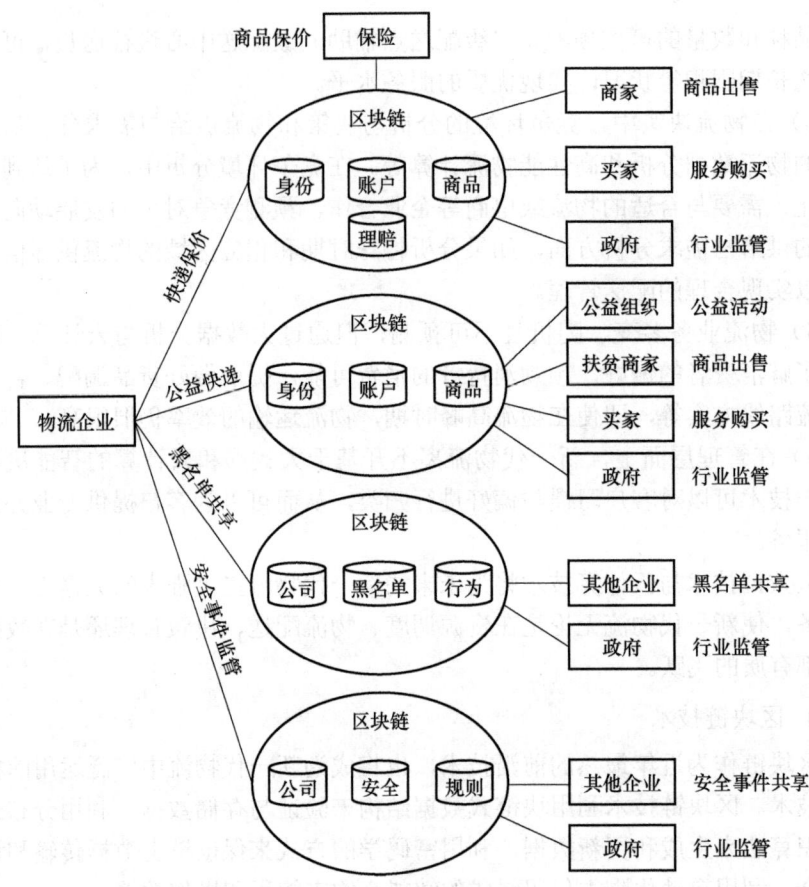

图 1-6-5 区块链技术在新一代物流中的四大应用场景

2）区块链技术对物流中的公益快递事业具有促进作用。公益活动中物流企业需要承担公益物品的运输，在此场景中公益组织方需要维护公益活动的执行，扶贫商家提供公益商品的销售等。区块链技术可使公益快递事业更加透明化，增加物流企业的公信力。例如，可通过区块链分布式记账的模式，让各个快递公司在出现安全事件时，将安全事件的有效信息记录于区块链上，使得监管机构可以实时监控。

3）区块链技术还可以在新一代物流中形成黑名单共享平台，让每个公司都可以将具有不良记录的工作人员记录到区块链上，与其他公司共享，当其他公司登录系统后可以立即查询到这些信息。而且，这些黑名单数据不可以被修改，能够被永久追溯到。

4）区块链技术能够协助国家对新一代物流进行安全监管。由于区块链具有分布式账本的特性，每当物流企业出现了安全事件时，这些信息就会记录在区块链上，被监管机构实时监控且永久不可更改。

除了上述四个应用场景，区块链技术在新一代物流中还将有很多其他应用，如产品的防伪溯源、自主决定物品的运输路线和日程安排、物流实名制等。

区块链技术具有透明性和去中心化的特点，物流过程中产生的信息记录在区块链中后就不可修改，而且每个物流节点都可以从中获取对自己有用的信息，使得新一代物流更加安全、透明并且高效。

5. 智慧化物流架构

从物联网、人工智能、云计算、大数据到区块链，这些新一代物流中的核心技术说明了新一代物流架构将会以智慧为主要特征。智慧物流架构如图 1-6-6 所示。

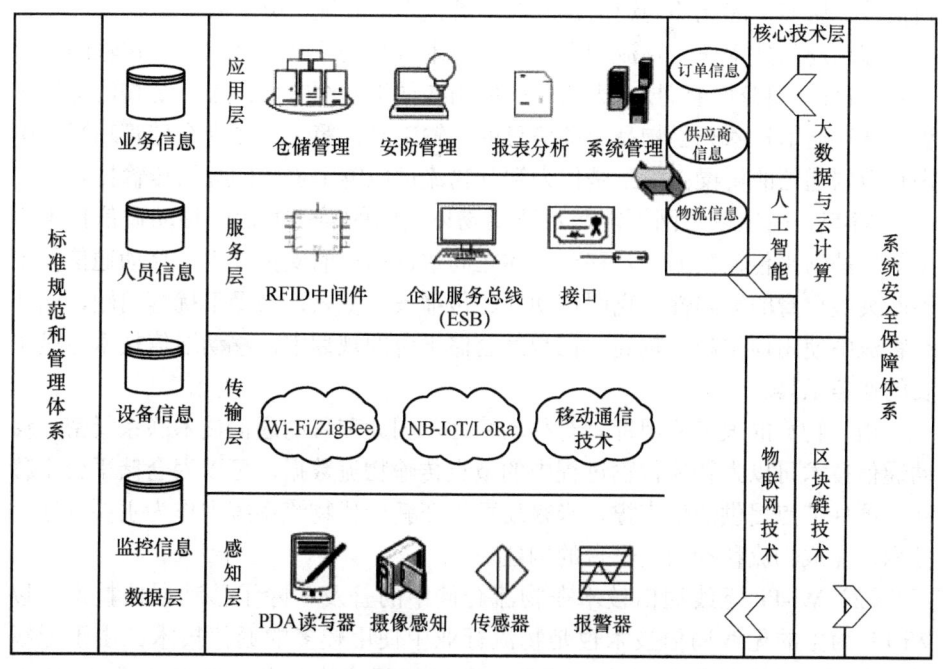

图 1-6-6　智慧物流架构

智慧物流架构是一个功能齐全的基础性服务平台，系统架构分为四层竖向结构：感知层、传输层、服务层和应用层。除此四层外还有数据层。由于物流数据属于大数据特征，数据层基本使用大数据分布式平台，竖向每一层都会产生和使用数据平台中存储的数据，因此数据层与每一层都有互动关系。核心技术层也是智慧物流架构的重要组成部分。人工智能技术主要在服务层推动物流架构智能化，大数据与云计算技术在上三层（即应用层、服务层和传输层）均会有所应用，区块链技术维护物流的安全体系。

从智慧物流架构中可以发现,传输层主要承担数据通信的服务功能,任何物流节点(包括物流车辆、运送人员、客户等)之间的数据传输都得依靠高质量的通信技术。智慧物流架构的核心技术都需要高带宽、低时延的通信环境,因此通信技术的进步也将会加快智慧物流架构的发展。

6. 通信技术

新一代物流的热门技术都围绕数据传输展开,数据传输需要强而有力的通信技术支持,因此物流的迅猛进步离不开通信技术的突破性发展。

(1)移动通信技术在物流中的应用　从通信网的角度观察,移动通信网应该可以看作有线通信网的延伸,它具有无线网络和有线网络两个部分,因此可以独自构成完整的公共陆地移动通信网。因为物流具有动态性,其中使用无线通信技术居多,因此移动通信技术对物流技术的发展十分重要。

移动通信技术作为物流的主流通信技术,是物流节点之间数据传输的主要工具。目前,移动通信技术大部分的应用在如下几个方面:第一是物流运输过程中移动通信技术充当物品流动信息的传输工具;第二是作为仓储管理平台中进行数据通信的桥梁;第三是作为智慧物流供应链中重要的数据传输技术。

Wi-Fi、高速以太网不能满足移动物体之间的高速通信。移动通信技术主要依靠基站来传输数据,是移动物体之间数据通信的支撑技术。移动通信技术不断突破自身的缺陷性,克服移动性、传播条件复杂、易受干扰等问题,因此在物流中使用地位越来越高。在智慧仓储平台的规划中,移动通信技术也是主要的通信工具。

由于物流的很多应用都具有移动特性,因此和移动通信技术联系紧密。移动通信技术可以为物流传输过程中的节点传输物流数据,可以为仓储平台中移动的硬件节点提供通信支撑,未来还可以在新一代物流系统中作为主要的通信技术,完成物流移动通信平台的构建。

(2)Wi-Fi 无线通信技术在物流仓储中的普及　除了移动通信技术,以 Wi-Fi 为主的无线通信技术也是物流行业中使用较多的通信技术。由于无线通信是通过路由器等工具来完成的,所以对环境的要求比较高,因此 Wi-Fi 无线通信技术在物流中主要使用在物流仓储中,作为物流仓库中硬件通信的必要支撑。

Wi-Fi 无线通信技术能被广泛用在物流仓储中主要是因为它具有覆盖范围广的特点,最远可以达到 300m 左右,因此比蓝牙等技术更加受欢迎。因此,仓储中可以使用 Wi-Fi 给一些终端设备提供通信保障。Wi-Fi 无线通信技术不依赖物理媒介,无需复杂的光纤和电缆设备,节约了成本。在物流仓库中只需要固定的路由节点,Wi-Fi 就可以提供很好的通信保障,减少了物流成本。另外,Wi-Fi 传输速度也很快,可以达到 54Mbit/s,并且支持数据、语音、多媒体业务（物流仓储中产生的数据多为简单的文本数据），因此在物流仓储中使用已经非常普遍。

（3）物联网通信技术对物流的促进　物联网是计算机与通信的交叉技术，目的是为了构建万物互联的世界。物流行业中大部分应用环境下都是物体与物体进行数据传输，这些数据的传输都依赖于高质量的通信。这些物体之间的通信，正是物联网通信技术擅长的领域，因此物流和物联网息息相关。物联网通信技术在物理层主要分为两类：一类是短距离通信技术，另一类就是广域网通信技术。

冷链运输系统已经是物流中一块比较重要的环节，是给客户提供水果、海鲜等货物的运输服务的物流渠道。之前冷链运输系统大多数的研究都集中在采用温湿度记录仪与射频识别技术，但是温湿度记录仪不能进行远程实时监控，因此监控中心采集数据具有滞后性。ZigBee 无线通信技术相比其他技术具有功耗低、体积小、智能化等优势，因此被广泛用于冷链物流领域，有利于使整个监控系统变得更加便携和智能。

另一种使用广泛的物联网通信技术即为广域网通信技术，包括 NB-IoT、LoRa、Sigfox 以及 Weightless。

物流行业中，LoRa 和 NB-IoT 应用十分广泛，但二者各有特点，在一些室内物流应用中，例如仓储、物流公司内部通信中高频的 NB-IoT 更为合适。

（4）物流技术的进步依赖于高质量通信　物流完全离不开通信技术的支撑，同时由于很多物流应用场景的特殊性，各种通信技术需要交叉使用才能完成相应的工作。

其实，物流信息化肯定将会是现代物流乃至新一代物流体系发展的一个坚实基础。物流信息化需要借助比较先进的信息技术和通信手段来整合物流企业内外部的相关业务资源。比较成熟的物流信息化方案能够通过自动收集和处理物流过程中产生的信息，可以对物流信息进行数据挖掘，并以此做出决策指导物流活动，促使物流系统能够被扩展和开放，同时实现预估物流路径、输送监控信息、及时反馈风险预警的作用。

新一代物流热点技术中的物联网、人工智能、大数据、云计算以及区块链都离不开通信技术的支撑，而且这些平台或者架构对通信质量的需求越来越大，现有的通信技术必须跟紧物流发展的脚步，为新一代物流事业的发展铺平道路。目前，最新的移动通信技术（例如 5G）已经在新一代物流中的很多地方开始广泛应用，这一点更说明了物流技术的进步依赖于高质量的通信。

问：物流装备未来的发展趋势是什么？

答：物流装备是指在整个物流领域内用于物流各个环节的设备和器材，主要包括运输装备、储存装备、装卸搬运装备、包装装备、流通加工装备、集装单元化装备。随着现代物流的发展，物流装备呈现出以下几个方面的发展趋势：

（1）先进性　具体体现在：

1）速度更快。仓库规模的扩大与快速客户响应显然是一对矛盾。要做到在极短的时间内完成拣选、配送任务，只有不断提高物流新生力量的运行速度和处理能力。因此，堆垛机、拣选系统、输送系统等物流装备总是朝着高速运行的目标而努力。

2）准确度更高。除了追求更快的运行速度，更高的准确性也是客户对物流装备的一致要求。没有准确性，速度再快也将失去意义。因此，各厂商纷纷采取先进的技术满足客户对物流设备高准确性的要求。

3）稳定性更好。配送中心为满足客户的即时性需要，对物流系统的稳定可靠运行提出了很高的要求。在制造企业中，物流设备虽不是生产设备，却对生产设备高效率运行起到很大作用，同样不允许因经常发生故障而影响正常生产。所以，为保证物流系统连续安全运作，物流装备的高稳定性、高可靠性越来越受到各厂商重视，物流装备的保用期逐渐延长。

此外，物流装备的先进性还体现在生产工艺的不断进步，使产品质量和性能得到很好的控制。

（2）信息化　人们对信息的重视程度日益提高，要求物流与信息流实现在线或离线的高度集成，使物流装备与信息技术逐渐成为物流技术的核心。物流装备与信息技术紧密结合实现高度自动化是未来发展的趋势。

目前，越来越多的物流设备供应商已从单纯提供硬件设备，转为提供包括控制软件在内的总体物流系统，并且在越来越多的物流装备上加装计算机控制装置，实现了对物流设备的实时监控，大大提高了其动作效率。物流装备与信息技术的完美结合，已成为为各厂商追求的目标，也是其竞争力的体现。

现场总线、无线通信、数据识别与处理、互联网等高新技术与物流设备的有效结合使用，成为越来越多物流系统的发展模式。无线数据传输设备在物流系统中更发挥着越来越大的作用。运用无线数据终端，可以在进行货物接收、储存、提取、补货等作业时将信息及时传递给控制系统，实现对库存的准确掌控，并借由联网计算机指挥物流装备准确操作，几乎完全消灭了差错，缩短了系统反应时间，使物流装备得到了有效利用，整体控制提升到更高效的新水平。而将无线数据传输系统与客户计算机系统连接，实现共同运作，则可为客户提供实时信息，从而极大地改善了客户的整体运作效率，全面提高了客户服务水平。

（3）多样性与专业化　为满足不同行业、不同规模的客户对不同功能的要求，物流装备的形式越来越多，专业化程度日益提高。

许多物流设备厂商都致力于开发生产多种多样的产品,以满足客户的多样化需求作为自己的发展方向,所提供的物流装备也由全行业通用型转向针对不同行业的特点设计制造,由不分场合转向适应不同环境、不同工况的要求,由一机多用转向专机专用。此外,自动化立体仓库、拣货设备、货架等也都有按行业、用途、规模等不同标准细分的多种形式的产品。许多厂商还可根据用户特殊情况为其量身定做各种物流装备,体现了更高的专业化水平。

(4)标准化与模块化　物流装备只有实现了标准化和模块化,才能与国际接轨,因此标准化、模块化成为物流装备发展的必然趋势。所谓标准化,既包括硬件设备的标准化,也包括软件接口的标准化。

通过实现标准化,可以轻松地与其他企业生产的物流装备或控制系统对接,为客户提供多种选择和系统实施的便利性。模块化可以满足客户的多样化需求,并可按不同的需要自由选择不同的功能模块进行灵活组合,增强了系统的适应性。同时,模块化结构能够最佳利用现有空间,可以根据货物存取量的增加和供货范围的变化进行调整。

(5)系统性与可扩展性　客户对物流装备的系统整合要求越来越高。物流装备供应商应当按客户实际情况制定系统方案,将同用途的物流装备进行有机整合,以达到最佳效果。自动化立体仓库、无人搬运车、拣货系统、机器人系统等设置功能各异、各有所长,只有在整体规划下选择最合适的产品综合利用,才能使其各显其能,从而发挥最大效益。为使系统容易整合且效果最佳,物流装备最好选择同一家公司的产品。因此,供应商都在向提供一套物流产品发展。

同时,客户对物流系统的投入往往不是一步到位,而是预留能力、按需配置,这就要考虑今后系统的可扩展性。当然,在物流装备实现了模块化设计后,可较容易地根据需要进行扩展。有些物流设备也可通过改变控制软件完成系统的调整或扩展。

(6)智能化与人性化　科技的进步使物流装备越来越重视智能化与人性化设计,以降低工人的劳动强度,改善劳动条件,使操作更轻松自如。林德公司推出了多项改进设计,使叉车更具人性化。例如叉车的低重心设计,使人员上下更加方便;侧向座椅设置,使驾驶叉车更容易;配有电子转向功能,不管搬运多重的货物,所需的转向力均小于10N,仅为传统堆垛车的1/10,使操作更为轻松;其自动对中功能与故障自诊断功能使叉车更加智能化。

再如,堆垛机的地上控制盘操作界面采用大屏幕触摸屏,这种人机对话方式使堆垛机的各种状态与操作步骤均能清楚地显示出来,即使初次使用也能操作自如。今后,智能化操作盘将成为更多自动化仓库系统供应商的优先选择。

(7)绿色化与节能化　随着全球环境的恶化与人们环保意识的增强,有些企业在选用物流装备时会优先考虑对环境污染小的绿色产品或节能产品。因此，有远见的物流装备供应商也开始关注环保问题，采取有效措施达到环保要求。例如，尽可能将排污量减少到最低水平；采用新的装置与合理的设计，降低设备的振动、噪声与能源消耗量等。

> **试题选解**：物流装备未来的发展趋势是什么？
>
> 解：物流装备呈现出以下几个方面的发展趋势：①先进性；②信息化；③多样性与专业化；④标准化与模块化；⑤系统性与可扩展性；⑥智能化与人性化；⑦绿色化与节能化。

第二部分　应会专业技能

鉴定范围 1

物流市场开发与客户服务

鉴定点 1　物流市场调研

鉴定要求 1　能描述物流市场调研流程并解释关键内容

问：物流市场调研的流程是什么？

答：物流市场调研的流程主要包括制订市场调研计划、实施调研活动、编制市场调研报告和调研资料管理四个环节，具体要求如图 2-1-1 所示。

（1）制订市场调研计划

1）调研立项。物流市场调研项目负责人提出调研立项申请，报公司审批，公司批准后，形成调研项目任务书。

2）拟定调研策划书。调研项目负责人接到调研项目任务书后，仔细研究公司的批复意见，明确调研的目的、任务及要求，并对调研项目进行策划，制订调研计划。

3）制订物流市场调研实施计划。调研项目负责人针对调研计划中的某一具体项目进一步制订物流市场调研实施计划。

（2）实施调研活动

1）实施调研，收集资料和数据。根据市场调研实施计划组织安排调研小组进行实地调研，并安排人员收集相关的资料和数据。

2）调研进程监控。调研项目负责人应对调研过程予以指导、协调、监督，以保证调研结果的客观性和科学性。

3）信息汇总、分类、整理。组织调研小组成员将调研所得资料按一定的规律进行初步汇总、分类和整理，并审核信息的有效性，剔除无效信息。

4）数据录入、统计分析。组织人员录入数据，以便利用专业的统计软件进行数据分析，并根据数据分析结果进行策略分析研究。

（3）编制市场调研报告　调研项目负责人应根据调研资料分析的结果撰写相应的市场调研报告，提供给公司领导作为决策参考。

（4）调研资料管理　市场调查报告连同其附件首先上报公司有关部门，审批使用完毕，应当送档案室保存。

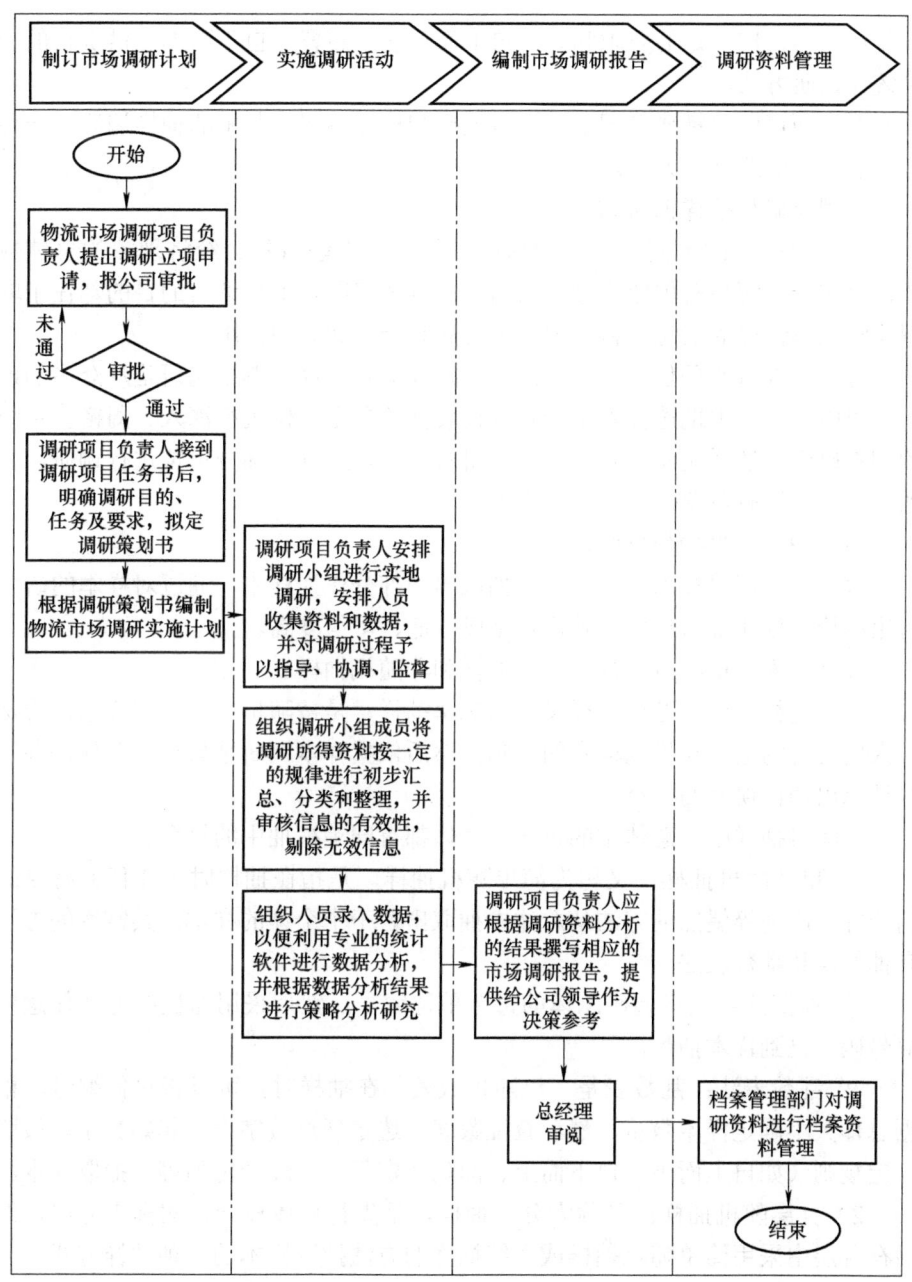

图 2-1-1 物流市场调研的流程

问：设计调研方案时，有哪些常用的调研技术？

答：从调研方案中的市场调研方式分析，调研技术主要分为全面调研和非全面调研。

全面调研是指国家统计系统和各个业务部门为了定期取得系统、全面的基本统计资料，按一定的要求和表式自上而下统一布置，自下而上提供资料的一种统计调研方法。

非全面调研包括典型调研、重点调研和抽样调研，其中的抽样调研是一种运用非常广泛的调研方式。

典型调研和抽样调研的区别：

（1）调研目的不同　典型调研的目的不在于取得社会经济现象的总体数值，而在于了解与有关数字相关的活动的具体情况。抽样调研的目的却在于取得反映总体情况的信息资料，因而也可起到全面调研的作用。

（2）选择调研单位的原则不同——选择性与随机性　典型调研是从众多的调研对象中，有意识地选择若干个具有代表性的典型单位进行深入、周密、系统的调查研究。抽样调研则是从全部调研对象中，抽选一部分单位进行调研，并据此对全部调研对象作出估计和推断。

问：如何运用抽样调研技术？

答：抽样调研技术是从总体中抽取出一部分作为样本，通过对样本的研究得出结论并据此推断总体。其优点是成本低、可信度高。

抽样技术包括随机抽样、系统抽样和非随机抽样。

（1）随机抽样　随机抽样又称为概率抽样，是按随机原则抽取样本，排除了人们有目的地主观挑选样本的影响，然后依据样本调研结果推断总体，并可以计算出抽样误差的大小。

在随机抽样中，总体中的每一个个体都有同等被抽中的机会。

1）单纯随机抽样：又称为简单随机抽样，是指在抽样时不作任何有目的的选择，用纯粹偶然的方法从总体中抽取出若干个个体的样本。其常用的方法有抽签法和乱数表法。

① 抽签法：先将调研总体的每个单位编号，然后采用随机的方法任意抽取号码，直到样本抽足。

② 乱数表法：乱数表是一组随机数表。在抽样时，可以将总体编号，根据总体大小确定样本数量，然后查乱数表，选定任意数字作为起始数字，按照一定规则（如自上而下、自下而上、间隔一定行、间隔一定列等）抽取样本。

2）分层随机抽样：又称为分类抽样，是先将总体按一定的标志分层，然后在各层中采用简单随机抽样或系统抽样的方法抽取样本的一种抽样方式。

注意：分层后要做到层内个体特征相似、层间个体特征相异。

分层随机抽样适用于整个总体所包含的全部单位有明显的特征，而且很容易区别这些特征的情况。

分层随机抽样中有一种等比例分层随机抽样，是指按各层基本单位数占总体中基本单位数的百分比来确定各层抽出的样本数的抽样方式。其公式为

$$n_i=(N_i/N)n$$

式中，n_i 为第 i 层的样本单位数；N_i 为第 i 层的单位数；N 为总体单位数；n 为样本单位数。

3）分群随机抽样：先将总体分为若干不重叠的群，然后在所有的群中随机抽取一部分，对抽中的这些群内的所有单位进行调研的一种抽样方式。

注意：分群后要做到群内个体特征相异、群间个体特征相似。

分群随机抽样适用于整个总体的特征不明显或者不需要区别这些特征的情况。在实践中，对区域市场进行调研时适宜采用分群随机抽样。

（2）系统抽样　系统抽样又称间隔抽样、等距抽样，是指先计算间隔，再确定选择起点，最后再根据间隔和起点，顺序选取样本的一种抽样方法。确定间隔数的公式如下：

$$M=N/n$$

式中，M 为抽样间隔数；N 为总体数量；n 为抽样数量。

（3）非随机抽样　非随机抽样是指抽样时，不遵循总体中每个单位都有客观相等的被选中机会的原则，而是按照工作人员主观的判断或标准抽取样本的抽样技术。

非随机抽样比随机抽样省钱、省事，但在样本量相同的情况下，其所选样本的代表性要差一些，不过可以通过增加样本量来弥补。

1）任意抽样：也称为便利抽样，是一种随意选取样本的方法。

注意：只有在总体中的每一个个体都是同质的情况下，才适合采用任意抽样。

任意抽样一般用于非正式的探索性调研。

2）判断抽样：又称为目的抽样，是根据调研人员的经验或某些有见解的专家的意见抽取样本的一种抽样方式。

判断抽样适用于总体中各单位的差异较小、选择的样本有较大的代表性的情况。

注意：此种方法易出现因主观判断而产生的抽样误差；无法计算抽样误差和可信程度；样本的代表性取决于调研人员的经验、知识和判断能力。

3）配额抽样：又称为定额抽样，是依据一定的特征对总体分层或分类后，从各层或各类中主观地选取一定比例的单位作为样本的一种抽样方式。

配额抽样应用非常广泛，特别是在一般的较小规模的市场调研中，通常采用此法。

注意：此种方法从一定意义上讲，是一种分层判断抽样。

4）滚雪球抽样：是一种非概率的多阶段抽样，是在不知道总体的情况下，力求通过抽样调研来了解和估计总体的状态。

使用该方法时,调研的阶段越多,调研的单位越多,调研结果也就越接近对总体真实情况的估计。其具体操作步骤为:

① 选取少量样本。

② 对第一阶段的样本进行调研,请被调研者推荐其他调研单位,作为下一个阶段的样本。

③ 对第二阶段样本进行调研,再请被调研者推荐第三阶段的样本。

④ 依此类推,直到获得调研者认为满意的调研量为止。

> **试题选解**:物流市场调研的流程主要包括( )等环节。
> A. 制订市场调研计划　　　B. 实施调研活动
> C. 编制市场调研报告　　　D. 调研资料管理
> 解:物流市场调研的流程主要包括制订市场调研计划、实施调研活动、编制市场调研报告和调研资料管理四个环节。因此,正确答案是ABCD。

鉴定要求 2　能编制调研计划表、收集整理数据、统计并编制数据图表

问:物流市场调研实施计划表包括哪些内容?

答:物流市场调研实施计划表的内容与格式如图 2-1-2 所示。

编号:　　　　　　　　　　　　　　　　　　　　时间:___年___月___日

调研目标				
考虑因素				
调研方法				
调研人员				
调研区域				
调研日期				
调研对象群体				
行程表	时间	活动项目	调研对象	备注
准备事项				
经费预估				
审　批	总经理意见		市场拓展部经理意见	

批准:　　　　　　审核:　　　　　　拟文:

图 2-1-2　物流市场调研实施计划表

问：如何制订调研实施计划？

答：调研实施计划主要包括：

（1）选择调研人员，组织调研小组　首先要选择调研人员，建立起调研组织机构。调研小组应当由组长、组员组成，其中还应当有一些专业技术人员能够进行数据收集和处理。对调研人员也要有素质要求，应注意选择那些形象端庄、善于结交朋友、善于言谈、思维敏捷、反应能力强并且工作认真负责的人。如果企业的调研人员不够，也可以到学校、社会上去聘请一些合格的调研人员。为了加强对调研小组的领导，要加强小组与主管部门的沟通和联系，取得主管部门的有力支持、指导和帮助。

（2）调研范围、调研对象的确定　进行物流市场调研，其调研范围主要包括两大板块，即物流资源调研和市场需求调研。其中，物流资源调研的内容包括市场营运环境调研、物流基础设施装备调研、物流从业人员调研、物流技术资源和需求调研等；市场需求调研的内容包括客户需求调研、客户资源调研、产品和价格调研、物流流量和流向调研、竞争情报调研和收集等内容。

调研对象的选择，要综合考虑以下因素：

1）紧扣调研的目的，能达到调研要求。

2）综合考虑调研对象群体人数的多少、分布的范围、调研的难易程度等具体情况：当调研对象群体人数很多、分布范围很广、调研难度大时，宜选择抽样方式选择较少的样本；如果调研对象群体人数很少、分布范围小、调研难度低，则全选所有对象逐个进行调研。

3）考虑样本的代表性：如果调研对象之间差异性小，每一个样本的代表性强，则可以选择较少的样本；如果调研对象相互间差异大，每个样本的代表性弱，则应该选较多的样本。

4）考虑调研成本：样本选得越多，调研工作量越大，调研成本越高；样本选得越少，调研工作量越小，调研成本越低。

确定调研对象时所使用的抽样方式一般有随机抽样和非随机抽样两种。

1）随机抽样具体又可以分成三种方式：单纯随机抽样、分层随机抽样、分群随机抽样。

2）非随机抽样就是在若干个对象中主观地选择几个作为调研对象，也可以分成四种方式：任意抽样、判断抽样、配额抽样和滚雪球抽样。

调研对象的确定，就是要根据调研目的的要求、对象的具体情况以及调研成本，综合分析考虑，还要选用合适的抽样方式。

（3）调研方法的确定　对物流市场进行调研，仅仅知道物流市场调研的内容并不能完全作好市场调研，运用恰当的方法能够给物流市场调研带来事半功倍的效果。在营销调研的设计和执行阶段，要根据调研目的和具体研究目标选择合适的调研对象，采用适当的方法进行调研。具体的调研方法包括访问法、实验法和观察法等。

（4）调研内容的确定　调研内容的确定，要落实到制定调研大纲、调研表和调研问卷中去。调研大纲、调研表和调研问卷的设计，既要满足调研目的和调研任务的需要，又要简明扼要，便于调研人员调研提问以及被调研人员的问答。某物流企业制订的一份物流需求调研表如图 2-1-3 所示。图 2-1-4 所示是一份物流供应调研大纲。

××公司：

尊敬的朋友：

　　我们是AB物流公司，能够为广大客户企业提供物流运输和仓储服务。我们有铁路专用线一条和与之配套的强大装卸搬运能力，可以承担铁路货运代理业务，依靠我国四通八达的铁路网可以把货物运输到全国各个地方。我们有20000m²的仓库，有各种货车上百辆，有遍布全省主要城市的汽车配送网络，有一大批精通物流业务的技术人员和强大的技术设施。去年被评为市先进企业。现在为了改进我们的工作、安排好生产计划以及基础建设，更好地为企业提供物流服务，特面向广大企业进行物流需求调研。现送上调研表一份，敬请在百忙之中，抽出时间认真填写。如果表格不够，可以复印加页。填写完毕请于　年　月　日以前，利用随信所附的信封（已贴邮票）寄回我公司。我们将根据所收到调研表的信息量、真实性、可靠性，分别给予50元至1000元酬金，谢谢！

AB物流公司（公章）
联系人：　　　（电话：　　　）
年　月　日

AB物流公司物流需求调研表

贵公司概况	贵公司名称： 地址：　　　　　　　　　　　邮编： 联系人：　　　电话：　　　Email： 填表人：　　　电话：　　　Email：　　　填表日期： 通信地址：　　　　　　　　　　　邮编：									
	品种	物流类别	1月	2月	3月	4月	5月	6月	7月	8月	9月
火车运输量		发出车皮									
		收到车皮									
		发出车皮									
		收到车皮									
汽车运输量		自用车次									
		租用车次									
		自用车次									
		租用车次									
仓储量	自用仓储面积										
	外租仓储面积										
其他意见或建议											

图 2-1-3　物流需求调研表

AB物流公司物流供应调研大纲

一、调研目的

调查了解本地区有哪些物流服务提供商，它们的物流服务能力有多大，从而确定物流行业的竞争态势，为本公司制订市场竞争战略和企业发展战略提供信息支持。

二、调研方法

考虑到同行竞争企业相互竞争保密的因素，调研方法宜采用访问调研法，即直接访问和间接访问相结合的方法。直接访问是对竞争对手的上门访问，这要抓住合适的机会条件，在一种比较轻松的环境下进行。间接访问是通过政府主管部门、新闻部门、对手的客户和邻居等侧面了解竞争对手的情况。

三、调研提纲

1. 物流提供商的基本情况。包括：
   (1) 物流提供商的名称，地址，联系方式。
   (2) 企业性质类型：国有、民营、个体、股份制。
   (3) 业务种类：综合、专业、运输、仓储、咨询、软件等。
   (4) 业务范围：本市、本省、地区、全国、跨国。
   (5) 企业规模：注册资本、人员、固定资产、技术水平。
   (6) 领导班子：主要成员、领导能力、管理水平、工作作风。
   (7) 组织结构：主要机构、社会网络、企业集团成员、主管部门。
   (8) 效益水平：资产负债、收入利润、营利能力、利润水平。
   (9) 企业形象：信誉水平、服务水平、社会关系、公众形象。
   (10) 企业特色：管理风格、服务特色、技术特长、典型人物。
2. 发展历史与主要业绩。包括：
   (1) 发展历程。
   (2) 管理变革。
   (3) 主要业绩：典型业务、主要客户运作、获奖情况（一项一项调查清楚）。
3. 发展规划与发展战略。包括：
   (1) 今后五年发展规划设想：方向、进度。
   (2) 发展战略：市场竞争战略、营销战略、技术进步战略、人才战略等。
4. 物流服务能力。包括：
   (1) 运输能力：运输方式、车辆种类台数、车辆利用率、月运输量等。
   (2) 装卸能力：装卸机械台数、月吞吐能力、装卸设备利用率等。
   (3) 仓储能力：仓库面积、库存水平、库存周转速度、仓库面积利用率等。
   (4) 信息处理能力：信息系统、数据管理、系统维护、客户信息服务水平等。
   (5) 基础设施能力：能源、交通、基础设施等。
   (6) 技术开发能力：技术人员、技术开发、技术配套、技术基础建设等。
5. 企业环境条件。包括：
   (1) 周边经济发展水平：周边企业数目、经营业务类型、企业发展水平、人们生活水平、生产和流通的发展状况、市场状况等。
   (2) 政策法律和管理水平：法律法规、市场管理、税收政策、办公制度等。
   (3) 基础设施条件：能源、通信、交通、地理、气候等。
   (4) 信息处理能力：信息系统、数据管理、系统维护、客户信息服务水平等。
   (5) 基础设施能力：能源、交通、基础设施等。
   (6) 技术开发能力：技术人员、技术开发、技术配套、技术基础建设等。
6. 其他（略）。

四、调研要求（略）

图 2-1-4　物流供应调研大纲

物流调研表、调研大纲、调研问卷的内容格式，针对具体情况可能各有不同，但是它们大致都应遵守以下基本原则：

1）紧扣调研的目的、任务。
2）适合所采用的调研方法、抽样方法。

3）意思明确清晰、不含糊。

4）文字简练、简明扼要、易读易懂。

5）有合适的感情色彩：有礼貌、尊重人；尽量减少对方的工作量；考虑对方的劳动耗费而给予适当的劳动报酬和奖励；保护个人隐私和企业机密等。

6）要顾及调研成本和调研工作效率。

（5）调研实施　一个调研计划的实施大致包括以下几步：

1）组织调研小组。

2）调研人员培训：明确调研目的和任务、调研内容、调研方法，进行必要的知识方法培训和素质培养。

调研小组成立以后，首先要进行学习和培训。学习和培训的基本目的：一是进一步明确本次调研的目的、任务和意义；二是必要的调研知识和素质培训，可为完成调研任务打好基础。

3）根据实施计划规定的人员、任务、日程安排，安排具体的调研活动。

4）对整个调研活动进行管理、协调和控制。

为了保证调研实施计划的认真实施，达到圆满完成调研任务的目的，在整个调研实施期间，要加强对调研工作的组织、领导、指挥和控制，组员要随时碰头，随时发现问题、解决问题，使调研工作顺利完成。

（6）调研资料的整理分析　实际调查工作完成以后，要进行数据整理分析。

这个整理分析，主要是看对调研对象的调查数据是否完整、真实、可靠，是否有遗漏、不准确或有异常。如果有，则还要补充调查进行补救，直到确信所得到的调查数据既完整又真实可靠为止。

（7）写调研报告　调查完成并进行了数据整理分析之后，应该对这次调研的情况和调研的结果进行整理，写出调研报告。物流调研报告主要围绕以下几个方面来写：

1）调研项目的来由、目的、意义和项目活动过程简介。

2）结合调研计划和调研实施计划较详细地介绍调研活动的组织安排、调研过程的各个阶段各个步骤的具体工作情况。

3）调研所得资料和成果介绍。

4）资料分析和调研结论、方案建议等。

5）对调研工作的心得和体会，对这次调查工作的评价（包括成功经验和不足之处）。

6）调研附录：调研项目建议书、批复文件、调研计划、调研实施计划、调研大纲、调研表、调研问卷、调研原始资料、调研整理资料等，都作为附件附在调研报告之后，并在调研报告中列出附录清单。

问：如何对物流资料进行整理分析？

答：物流实际调查阶段所得到的一些零散的实际数据资料，需要进行仔细认真的整理。资料整理分析的目的，就是为了分析得出对象的发展规律，为发展预测阶段提供数据资料。把不同的人调查得到的数据资料全部集中，按空间序列（调研对象别）和时间序列（时间阶段别）分类排序后进行数据的完整性和合理性分析：看每个对象的每个时间阶段都有没有数据。如果没有，就要补齐（或者重新调查，或者通过分析补进）；如果有了，看是不是合理（过大或过小），如果不合理，就要进行分析处理（重新调查或分析修正）。如果在同一个对象的同一个时间阶段有几个数据，就要进行分析处理（加权平均或分析取舍）。

资料分析整理阶段最后的结果，就是要得到一个完整合理的按空间序列（调研对象别）和时间序列（时间阶段别）分类排序的数据资料序列。

> **试题选解：** 物流市场调研对象的选择，要考虑的因素有（　　）。
> A. 调研的目的　　　B. 调研要求　　　C. 对象群体的具体情况
> D. 样本的代表性　　E. 调研成本
> 解：物流市场调研对象的选择，要综合考虑以下因素：①紧扣调研的目的，能达到调研要求；②综合考虑调研对象群体人数的多少、分布的范围、调研的难易程度等具体情况；③考虑样本的代表性；④考虑调研成本。因此，正确答案是 ABCDE。

鉴定要求3　能根据模板编写物流市场调研报告

问：物流市场调研报告的格式是什么？

答：物流市场调研报告主要包括标题、目录、概述、正文、结论与建议、附件等部分。

（1）标题　标题和报告日期、委托方、调研方一般应打印在扉页上。在标题同一页，一般还要把被调研单位、调研内容明确而具体地表示出来。有的调研报告还采用正、副标题形式，一般正标题表达调研的主题，副标题则具体表明被调研的单位和问题。

标题可以有两种写法：一种是规范化的标题格式，即"发文主题"加"文种"，基本格式为"××关于××××的调研报告""关于××××的调研报告""××××调研"等；另一种是自由式标题，包括陈述式、提问式和正副标题结合使用三种。

（2）目录　如果调研报告的内容、页数较多，为了方便读者阅读，应当使用目录或索引形式列出报告所分的主要章节和附录，并注明标题、有关章节号码及页码。一般来说，目录的篇幅不宜超过一页。目录示例如下：

目录

一、调研设计与组织实施

二、调研对象构成情况简介

三、调研的主要统计结果简介

四、综合分析

五、数据资料汇总表

六、附录

（3）概述 概述主要阐述调研的基本情况，它是按照市场调研的顺序将问题展开，并阐述对调研的原始资料进行选择、评价、做出结论、提出建议的原则等。概述主要包括三方面内容：

1）简要说明调研目的，即简要地说明调研的来由和委托调研的原因。

2）简要介绍调研对象和调研内容，包括调研的时间、地点、对象、范围以及调研要点及所要解答的问题。

3）简要介绍调研方法。介绍调研方法有助于使人相信调研结果的可靠性，因此要对所用方法进行简短叙述，并说明选用该方法的原因。

例如，是用抽样调研法还是用典型调研法，是用实地调研法还是用文案调研法，这些都是在调研过程中常用的方法。另外，在预测时使用的方法，如指数平滑法、回归预测法、聚类分析法等，都应作简要说明。如果该部分内容很多，应有详细的工作技术报告加以说明补充，并附在市场调研报告的附件中。

（4）正文 正文是市场调研报告的主体部分。这部分必须准确阐明全部有关论据，包括问题的提出到引出的结论，论证的全部过程，分析研究问题的方法，还应当有可供市场活动的决策者进行参考的全部调查结果和必要的市场信息，以及对这些情况和内容的分析评论。

（5）结论与建议 结论与建议是撰写调研报告的主要目的。这部分包括对概述和正文部分所提出的主要内容的总结，提出如何利用已证明为有效的措施和解决某一具体问题可供选择的方案与建议。结论与建议和正文部分的论述要紧密对应，不可以提出无证据的结论，也不要没有结论性意见的论证。

（6）附件 附件是指调研报告正文包含不了或没有提及，但与正文有关且必须附加说明的部分，是对正文报告的补充或更详尽的说明。附件包括数据汇总表及原始资料背景材料和必要的工作技术报告，例如为调研选定样本的有关细节资料及调研期间所使用的文件副本等。

问：市场调研报告的内容有哪些？

答：市场调研报告的内容主要包括：①说明调研的目的及所要解决的问题；②介绍市场背景资料；③分析的方法，如样本的抽取，资料的收集、整理、分析技术等；④调研数据及其分析；⑤提出论点，即摆出自己的观点和看法；⑥论证所提观点的基本理由；⑦提出解决问题可供选择的建议、方案和步骤；⑧预测可能遇到的风险及其对策。

> **试题选解**：物流市场调研报告由（　　）等部分组成。
> A. 标题　　B. 目录　　C. 概述　　D. 正文　　E. 结论与建议
> 解：物流市场调研报告主要包括标题、目录、概述、正文、结论与建议、附件等部分。因此，正确答案是 ABCDE。

鉴定点 2　客户开发计划与实施

鉴定要求 1　能描述不同类型客户开发及跟进的流程和方法

问：如何制订客户开发计划？

答：客户开发计划的制订按以下方法进行：分析客户需求（客户需要采购的产品和要求）、客户目前使用的同类产品分析（包括产品的规格、特点、价格、供应厂商）、客户状况分析（包括采购量、产品销量、财务状况、信用分析）、分析供货能力（包括技术能力、产量、交货期）、确定开发过程、制订具体的开发步骤和时间、指定客户开发关键行动措施的实施负责人。

问：物流客户开发的工作流程是什么？

答：物流客户开发的工作流程如图 2-1-5 所示。

问：物流客户开发的途径有哪些？如何选择？

答：目前，在物流企业中常见的客户开发途经包括以下几种：

1）通过广告营销进行客户开发。广告营销又可分为电视媒体广告营销、平面媒体广告营销、户外广告营销等多种营销方式。

2）通过电话方式进行客户开发。该方式通常与客户拜访同时使用，电话多用于前期客户资料的收集，通过配合客户拜访促成客户开发的完成。

3）基于网络（Internet）的客户开发。该方式的客户开发是随着网络的兴起而产生的。网络客户开发的方式多种多样，既可以通过网络媒体的方式发布广告，也可以通过诸如专业物流广告发布网、专业物流论坛等网络渠道进行客户开发。

4）品牌开发，是指物流企业通过各种渠道在消费者心目中建立起自身的品牌形象，再通过品牌形象进行客户开发的一种业务拓展方式。

5）展会开发，是指物流企业通过在一些物流展会上向客户展示自身的服务网络、服务优势等内容获得客户认可的一种客户开发方式。

6）竞标开发，是指物流企业通过向物流招标方投标的方式获得物流业务的一种客户开发方式。

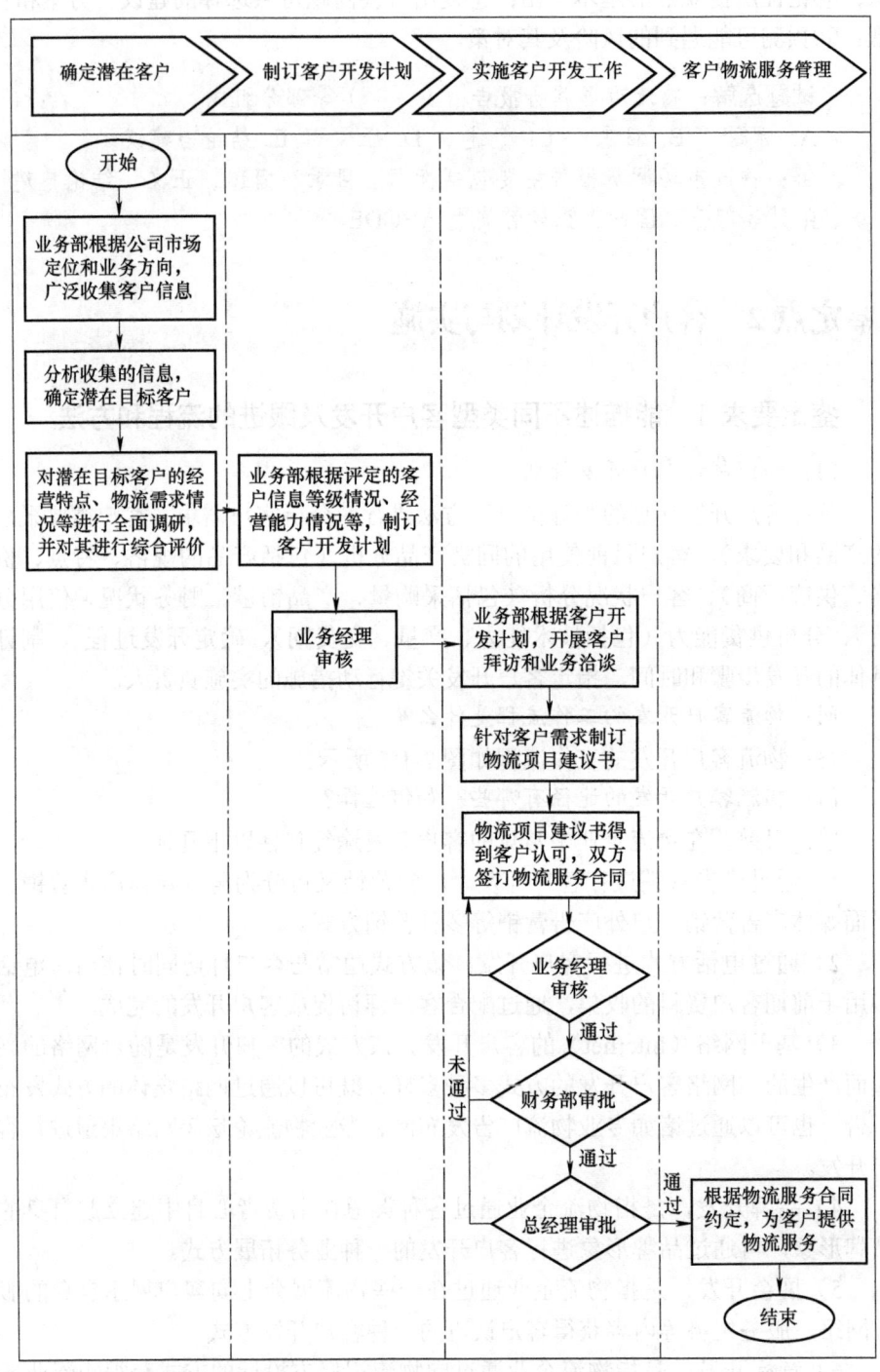

图 2-1-5　物流客户开发的工作流程

7) 产业联盟开发，是一种新的业务开发模式。所谓产业联盟是指通过联合不同区域的物流机构，整合业界优势资源，突破恶性竞争瓶颈，形成良性的合作关系，以达到资源有效利用、优势有效放大、产业有效集聚、人力有效流动，为物流产业创造新优势。

从成本、时效性、针对性、内容适应性、易接受性、传播特点几个方面，比较各种物流客户开发途径的优势和劣势，根据物流企业的实际情况，选择适合企业自身特点的物流客户开发途经。表2-1-1为客户开发途径比较表。

表2-1-1　客户开发途径比较表

开发模式	成本	时效性	针对性	内容适应性	易接受性	传播特点
广告方式	高	较快	一般	丰富	提高知名度	强 点对面
电话方式	低	快	强	单调	快速占领市场	弱 点对点
网络方式	较高	慢	一般	丰富	提高知名度	较强 点对面
品牌开发	高	慢	较强		提高知名度	点对面
展会开发	低	较快	强	丰富	快速占领市场	强 点对面
竞标开发	低	较慢	强	单调	快速占领市场	强 点对点
产业联盟开发	低		强	物流业务延伸		

问：如何管理客户关系？

答：要建立起良好的客户关系，可以从以下几个方面开展：①提高产品的质量；②宣传企业、宣传产品，扩大影响，开拓客户；③客户沟通，建立联系；④紧紧抓住冒出"水面"的普通客户群，加大力度，扩大成果，建立起客户联系，形成基本客户群；⑤对基本客户群加大力度，使他们兴起购买欲望、产生购买行动，促成产品销售；⑥对发生了购买行为的实际客户群，要加强管理，包括经常走访、售后服务、客户联谊等；⑦客户控制。

问：客户跟进的流程是什么？

答：客户跟进的流程如下：①资料归档整理；②筛选客户；③确定跟进次序；④选择跟进方式；⑤明确跟进目标；⑥给客户合理的理由；⑦拟定跟进洽谈要点等。

问：客户跟进的方法有哪些？

答：客户跟进的方法有：①发短信；②打电话；③发电子邮件；④寄送邮件；⑤上门拜访等。

> **试题选解**：简述客户跟进的方法。
> 解：客户跟进的方法有：①发短信；②打电话；③发电子邮件；④寄送邮件；⑤上门拜访等。

鉴定要求 2　能执行客户拜访、谈判、日常关系维护

问：如何对客户进行拜访？

答：对客户进行拜访，可以从以下几方面入手：①增强自信心；②打招呼；③观察与关注；④做好准备工作，重点了解客户行业状况、客户使用状况、竞争状况、所把握区域的潜力；⑤了解产品，重点了解产品的硬件特性、软件特性、使用知识、交易条件和相关知识。

问：如何与客户谈判？

答：1）做好谈判前的准备工作，清楚自己能够接受的最低价位，而且多创造些谈判期间可以利用的可变因素。在与重要客户打交道时，最重要的就是避免出现或者成功或者一拍两散的局面，尽量让谈判继续下去，以从中找到可行的解决方案。正确的做法应该是把目光集中到客户与公司的共同利益上来。销售人员的工作就是从商品和服务中找出特殊部分，以期在不损害公司利益的前提下，增加客户所能得到的价值。

2）若在谈判时受到了攻击，要冷静，先听一听，并尽可能多地了解客户的思路。

3）时刻关注需要讨论的问题，不要偏离主题。

4）确定公司的需求。

5）确定谈判的风格同样非常重要。

6）把最棘手的问题留在最后。

7）起点要高，让步要慢。

8）不要陷入感情欺诈的圈套。精明的买家甚至会以感情因素难为销售人员，而不是按照生意的原则来达成交易。

问：如何维护客户关系？

答：①功夫在诗外，贵在坚持，临时抱佛脚成功率低；②动之以情，感动客户；③寻找新的渠道和突破口，抓住每一个可以利用的商机，挖掘客户的购买欲望；④发挥小礼品的巨大作用。

问：电子商务环境下如何维护客户关系？

答：当今社会，流行网上客户关系管理，CRM（客户关系管理）软件和电子商务网站相结合，就能把网上运作和网下运作结合起来管理客户关系，这

是一种好模式。

电子商务环境下,一般依托电子商务网站进行工作。各个企业都建立起了自己的电子商务网站,它们共同构成了一个网上社会。一般的电子商务网站,功能都比较完备,例如都有:①企业介绍和宣传,包括企业各个部门甚至一些典型个人的资料介绍、企业的发展战略、服务宗旨承诺等;②企业服务和产品介绍、宣传、展示和广告;③企业的业务范围、流程;④客户关系窗口;⑤销售窗口;⑥采购窗口;⑦企业管理窗口;⑧电子支付窗口;⑨友情链接等。

只要赋予个体一定的权限,就可以进入相应的窗口,处理自己需要处理的业务。任何人坐在计算机前,按按鼠标,就可以方便快捷地办理相关的各项业务。

试题选解:判断:在与重要客户打交道时,要避免出现或者成功或者一拍两散的局面。( )

解:在与重要客户打交道时,最重要的就是避免出现或者成功或者一拍两散的局面,尽量让谈判继续下去,以从中找到可行的解决方案。因此,正确答案是正确。

鉴定要求3　能编写客户拜访计划和纪要

问:如何合理制订客户拜访计划?

答:合理制订客户拜访计划,一般包含五个方面:

(1)制订阶段性目标　阶段性目标可以分为日工作计划、周工作计划和月工作计划。

制订日工作计划:要按照紧急和重要程度,把紧急又重要的任务放在最前面处理,其次处理紧急但不太重要的任务,再次处理不紧急但重要的任务,最后处理不紧急不重要的任务,使每天的工作重点明确,高效完成每日工作计划。日工作计划如图2-1-6所示。

制订周工作计划:制订每周工作总结表,每周检查工作进度,并围绕月工作计划对周工作计划进行调整,以保证每月的工作计划都能够按时完成。周工作计划如图2-1-7所示。

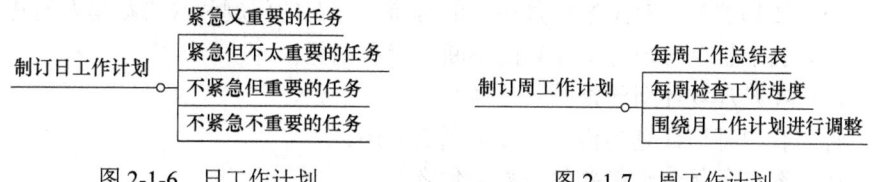

图2-1-6　日工作计划　　　　　图2-1-7　周工作计划

制订月工作计划:明确每月要达成的业绩;根据业绩要求,确定拜访客户的数量和次数；及时跟进实际达成的目标和达成进度，进行对比用以督促工作进度；在月末时进行月度工作总结，反思存在的问题，提出解决建议，以备下月调整改进。月工作计划如图 2-1-8 所示。

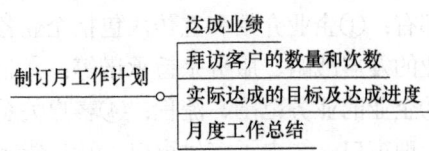

图 2-1-8　月工作计划

（2）进行客户筛选　客户一般可分为四类：销售量和利润最大的优质客户层，增长潜力大需要进一步挖掘的潜力客户层，销售量和利润一般的普通客户层，以及不太了解客户消费情况但有销售机会的待跟进客户层。每个月要重点锁定优质客户层，通过各种渠道挖掘扩大这一群体；同时，还要想着把一定数量的潜力客户层转化为优质客户层。客户筛选如图 2-1-9 所示。

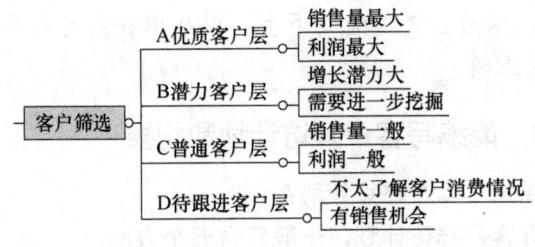

图 2-1-9　客户筛选

（3）制定可衡量的标准　对于拜访的效率和成绩，要进行适时评估，以便督促客户拜访计划有效实施。根据成功签约客户数量、销售目标完成情况和拜访效率建立评分机制，确定每日、每周、每月的"成功分数"，进行月平均分审查，保证月度销售目标的达成。

（4）访后总结　访后总结是客户拜访后的重要环节。对自己拜访中存在的问题及时总结，制订有效举措解决异议处理，为下一步的拜访作准备。对接触/约访、转介绍、取得面谈、递送建议和签约的客户及时进行跟踪，作好拜访数量和次数统计。

（5）计划调整　对于客户拜访中的心得、存在的问题和改善举措及时进行总结，有利于整个客户拜访计划的不断完善和调整。

问：客户拜访计划的格式是什么？

答：客户拜访计划的格式可参考图 2-1-10。

问：客户拜访会谈纪要的格式是什么？

答：客户拜访会谈纪要的格式可参考图 2-1-11。

鉴定范围 1　物流市场开发与客户服务

____年____月____片区客户拜访计划

片区销售经理：　　　销售代表：

序号	客户名称	类别	拜访对象（部门/人员）	拜访目的	预期达到的目标	参加人员
1						
2						
3						
4						
5						
6						
7						

日程安排									
出发		离开		交通工具	拜访对象	类别	时间统计		
地点	时间	地点	时间				路途时间	拜访时间	休息时间
拜访时间/有效工作时间=___% 关键客户拜访时间/有效工作时间=___%						合计			

图 2-1-10　客户拜访计划样表

客户拜访会谈纪要			
拜访时间		拜访地点	
拜访客户		整理人	
拜访目标			
与会者	客户人名/职位：		我司人员/职位：
议题			
信息收集及反馈			
会议议程概述			
客户反馈问题及答疑			
补充说明			
拜访总结及下一步计划			

图 2-1-11　客户拜访会谈纪要样表

试题选解： 客户一般可分为（　　）。
A. 优质客户层　B. 潜力客户层　C. 普通客户层　D. 待跟进客户层

解：客户一般可分为四类：销售量和利润最大的优质客户层，增长潜力大需要进一步挖掘的潜力客户层，销售量和利润一般的普通客户层，以及不太了解客户消费情况但有销售机会的待跟进客户层。因此，正确答案是 ABCD。

鉴定点3　物流项目投标

鉴定要求1　能描述物流招投标的主要流程和招标文件的基本内容

问：物流招投标的主要流程是什么？

答：物流招投标的主要流程包括招标、投标、开标、评标、定标及订立合同六个阶段。在六个阶段基础上还可以细分出不同的步骤，不同的步骤均有不同要求。

1）项目报批。招标人办理项目审批或备案手续（如需要）。项目审批或备案后，招标人开始招标项目的实施。

2）招标工作启动。招标人可以委托招标代理机构（即招标公司）进行招标，也可以自行招标（但备案程序较为烦琐）。多数为招标公司承担招标工作。

3）招标公司协助招标人进行招标策划，即确定招标进度计划、时间表、技术要求、主要合同条款、投标人资格等。

4）编制招标公告和招标文件。招标公司在招标人配合下，根据招标策划编制招标文件（包括上述策划内容和招标公告）。

5）发布招标公告。招标人确认后，招标公司发出招标公告（公开招标，可以使用剑鱼标讯免费查看）或投标邀请（邀请招标）。

6）发售招标文件。投标人看到公告或收到邀请后前往招标公司购买招标文件。

7）投标。获得招标文件后，投标人应研究招标文件和准备、制作投标文件。

8）招标公司在开标前组建评标委员会，评标委员会负责评标。评标委员会的组成和评标须符合《评标委员会和评标方法暂行规定》。

9）开标。招标公司组织招标人、投标人在招标文件规定的时间进行开标。

10）评标。结合招标文件中的评标方法开始评标。评标委员会审查投标文件进行初步评审、详细评审和澄清（如有必要），确定中标候选人。

11) 定标。招标公司根据评标委员会的意见出具评标报告，招标人根据评标报告，在中标候选人之间确定最终中标人。

12) 公示。招标公司根据评标报告发出中标、落标通知书。

13) 签订合同。中标人根据中标通知书，在规定时间内与招标人签订合同。

问：物流招标文件的基本内容有哪些？

答：招标文件正式文本的规范性、完整性、合理性是物流招标文件设计的重点。物流招标文件正式文本部分需包含的内容主要包括：①投标须知、合同条件、合同协议条款、合同须知；②技术规范；③投标文件、投标文件附录，业务量清单与标价表和辅助资料表；④图纸。

> **试题选解**：物流招标文件的内容包括（ ）。
> A. 投标须知   B. 技术规范   C. 投标书   D. 图纸
> 解：物流招标文件正式文本部分需包含的内容主要包括：①投标须知、合同条件、合同协议条款、合同须知；②技术规范；③投标文件、投标文件附录，业务量清单与标价表和辅助资料表；④图纸。因此，正确答案是 ABCD。

鉴定要求 2　能判断招标信息的有效性、编制商务条款、核算成本并确定报价，并根据招标文件要求规范编写投标文件

问：如何判断招标信息的有效性？

答：判断招标文件是否包含有效信息、是否具有有效性，具体要看其是否对招标单位、投标单位和评标单位具有有用性和实效性，能否满足它们的信息需求，实现各自的目标和决策。因此，招标文件的信息须具备两个基本要素：一是招标文件的信息必须能够指导投标活动，二是招标文件必须能够指导评标活动。判断招标文件信息有效性的指标主要有真实性、可靠性、相关性、有用性和合规性等。

问：投标文件的商务条款有哪些？

答：(1) 投标函/报价函　包括：法人代表资格证明；授权委托书、被授权人身份证明；投标保证金（缴纳证明）；银行资信证明书；报价一览表（各个产品分别报价）；对招标文件的认可、商务偏差说明；承诺书、优惠条件；招标文件中的其他要求；投标企业认为适宜的其他材料等。

(2) 投标企业简介　包括：组织（分支）机构；售后服务体系；获奖情况；相关业绩及证明材料（合同、检验验收证明）等。

(3) 投标企业资质　包括：营业执照、生产许可证、质量管理体系认证证书、资信证明、厂商产品授权（代理）书、项目进度一览表（职务、职称、业绩、证书等）等。

(4) 其他说明　包括：投标企业概况一览表，主要设备介绍、设备情况一览表，财务状况资料（审计报告、资产负债表、利润表、现金流量表等）等。

问：投标过程中如何进行成本核算？

答：投标阶段的成本核算需要一些精通预结算业务、掌握招投标知识、熟悉施工当地工程所用材料的市场价格、有一定的施工技术水平且应变能力强的骨干人员，根据丰富的实践经验及精湛的业务能力，依据投标时编制的切实可行的施工组织设计，经过一系列的分析计算而得出，通常要经过以下几个过程：

(1) 制定合理的施工组织设计　投标人员首先要详细研究招标文件，包括施工图纸、各种招标答疑，根据拟投标项目的工程规模和工程性质、建设单位的资金来源和支付能力、施工期限、施工所在地的自然经济社会条件等，在进行详细调查分析的基础上，制定出合理的施工方案及施工组织设计。

(2) 选用合适的预算定额　由于各个企业的施工管理及技术水平不同，因此完成各项工程的人力、材料、机械消耗的水平也必然不同。预算定额是按照完成一项分部分项工程所需的社会平均水平编制的。各个施工企业因自身实力的不同，完成相同的一项分部分项工程所需的费用也会不同。因此，每个企业都应加强管理，作好投标资料、已完工程资料、材料机械采购资料、人力资料的积累工作，必要时可建立计算机数据库，形成企业自身的定额体系。

(3) 做好预算书的取费工作　其他费用的计取一定要经过缜密的调查。比如有的招标文件对安全文明施工措施费和劳动保险费的计取方法就有明确的要求，只有实质响应招标文件的投标文件才有可能被接受。因此，必须严格按照招标文件的要求取费。同时，也要考虑可能发生的通货膨胀、物价上涨等不可预见因素的影响，明确什么风险应考虑在成本中，什么风险可以通过诸如合同条款的签署等程序进行规避。

(4) 做好投标报价工作　投标报价是根据投标项目具体工程的情况，通过对工、料、机、费率及现场的各种调查，应用预算定额编制出来的基本价，再结合投标阶段的成本核算，考虑适当利润及投标策略确定出来的价格。好的投标报价，应在不影响计划利润的前提下，合理运用投标策略和报价技巧，来达到既能中标又能赢利的目的，并最大限度地获取中标项目的经济效益。

问：什么是投标报价？其依据有哪些？

答：投标报价是投标人和招标人之间所进行的经济活动，它涉及投标人的切身利益，也涉及招标人所建工程的投资数额与投资效果。通常，投标报价的主要依据有设计图纸及说明、工程量表、本工程的施工组织设计、技术标准及要求、招标文件、相关的法律法规、当地的物价水平等。

问：如何编制物流投标文件？

答：物流投标文件是投标企业编制的，表达投标意愿以及反映投标企业物流管理水平和物流运作能力的正式文件，也是招标企业评定投标企业能否中标的主要依据之一。因此，编制一份内容翔实、质量上乘、适合招标企业物流服务需求的物流投标文件是投标企业争取中标的核心因素之一。

物流投标文件主要由以下四部分组成：

1）商务部分。此部分的主要内容包括投标企业的资质文件以及相关资料。投标企业应尽量如实提供此类资料，变通和发挥的余地不大。最好按照一问一答的形式响应。

2）物流报价部分。此部分内容篇幅较小，常常只有两三页的报表和价格说明，但是分量很重。招标企业对投标企业进行综合考评时，物流报价部分的考评分会占到总分的 50%~60%。因此，应根据物流项目成本确定报价。

3）物流服务解决方案。应重点研究探讨物流服务解决方案的编制方法和思路，掌握物流服务解决方案的编制原则和要点，编制出超越竞争对手的物流服务解决方案，增加投标企业中标的可能性。在填写方案编制响应偏离表时，一般要求什么回答什么，偏离那块填写"无偏离"（偏离的意思是偏差，如不符合要求、高出要求等）。编制实施方案及进度表、售后服务时，主要写提供什么产品、产品的介绍、使用方法、生产工艺、如何生产、怎么满足招标需求，以及为了这次招标投标企业打算怎么做。注意，逻辑要流畅，让评标人看完以后，能产生"采购这家的产品，技术优先，质量可靠，服务满意"的感觉。

4）投标企业认为需要提供的其他资料，比如企业管理制度、荣誉证书、审计报告、财务报表等。

投标文件编写完成后，还要修改排版样式、统一字体字号等。投标文件属于制式文本，需要封面、目录、页眉、页脚、页码等。一本排版标准、字体统一、有目录、有页码、逻辑顺畅的投标文件能提高评标分数。

试题选解：下列属于投标报价依据的有（　　　）。
A. 设计图纸及说明　　B. 工程量表　　C. 技术标准及要求
D. 招标文件　　　　　E. 相关的法律法规

解：通常，投标报价的主要依据有设计图纸及说明、工程量表、本工程的施工组织设计、技术标准及要求、招标文件、相关的法律法规、当地的物价水平等。因此，正确答案是 ABCDE。

鉴定要求3 能完成投标文件的打印、装订、密封及归档

问：物流投标文件的打印、装订有什么要求？

答：投标文件的打印、装订质量也是投标文件质量的一部分，直接影响着评委对投标文件的最初印象，也是企业的形象之一。投标文件一定要打印清晰醒目、装订有序。为反映投标方的业绩，插入适量的项目照片也是必要的。

> **试题选解**：判断：投标文件的打印、装订质量也是投标文件质量的一部分，要求打印清晰醒目、装订有序。（   ）
>
> 解：投标文件的打印、装订质量也是投标文件质量的一部分，直接影响着评委对投标文件的最初印象，也是企业的形象之一。投标文件一定要打印清晰醒目、装订有序。因此，正确答案是正确。

鉴定要求4 能执行开标流程、分析中标/落标的原因

问：物流项目的开标流程是什么？

答：开标流程主要包括：

1）招标人签收投标人递交的投标文件。在开标当日且在开标地点递交的投标文件的签收应当填写投标文件报送签收一览表，招标人派专人负责接收投标人递交的投标文件。提前递交的投标文件也应当办理签收手续，由招标人携带至开标现场。在招标文件规定的截标时间后递交的投标文件不得接收，由招标人原封退还给有关投标人。在截标时间前递交投标文件的投标人少于三家的，该次招标无效，开标会即告结束，招标人应当依法重新组织招标。

2）投标人出席开标会的代表签到。投标人授权出席开标会的代表本人填写开标会签到表，招标人派专人负责核对签到人的身份，应与签到的内容一致。

3）开标会主持人宣布开标会开始，主持人宣布开标人、唱标人、记录人和监督人员。主持人一般为招标人代表，也可以是招标人指定的招标公司的代表。开标人一般为招标人或招标公司的工作人员。唱标人可以是投标人的代表，也可以是招标人或招标公司的工作人员。记录人由招标人指派，有形建筑市场的工作人员也同时负责记录唱标内容，招标办监管人员或招标办授权的有形建筑市场工作人员进行监督。记录人按开标会的记录要求开始记录。

4）开标会主持人介绍主要与会人员。主要与会人员包括到会的招标人代表、招标公司代表、各投标人代表、公证机构公证人员、见证人员及监督人员等。

5）主持人宣布开标会程序、开标会纪律和当场废标的条件。

6）核对投标人授权代表的有效身份证件、授权委托书及出席开标会的人数。招标人代表出示法定代表人委托书和有效身份证件，同时招标人代表当众

核查投标人授权代表的授权委托书和有效身份证件，确认授权代表的有效性，并留存授权委托书和有效身份证件的复印件。法定代表人出席开标会的要出示其有效身份证件。主持人还应当核查各投标人出席开标会的代表人数，无关人员应当退场。

7）招标人领导讲话。

8）主持人介绍招标文件、补充文件或答疑文件的组成和发放情况，投标人确认。主要介绍招标文件组成部分、发标时间、答疑时间、补充文件或答疑文件组成、发放和签收情况，可以同时强调主要条款和招标文件中的实质性要求。

9）主持人宣布投标文件截止和实际送达时间。宣布招标文件规定的递交投标文件的截止时间和各投标人实际送达时间。在截标时间后送达的投标文件应当场废标。

10）招标人和投标人的代表共同（或公证机关）检查各投标文件的密封情况。密封不符合招标文件要求的投标文件应当场废标，不得进入评标。密封不符合招标文件要求的，招标人应当通知招标办监管人员到场见证。

11）主持人宣布开标和唱标顺序。一般按投标文件送达时间逆顺序开标、唱标。

12）唱标人依唱标顺序依次开标并唱标。开标由指定的开标人在监督人员及与会代表的监督下当众拆封，拆封后应当检查投标文件组成情况并记入开标会记录。开标人应将投标文件和投标文件附件以及招标文件中可能规定需要唱标的其他文件交唱标人进行唱标。唱标内容一般包括投标报价、工期和质量标准、质量奖项等方面的承诺、替代方案报价、投标保证金、主要人员等。在递交投标文件截止时间前收到的投标人对投标文件的补充、修改也同时宣布。在递交投标文件截止时间前收到投标人撤回其投标的书面通知的投标文件不再唱标，但须在开标会上说明。

13）开标会记录签字确认。开标会记录应当如实记录开标过程中的重要事项，包括开标时间、开标地点、出席开标会的各单位及人员、唱标记录、开标会程序、开标过程中出现的需要评标委员会评审的情况，有公证机构出席公证的还应记录公证结果。投标人的授权代表应当在开标会记录上签字确认，对记录内容有异议的可以注明，但必须对没有异议的部分签字确认。

14）公布标底。招标人设有标底的，标底必须公布。由唱标人公布标底。

15）投标文件、开标会记录等送封闭评标区封存。实行工程量清单招标的，招标文件约定在评标前先进行清标工作的，封存投标文件正本，副本可用于清标工作。

16）主持人宣布开标会结束。

问：物流项目的中标策略有哪些？

答：1）提出灵活的报价方式。不论是采用最低投标价法，还是采用综合评估法（包括综合评分法、最低评标价法、性能价格比法），毫无疑问，决定评标结果的最主要因素都是投标文件的报价。

报价过程中需要注意的基本问题有以下两个方面：

① 报价必须具备竞争力。若施工方案或施工组织等其他条件与竞争对手相比没有明显的优势，那么在报价上就必须具备强的竞争。

② 报价必须在风险与预期收益之间保持平衡。价格构成的因素、施工方案优化、决策信息不完整所带来的不确定性，都可能使最终的支出发生较大的改变，随之而来的便是巨大的风险。所以，报价时必须考虑到成本风险、施工方案风险和预测数据错误带来的风险。

2）分析竞标对手的优势和劣势，掌握竞争对手的投标动向。例如：

① 通过相关渠道了解可能参与竞标的潜在竞争对手的名称、属地及与当地合作的公司的名称。

② 了解竞争对手的资质、规模、服务特色、优势项目及本地项目。

③ 多渠道了解竞争对手代表性项目的销售管理、销售状况、服务质量等。

④ 模拟竞争对手对标的项目可能采取的策划特色、服务特色、服务标准、人员编制等因素，评估其投标文件的特色及报价水平。

在充分分析竞标对手的优势和劣势，掌握竞争对手的投标动向以后，以自己的优势抗衡竞争对手的优势，以自己的长处对应竞争对手的劣势，或提前行动，使自己在竞标中占主动地位。

3）与招标人交流。首先要明确在与招标人的沟通中哪些方式是受鼓励的，哪些方式是被禁止的，甚至会导致剥夺竞标资格。同时，和招标人会面的时间必须精心选择：不宜过早，这样投标人可能不知道该提哪些问题；也不宜过晚，这样会由于时间紧迫而不能充分利用招标人给出的答案。

① 在与招标人会面之前，应该选定一个在投标和合同方面都能发挥作用，并且能够把项目的技术方面问题表达明白的人作为团队的领导者。

② 在与招标人会面之前，投标人要提前准备招标人可能提出的问题，同时也要准备好自己要提出的问题。

③ 要同招标人展开讨论，不要局限于必须提及的内容，但是也不要喋喋不休，要积极地聆听招标人所说的内容。这就意味着要对招标人的解释仔细斟酌，并加以提问来加深、确认理解，同时配合身体语言来说明问题。

④ 投标人要记住自己的目的是给招标人留下一种专业和诚信的印象，要让业主感觉自己就是合适的中标人选。当谈及专业经验时，不要将应该保密的事情泄露出去，也不要对过去或现在的业主的事务妄加评论，否则招标人将认为

投标人很可能会把他们的事务也透露出去。

⑤ 尽可能获取所有相关的有价值资料的复印件，比如公司政策、商业计划、研究报告和统计数字等。投标人应在能够获得的最有价值的资料中，列出电话号码、传真号码和电子信箱地址，以及关于招标人的部门、单位、管理职位和职责等组织结构方面的信息。

4）树立全心全意为客户服务、一切以客户需求为中心的理念。

问：物流项目的落标原因有哪些？

答：1）没能认真读透、读懂招标文件。投标人一定要认真读透、读懂招标文件并按以下三步进行：

① 认真解读、领悟招标文件要点。

② 在落实以下条款后，方可决定是否参加本次投标活动：

a）该项目的资金来源及可靠性。

b）该项目有否内控标底价，价格是否合理。

c）确定该项目的决策授权人及有否倾向性意见。

d）与招标人进行沟通，宣传推介本企业投标产品并判定投标成功的概率。

③ 核实自身投标资质等相关条件，符合后方可制作投标文件：

a）是否符合招标文件中对投标人资格条件的有关规定。

b）是否能响应招标文件提出的实质性要求和条件。

c）是否可以组成一个联合体共同投标。

d）能否在招标文件规定的截止时间前完成投标文件的编制。

2）没有充分使用招标过程中"咨询、答疑"的权利。经常有些投标人，在询标中才发现招标文件内容中的不合理之处，但为时已晚，已失去答疑中可以补纠的机会和权利。

3）投标文件没有最大程度迎合招标人的实际需求。投标文件应该严格按照国家相关法律法规和招标文件要求编制，对招标文件提出的实质性要求和条件逐条作出响应，对号入座。切不可套用企业范本答非所问，更不要画蛇添足。

4）没能使用合理的报价技巧给出合理适中的报价。合理的报价技巧包括报价策略和报价方法。

① 报价策略：投标报价必须考虑本次投标人的数量、实力、项目支付条件和自身的优势等因素，经过综合评估后设计出常规报价、保本报价、风险报价三套报价方案。

② 报价方法一般分为不平衡报价法、多方案报价法、建议性报价法。

5）没能提供招标人满意的售后服务。

6）不能妥善应对现场决策、考察及合同签订。

> **试题选解**：导致物流项目落标的原因有哪些？
> 解：导致物流项目落标的原因有：①没能认真读透、读懂招标文件；②没有充分使用招标过程中"咨询、答疑"的权利；③投标文件没有最大程度迎合招标人的实际需求；④没能使用合理的报价技巧给出合理适中的报价；⑤没能提供招标人满意的售后服务；⑥不能妥善应对现场决策、考察及合同签订。

鉴定点4 客户投诉及异常处理

鉴定要求1 能描述客户投诉和异常事件的处理原则和流程

问：如何应对客户投诉？

答：物流部门对客户投诉的处理步骤，不论是第一线的物流业务人员、管理人员，还是部门负责客户服务的专职人员，在接到客户投诉时原则上都是一致的。其主要目的在于使客户的投诉得到妥善的处理，在情绪上觉得受到尊重。因此，在处理客户投诉时应遵循下列步骤：

（1）要有效地倾听客户的各种不满陈述 为了让客户心平气和，在有效倾听时应做到下列事项：

1）让客户先发泄情绪。当客户还没有将事情全部述说完毕之前，就中途打断，作一些言辞上的辩解，只会刺激对方的情绪。如果能让客户把要说的话及要表达的情绪充分发泄，往往可以让对方有一种较为放松的感觉，心情上也比较容易平静。

2）善用自己的肢体语言，并了解客户目前的情绪。在倾听的时候，应以专注的眼神及间歇的点头来表示自己正在仔细倾听，让客户觉得自己的意见受到了重视。同时，也可以观察对方在述说事情时的各种情绪和态度，以此来决定应对方式。

3）倾听纠纷发生的细节，确认问题所在。倾听不仅只是一种动作，还必须认真了解事情的每一个细节，然后确认问题的症结所在，并利用纸笔将问题的重点记录下来。如果对于投诉的内容不是十分了解，可以在客户将事情说完之后再询问对方。不过在此过程中，千万不能让客户产生被质问的感觉，而应以婉转的方式请对方提供情况，例如："很抱歉，有一个地方我还不是很了解，是不是可以再向您请问有关……的问题。"并且在对方说明时，随时以"我懂了"来表示对问题的了解状况。

（2）表示道歉 不论引起客户不满的责任是否属于物流部门，如果能够诚心地向客户道歉，并对客户提出的问题表示感谢，都可以让客户感到自己受到了重视。事实上，从物流部门的立场来说，如果没有客户提出投诉，物流经理也就不知道有哪些方面的工作有待改进。一般来说，客户之所以投诉，表示他关心这家企业，愿意继续与之合作，并且希望这些问题能够获得改善。因此，任何一个客户投诉都值得物流部门道歉并表示感谢。

（3）提供解决方案 对于所有的客户投诉，都必须向其提出解决问题的方案。在提供解决方案时，应考虑下列几点：

1）掌握问题重心，分析投诉事件的严重性。通过倾听将问题的症结予以确认之后，要判断问题严重到何种程度，以及客户有何期望。这些都是处理人员在提出解决方案前必须考虑的。例如，客户对于配送时间延迟十分不满，进行投诉，就必须先要确认此行为是否已对客户造成经营上的损失，若是希望赔偿，其方式是什么，赔偿的金额为多少，这些都应该进行相应的了解。

2）有时候客户所投诉问题的责任不一定属于物流部门，可能是由企业其他部门所造成。例如送去的产品里面发现异物，其责任应在企业生产部门，此时应会同生产部门处理，并为客户提供协助并保持联络，以表示关心。

3）按照物流部门既定的办法处理。物流部门一般对于客户投诉有一定的处理办法，在提出解决客户投诉的办法时，要考虑到既定方针。有些问题只要引用既定的办法，即可立即解决，例如补货、换货的处理；至于无法援引的问题，就必须考虑作出弹性的处理，以便提出双方都满意的解决办法。

4）处理者权限范围的确定。有些客户投诉可以由物流部门的客户服务人员立即处理，有些就必须报告物流经理，这些都视物流部门如何规定各层次的处理权限范围而定。在客户服务人员无法为客户解决问题时，就必须尽快找到具有决定权的人士解决，如果让客户久等之后还得不到回应，将会使其又回复到气愤的情绪上，前面为平复客户情绪所做的各项努力都会前功尽弃。

（4）让客户认同解决方案 处理人员所提出的任何解决办法，都必须亲切诚恳地与客户沟通，并获得对方的同意，否则客户的情绪还是无法恢复。若是客户对解决办法还是不满意，必须进一步了解对方的需求，以便作新的修正。有一点相当重要：对客户提出解决办法的同时，必须让对方也了解物流部门为解决问题所付出的诚心与努力。

（5）执行解决方案 当双方都同意解决的方案之后，就必须立即执行。如果是权限内可处理的，就迅速利落地圆满解决。若是不能当场解决或是权限之外的问题，必须明确告诉对方事情的原因、处理的过程与手续、通知对方的时间及经办人员的姓名，并且请对方留下联络方式，以便事后追踪处理。在客户等候期间，处理人员应随时了解投诉处理的过程，有变动必须立即通知对客户，直到事情全部处理结束为止。

(6) 客户投诉处理结果总结　这一步骤主要应从以下两个方面做好工作：

1) 检讨处理得失。对于每一次的客户投诉，都必须做好妥善的书面记录并且存档，以便日后查询。物流经理应定期检讨投诉处理的得失，一旦发现某些投诉是经常性发生的，必须追查问题的根源，以改进现有作业，或是制定处理的办法；如果是偶发性或特殊情况的投诉事件，也应制定相应规定，作为物流员工再遇到类似事件时的处理依据。

2) 对物流部门员工宣传并防止日后再发生。所有的客户投诉事件，物流经理都应通过固定渠道（如例会等）在部门内宣传，让员工能够迅速改善造成客户投诉的各项因素，并了解处理投诉事件时应避免的不良影响，防止类似事件再度发生。

问：物流服务中的异常事件主要有哪些？

答：物流服务中的异常事件，主要是指因物流服务不完善引发的一系列不正常现象。若异常事件发生后不及时进行修正，可能会造成大范围投诉、问题升级，影响企业正常运营，给企业带来负面影响。因此，异常事件发生后必须立即进行处理，避免事态扩大化。常见的异常事件有：运输途中发生的交通事故、恶劣气候或其他原因导致的交通封闭或堵塞、物品发生破损脏污（或变形）、货物批次不符等；仓储活动中发生的失火、水灾、坍塌、破损、短少、变质等。对异常事件的处理原则是：优先安抚对象，防止事件扩大；解决后顾之忧，迅速妥善处理解决。

试题选解：有效倾听客户投诉时有哪些注意事项？

解：为了让客户心平气和，在有效倾听时应做到下列事项：①让客户先发泄情绪；②善用自己的肢体语言，并了解客户目前的情绪；③倾听纠纷发生的细节，确认问题所在。

鉴定要求2　能对客户投诉进行归类、沟通和归档

问：客户有哪几种投诉方式？如何进行沟通？

答：客户投诉的方式不外乎电话投诉、信函投诉，或者是直接到物流部门当面投诉这三种方式。依据客户投诉方式的不同，可以分别采取相应的行动。

(1) 电话投诉的处理

1) 倾听对方的不满，考虑对方的立场，同时利用声音及话语来表示对其不满情绪的支持。

2) 从电话中了解投诉事件的基本信息。

3) 如有可能，把电话的内容予以录音存档，尤其是特殊或涉及纠纷的投诉事件。

（2）信函投诉的处理

1）立即通知客户已经收到信函，并表示诚恳的态度和解决问题的意愿。

2）请客户告知联络电话，以便日后沟通和联系。

（3）当面投诉的处理

1）用前面所说的投诉处理步骤妥善处理客户的各项投诉。

2）各种投诉都需填写客户投诉记录表。对于表内的各项记载，尤其是名称、地址、联络电话以及投诉内容，必须复述一次，并请客户确认。

3）所有的投诉处理都要制定结束的期限。

4）必须掌握机会适时结束，以免因拖延过久浪费了双方的时间。

5）客户投诉一旦处理完毕，必须立即以书面的方式通知对方，并确定每一个投诉内容均得到解决及答复。

6）谨慎使用各项应对措辞，避免导致客户再次不满。

问：如何对客户投诉进行归档？

答：客户投诉处理完成后，应将与投诉处理有关的所有记录和资料按存档要求定期交与档案管理员归档保存。

1）顾客投诉处理过程中形成的记录，均为该投诉的档案。

2）顾客投诉处理完毕后，应将顾客投诉档案做好记录并保存。

3）对于转呈的投诉，如电话投诉、当面投诉等也要进行记录，并将顾客投诉档案保存。

4）投诉处理完结后的所有材料由档案管理人员归档备查。

5）调查相关人员对处理意见的满意度，如投诉人或被投诉人对处理意见不满意，应及时向处理人员反映，并做好后续工作。

6）将处理意见及相关状况及时反馈给相关人员。

试题选解：客户投诉的方式有（　　）。

A. 电话投诉　　B. 信函投诉　　C. 当面投诉　　D. 法院起诉

解：客户投诉的方式不外乎电话投诉、信函投诉，或者是直接到物流部门当面投诉这三种方式。因此，正确答案是 ABC。

鉴定范围 2

仓储与库存管理

鉴定点 1　仓储作业管理

鉴定要求 1　能编制仓储作业计划，管理、协调作业资源

问：编制仓储作业计划需掌握哪些信息？

答：编制仓储作业计划时，应掌握入库物品的品种、规格、数量、包装状况、单件体积、重量、确切的到库时间、存期、物理化学特征、保管要求等信息，以及仓库货位的使用情况、机械设备条件、劳动力等信息。

问：仓储作业计划的编制方法是什么？

答：（1）确定仓库用地面积　以地形图及现场放样为依据，同时考虑防火通道、建蔽率及容积率等因素，确定可用的土地面积，同时确定最佳的建筑方位和进出口。

（2）动线流程及大区域规划　动线流程依据其用地面积及物流种类的不同，可分为 I 形（直线形）动线流程、L 形（侧边形）动线流程和 U 形（单面形）动线流程等。大区域规划包括进出、货暂存区、库存暂存区等的规划。

（3）商品种类数量分析及商品种类、库存数量　一般把 A 类品尽量置于靠近走道或门口的地方，而 C 类品尽量置于仓库的角落或较偏远的地方，B 类品则置于 A 类品与 C 类品之间的地方。另外，还要计算分析商品种类及库存数量，来确定货架储位的数量。

（4）确定托盘的形式和尺寸　目前，托盘的形式和尺寸很多，在编制仓储作业计划时，应确定仓储所用托盘的形式和尺寸。

（5）确定货架的种类和尺寸　当托盘的形状和尺寸确定后，可以考虑能同时使用 1100mm×1100mm 及 1000mm×1200mm 两种规格托盘的货架。

（6）确定搬运方式和设备　仓储搬运作业的方式有多种，例如可以使用堆高机，但堆高机也有许多种类，且每种的作业要求也不相同。如果使用配重式（坐式）堆高机，则通道至少需要有 3.5m 以上的垂直作业空间；如果使用伸缩式（立式）堆高机，则通道至少需要有 2.5m 以上的垂直作业空间；如果使用窄道式（侧叉式）堆高机，则通道至少需要有 1.5 m 以上的垂直作业空间。

（7）确定库房的形式、高度和柱子跨度　上述内容确定后，库房的形式也就大致可以确定了。至于库房高度，可以通过计算得到，其计算公式为

$$库房高度=（托盘上货物的高度+叉举高度+梁高）\times N$$

其中的 N 为货物连同托盘堆码的层数。库房的柱子跨度必须根据货架规划的位置来确定。

> **试题选解：** 编制仓储作业计划时，应掌握入库物品的（　　）等信息。
> A. 品种、规格、数量　　　　　　B. 包装状况、单件体积、重量
> C. 确切的到库时间、存期　　　　D. 物理化学特征、保管要求
> **解：** 编制仓储作业计划时，应掌握入库物品的品种、规格、数量、包装状况、单件体积、重量、确切的到库时间、存期、物理化学特征、保管要求等信息，以及仓库货位的使用情况、机械设备条件、劳动力等信息。因此，正确答案是 ABCD。

鉴定要求2　能制定存储规划，确定存储策略

问：仓库分区分类规划的原则有哪些？

答：（1）商品的自然属性、性能应一致　同一储区的不同商品间不能相互影响、相互串味、相互作用，以确保商品存储环境的安全，如化学危险品与一般商品、有毒品与食品、互相串味的商品（茶叶与肥皂等）不能同区存放。

（2）商品的养护措施应一致　不同存储环境、养护方法的商品应分区分库存放，如冷藏食品与冷冻食品。

（3）商品的作业手段应一致　体积大小相差悬殊、单位重量相差很大的商品，一般要用不同的装卸搬运手段，一般不宜同区存放。

（4）商品的消防方法应一致　防火灭火方法不同的商品不应同库、同区存放，必须分开。

问：常用的货位存货方式有哪些？

答：常用的货位存货方式有定位储存、随机储存、分类储存、分类随机储存、共同储存五种方式。

（1）定位储存　定位储存即每一项商品都有固定的储位，商品在储存时不可互相换位。其适用于物理化学性质不同且易互相影响的货物、需重点保管的商品等仓库的货位管理。

（2）随机储存　随机储存即根据库存货物及储位使用情况，随机安排和使用储位。其适用于储存空间有限以及商品品种少而体积较大的情况。

（3）分类储存　分类储存即所有货物按一定特性加以分类，每一类货物固定其储存位置，同类不同品种的货物又按一定的法则来安排储位。其适用于商品相关性大且进出货比较集中的商品、货物周转率差别大的商品、体积相差大

的商品等仓库的货位管理。

（4）分类随机储存　分类随机储存即每一类商品有固定的存放储区，但各储区内，每个储位的指定是随机的。其适用于仓储物品相关性大但物理化学性质差别明显、仓储空间有限等仓库的货位管理。

（5）共同储存　共同储存即在确定知道各货物进出仓库确切时间的前提下，不同货物共用相同的储位。其适用于信息技术配置精良、能有效利用仓储空间的现代仓库的货位管理。

问：常用的存储策略有哪些？

答：存储策略是决定多少时间补充一次以及每次补充多少数量的策略。常用的存储策略有：

（1）定量订购法　定量订购法是指通过公式计算或经验求得报警点和每次订货量，并且每当库存量下降到一定点时，就进行订货的存储策略。

（2）定期订购法　定期订购法即每经过一段固定的时间间隔（称为订购周期）就补充订货并使存储量达到某种水平的存储策略。

> **试题选解**：常用的货位存货方式有（　　）。
> A. 定位储存　　　B. 随机储存　　　C. 分类储存
> D. 分类随机储存　E. 共同储存
> 解：常用的货位存货方式有定位储存、随机储存、分类储存、分类随机储存、共同储存五种方式。因此，正确答案是ABCDE。

鉴定要求3　能确定盘点策略，选择盘点方式

问：物流盘点的目的与功能是什么？

答：物流盘点的目的是确定仓库内或其他场所现存物料的实际数量。通过盘点，使公司财务损益正确、进出数量准确，并使公司资金调动流动更顺畅。

物流盘点的功能主要包括：

1）物料每天不断地收发，时间久了难免发生差额与错误。盘点可以确定物料现存的数量，并纠正账物不一致的现象，避免因库存账面数量错误而影响生产计划。

2）检查物料的管理绩效，进而改善之。

3）计算损益。企业的损益与库存有密切的关系。

4）对遗漏的订货可以迅速采取订购措施。

问：物流盘点的方法有哪些？

答：物流盘点的方法有：

（1）定期盘点　定期盘点是指选择一固定时期，将所有物料全面加以盘

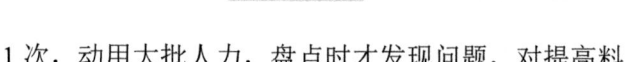

点。其特点为：一年至少 1 次，动用大批人力，盘点时才发现问题，对提高料账准确性没有帮助，可与会计结账日一致。

（2）连续盘点　连续盘点是指将物料逐区逐类连续盘点，或某物料达到最低存量时即机动加以盘点。其特点为：人数少，整年不断地盘点，及时发现问题并立即采取纠正措施，可系统地提升料账准确性，适合收发频繁的批发、零售或制造企业。

（3）最低存量盘点　最低存量盘点是指当库存物料达到最低存量或订货点时，即通知盘点人员清点仓库，盘点后开出对账单，以便查核误差的存在。这种盘点方法对于经常收发的物料相当有用，但对于呆料来说则不适合。

（4）分批分堆盘点　准备一张某批料的收料记录签，放置于透明塑料袋内，拴在该批料的包装件上。发料时，即行在记录签上记录，并将领料单副本存于该透明塑料袋内。盘点时，对尚未启用的包装件可确认其存量毫无误差，只对动用的存量实行盘点。若盘点结果有误差，查核记录签与领料单就可一清二楚。

（5）分区轮盘　分区轮盘是指由盘点人员将仓库分为若干区，依序清点物料存量，过一定日期后周而复始。

（6）联合盘点　定期盘点与连续盘点各有利弊，因此可采取多种盘点方法进行联合盘点。例如：实行最低存量盘点法者同时采用定期盘点制，实行分批分堆盘点法者同时采用分区盘点法，结合运用可以做到尽善尽美。

问：物流盘点的步骤是什么？

答：物流盘点按照不同要素可分为生产线盘点和物料盘点。

（1）生产线盘点　生产线盘点的步骤：

1）生产主管事先将盘点工作准备好。

2）生产主管下令生产停工后，必须领导监督各车间、组、线、班、工位的操作人员，将手上的工作完成。

3）操作人员将手上工作完成后，把零件、半成品放置到明显的地方，没参加盘点人员可离开现场。

4）各生产线负责初盘的工作，对零件及各半成品必须详细盘点。

5）初盘完成后，负责人员要等待复盘人员抽盘，有误差一起确认，数量不对必须重盘，直到复盘正确为止。

6）盘点完成且复盘人员签名后，把资料全部送给监督人员签字核查，都没问题后送至主管。

7）主管收到盘点资料后，安排人员汇总良品、不良品、报废品等的报表呈报财务部与相关单位。

8）若盘点后的数量与账目有误差，除调整外，还必须填报差异原因并追究责任，然后呈报上级。

(2) 物料盘点　物料盘点的步骤：①准备工作；②盘点日期的确定；③盘点人员的培训；④清理仓库；⑤盘点的方法确定；⑥施行盘点；⑦整理统计；⑧差异原因的追查；⑨盈亏的处理；⑩分析与检讨（预防、矫正、奖罚、待废料处理）；⑪盘存资产评价，向税务机关申办。

问：盘点准备工作主要有哪些？

答：盘点准备工作主要有：

1) 确定盘点程序与方法：过去的缺点在这次的盘点中应进行改进，且盘点程序与方法要经会议通过后列入公司的盘点制度中。

2) 盘点日期的确定除配合会计财务部门成本会计的决算外，还要不影响内外销出货。

3) 初盘后的复盘及监督或抽督的选取，应该有一定的级别顺序。

4) 盘点用的报表和表格，必须事先印妥，并在人员培训时进行演练。

5) 仓库的清理工作及账目的结清工作。

问：盘点培训包括哪些内容？

答：进行定期盘点时必须要动员各部门相关人员，对于各部门抽调来的人员，必须加以组织分配并进行短期的培训，确保所有人员在盘点工作中都能够达成任务。培训分为两部分：一是认识物料的培训，二是盘点方法的培训。一般不会为初盘人员培训认识物料，因为抽调来进行盘点的都是老员工或对物料熟悉的员工。

(1) 认识物料的培训　对于认识物料的培训，重点在于复盘、监督人员。

1) 分配易于认识的物料给物料认识不足的复盘、监督人员（如财务、行政人员）。

2) 对于所分配的需要复盘的物料，须加强对复盘、监督人员关于这些物料的培训。

3) 每次盘点，都应分配给复盘、监督人员相同或相近的物料。

(2) 盘点方法的培训　盘点程序与盘点方法经过会议通过后，即成为公司的制度。该盘点制度主体不变，每次盘点都依照盘点制度进行即可。参加初盘、复盘、抽督/监督的人员，必须根据盘点管理程序加以培训，必须对盘点程序、盘点方法等充分了解，这样盘点工作才会得心应手。

问：产生盘点差异应从哪些方面追查原因？

答：一旦产生盘点差异，须立即追查原因，以厘清责任。一般从以下方面追查原因：

1) 账与物不一致是否属实，是否料账处理制度有缺点而造成料账无法确实表达物料数目的事实。

2）盘亏或盘盈是否因记账员素质低或责任感不够，记账错误或进料、发料的原始单据遗失所造成。

3）是否盘点人员不用心、多盘或少盘、不依照事先说明的盘点程序进行所造成。

4）是否由于盘点制度的缺陷所造成。

5）是否供应商多给或少给而收料员不察所造成。

6）是否发料时多给或少给以及员工偷窃所造成。

问：盘点后的处理措施有哪些？

答：盘点后的处理措施主要包括：

（1）修补改善工作

1）料账、物料管制卡的账面纠正。

2）不足料迅速办理订购。

3）呆料迅速处理。

4）加强5S工作。

（2）预防工作

1）呆料比例过高时，宜设法研究，致力于降低呆废料。

2）存货周转率极低，存料金额过大造成财务负担过大时，宜设法降低库存量。

3）物料供应不继率过大时，宜设法强化物料计划与库存管理以及取得采购的配合。

4）料架、库储、物料存放地点足以影响到物料管理绩效时，宜设法改进。

5）物料盘点工作完成后，所发生的差额、错误、变质、呆滞、盈亏、损耗等结果，应分别予以处理，并防止以后再发生。

6）任何发生过的问题，都必须制定标准操作规程（SOP）以防止再次发生，并使企业体制得到强化。

试题选解：判断：连续盘点是指选择一固定周期，将所有物料全面加以盘点。（　　）

解：定期盘点是指选择一固定时期，将所有物料全面加以盘点，因此，正确答案是错误。

鉴定点2　仓储布局与物流设施规划

鉴定要求1　能举例描述仓储动线类型和仓储空间布局类型

问：仓储动线有哪几种形式？

答：仓库区域动线优化的原则：不迂回，防止无效搬运；不交叉，避免动线冲突和搬运不安全；动线最佳化，一般通过行走距离最小原则来进行精确的计算，但是由于方法复杂而且缺乏准确、充分的数据，所以在实际操作中往往根据货物整体的进出货特性选择合适的动线模式。现代仓库在运输周转、储存方式和建筑设施上都重视通道的合理布置、货物的分布方式和堆积的最大高度，并配置经济有效的机械化、自动化存取设施，以提高储存能力和工作效率。

（1）U形动线　U形动线在仓库的一侧有相邻的出货和进货月台，如图 2-2-1 所示。

返品处理区	货架储存区	拆零区	流通加工区
		分货区	
		集货区	
进货暂存区		出货暂存区	
进货办公室	进货月台	出货办公室	出货月台

图 2-2-1　U形动线

U形动线的特点：码头资源得到最佳运用；适合越库作业的进行；使用同一通道供车辆出入；易于控制和安全防范；可以在建筑物的三个方向上进行空间扩张。

U形动线的设计概念主要来自高速公路的循环运输线。该类型物流中心的出、进货月台会集中在同一边，各功能区的运作范围经常重叠，交叉点也比较多，降低了运作效率。另外，由于进出物流中心的货物在同一边月台上进行收发，容易造成混淆，特别是在繁忙时段及处理类似货物的情况下。

解决的方法可以是组建不同的操作人员小组，分别负责货物出、进物流中心事宜。可是这样一来，由于货物进出物流中心的繁忙时段可能会有不同，因此极可能产生另一个问题，就是不能充分有效利用人力资源。

由于U形物流中心的出、入货月台集中在同一边，故只需在物流中心其中一边预留货车停泊及装卸货车道，这样做的优点是：一方面，可以更有效地利用物流中心外围的空间；另一方面，也可以集中进行月台管理，减少月台监管人员的数量。

（2）I形动线　I形动线的出货和进货区域在仓库的不同方向，如图 2-2-2 所示。

I形动线的特点：可以应对进出货高峰同时发生的情况；常用于接收相邻加工厂的货物，或用不同类型的车辆来出货和发货。

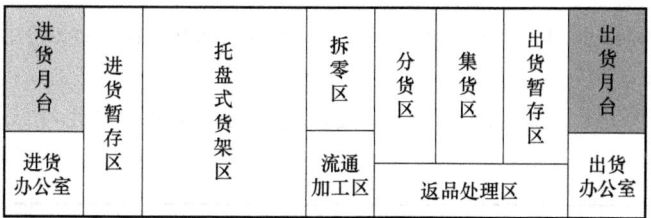

图 2-2-2 I 形动线

I 形物流中心拥有独立的出、进货月台，分别分布在物流中心的两旁，可实现直进直出。由于 I 形物流中心的运作流向是呈直线形的，各运作动线平行进行，因此无论是人流或是物流，相互的碰撞交叉点相对来说是最少的，可降低操作人员和物流搬运车相撞的可能性。

I 形物流中心存在的最大问题是出、进货月台相距甚远，增加了货物的整体运输距离，降低了效率，但由于直线形的流程较为简单，操作人员比较容易适应，可以弥补该方面的不足。此外，由于出、进货月台分布在物流中心的两旁，需最少两队保安小组负责两个月台的监管，增加了人员投入及运作成本。

（3）L 形动线　需要处理快速货物的仓库通常采用 L 形动线，L 形动线可把货物进出仓库的路径缩至最短，如图 2-2-3 所示。

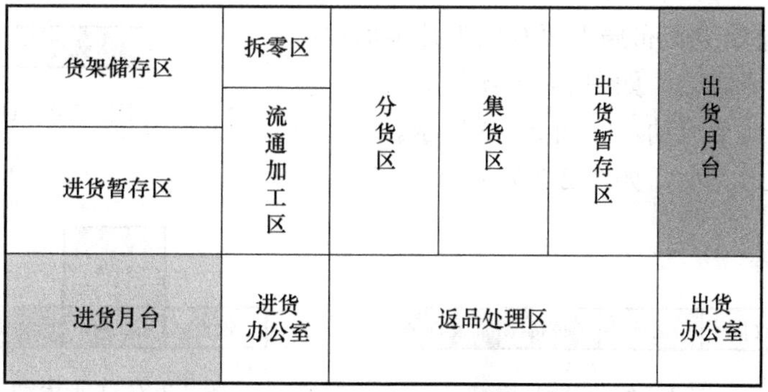

图 2-2-3 L 形动线

L 形动线的特点：可以应对进出货高峰同时发生的情况；适合越库作业的进行；可同时处理"快流"及"慢流"的货物。

需要处理快速货物的仓库通常会采用 L 形的概念设计，可把货物进出物流中心的路径缩至最短，货物流向呈 L 形。L 形动线与 I 形动线有些类似，同样拥有两个独立月台，碰撞交叉点也较少，也适合处理快速流转的货物。

L 形物流中心存在的限制之一是除了 L 形流向范围内的货物外，其他功能区货物的进出效率会相对地降低。因此，这种类型的仓库通常同时处理"快流"及"慢流"的货物，把"快流"的货物储存在 L 形流向范围内，把"慢流"的货物储存在 L 形流向范围外,按货物的搬运频率有效利用物流中心内的各功能区。

(4) S 形动线　需要经过多步骤处理的货物一般采取 S 形动线,如图 2-2-4 所示。

货架储存区	拆零区	分货区	集货区	出货暂存区	出货月台
进货暂存区	流通加工区				
进货月台	进货办公室	返品处理区			出货办公室

图 2-2-4　S 形动线

S 形动线的特点:可以满足多种处理工序的需要,且可在宽度不足的仓库中作业;可与 I 形动线结合在一起使用。

问:仓储空间布局有哪几种形式?
答:仓储空间布局主要有以下几种形式:
1) U 形流动,如图 2-2-5 所示。
2) 直线形流动,如图 2-2-6 所示。
3) T 形流动,如图 2-2-7 所示。

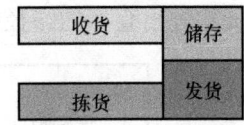

图 2-2-5　U 形流动

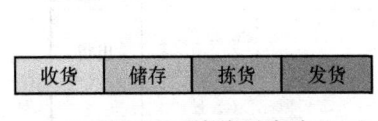

图 2-2-6　直线形流动

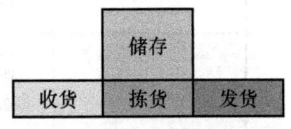

图 2-2-7　T 形流动

问:库区分区规划有哪几种形式?
答:1) 按照货物种类和性质进行分区:①分类同区储存;②单一物品专仓专储。
2) 按照物品发放方式(如自提、公路、铁路、水路等)进行分区分类。
3) 按物品危险性质进行分区分类。

问:货位布置方式有哪几种?
答:货位布置主要有以下几种方式:
1) 横列式:货垛整齐美观,存取查点方便,通风采光良好,但仓容利用率降低,如图 2-2-8 所示。

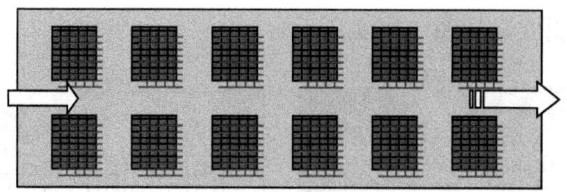

图 2-2-8 横列式

2）纵列式：仓容利用率较高，主干道货位存放周转期短的物品，支干道存放周转期长的物品，但不利于通风采光及机械化作业，如图 2-2-9 所示。

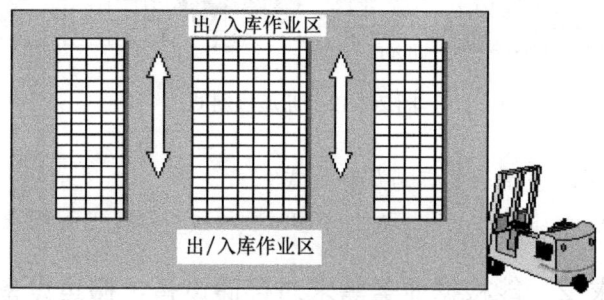

图 2-2-9 纵列式

3）混合式：在同一保管场所内横列式与纵列式兼而有之，如图 2-2-10 所示。

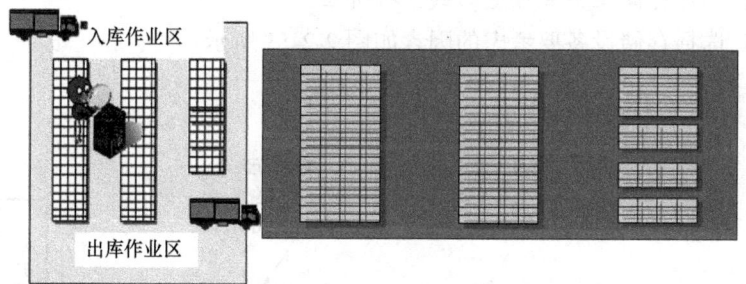

图 2-2-10 混合式

4）倾斜式：

① 货垛倾斜式，如图 2-2-11 所示。

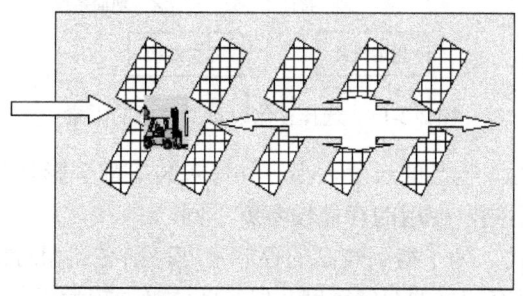

图 2-2-11 货垛倾斜式

② 通道倾斜式，如图 2-2-12 所示。

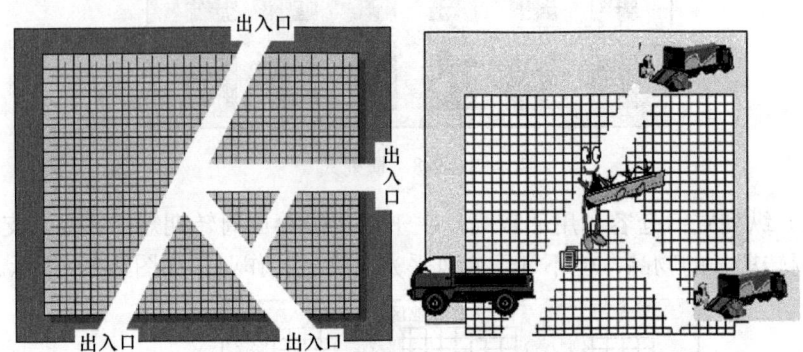

图 2-2-12　通道倾斜式

试题选解：仓储动线有哪几种形式？
解：①U 形动线；②I 形动线；③L 形动线；④S 形动线。

鉴定要求 2　能根据业务需求对存储设备、搬运设备和配送设备进行规划和优化

问：选择存储设备要考虑的因素有哪些？

答：选择存储设备要考虑的因素如图 2-2-13 所示。

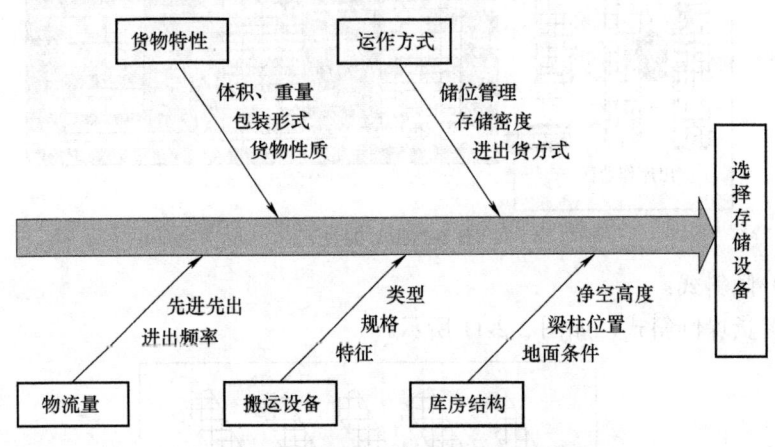

图 2-2-13　选择存储设备要考虑的因素

（1）货物特性　物品的尺寸大小、外形包装等都会影响存储单位的选用，由于存储单位的不同，使用的存储设备就不同。

（2）运作方式　为了得到较高的存储密度，则必须相对牺牲物品的可存取性。有些货架虽具有较好的存储密度，但其储位管理较为复杂，可存取性较差。

唯有自动化立体仓库可往上发展，存取性与存储密度俱佳，但投资成本较高。

（3）物流量　出入库量高低是存储设备选择时须考虑的重要因素。另外，还要考虑是否有先进先出的需求。某些式样的货架虽有很好的存储密度，但出入库量却不高，适合于低频度的作业。

（4）搬运设备　存储设备的存取作业是以搬运设备来完成的，因此选用存储设备时应同时考虑搬运设备。货架通道宽度直接影响到叉车的类型。另外，还需考虑提升高度及提升能力。

（5）库房结构　库房的净空高度、梁柱位置等都会影响到货架的配置，地板的承载能力、平整度等也与货架的设计、安装等有密切关系。另外，还需考虑防火设施和照明设施的要求。

问：选择搬运及输送设备需考虑哪些因素？

答：①商品特性；②作业方式与作业量；③设备系统的配合；④环境条件；⑤设备的维护；⑥信息的来源及管理；⑦成本与需求的平衡。

试题选解：选择存储设备要考虑（　　）等因素。
A. 货物特性　　B. 运作方式　　C. 物流量
D. 搬运设备　　E. 库房结构

解：选择存储设备要考虑的因素包括：①货物特性；②运作方式；③物流量；④搬运设备；⑤库房结构。因此，正确答案是 ABCDE。

鉴定点 3　库存控制

鉴定要求 1　能进行库存需求分析，根据所在组织库存管理目标确定库存管理方式和管理参数

问：库存管理有哪些方法？

答：库存管理是将厂商的库存策略和价值链的库存策略进行作业化的综合过程库存管理方法如下：

1）反应方法（拉动式存货方式）：利用客户需求，通过配送渠道来拉动产品的配送。

2）计划方法：按照需求量和产品可得性，主动排定产品在渠道内的运输和分配。

3）混合方法：用逻辑推理将前两种方法进行结合，形成可对产品和市场环境作出反应的库存管理理念。

问：如何进行库存需求预测？

答：库存需求预测的流程如下：①确定预测的目的和用途；②选择预测对

象，分析决定、影响需求的因素及其重要性；③决定预测的时间跨度是短期、中期还是长期；④建立预测模型；⑤收集预测所需的数据；⑥考虑和设定无法预测的内外部因素；⑦验证预测模型；⑧判断并得出结论，然后作出需求预测；⑨将判断结果进行实际应用；⑩根据实际发生的需求对预测进行监控。

问：库存管理方法的评价指标有哪些？

答：库存管理方法的评价指标主要有以下几个方面：

（1）客户满意度　客户满意度是指客户对销售者当前服务水平的满意程度。这个指标涉及许多内容，如客户忠诚度、取消订货的频率、不能按时供货的次数、与销售渠道中经销商的密切关系等。

（2）延期交货　如果一个企业经常延期交货，不得不使用加班生产、加急运输的方法来弥补库存的不足，则表示这个企业的库存管理系统运行效率很低。而且，加班生产和加急运输的成本很高，还会导致产品成本远远超过正常成本。但并不是要求企业一定不能有延期交货，如果降低库存水平引起的延期交货成本低于节约的库存成本，那么这种方案就是可取的，它可以实现企业总成本最低的目标。

（3）库存周转次数　计算整个生产线、单个产品、某系列产品的周转次数可以反映企业的库存管理水平。可以通过对各个时期、销售渠道中各个环节的库存周转次数进行比较，了解库存周转次数的发展趋势是上升还是下降以及周转的"瓶颈"是在销售渠道的哪个环节。

库存周转次数的计算公式如下：

库存周转次数=年销售额/年平均库存值

还可以进一步细分如下：

原材料库存周转次数=年材料消耗额/年原材料平均库存值

在制品库存周转次数=生产产值/在制品平均库存值

成品库存周转次数=年销售额/成品年平均库存值

库存周转次数在不同行业的企业里变化幅度很大，即使在同一行业中若企业规模不同也会有很大差异。

问：什么是库存管理参数？常用的库存管理参数有哪些？

答：库存管理参数是指为了合理地控制库存，必须确定的若干参数。常用的库存管理参数有订货量、订货间隔期、安全库存量、报警点、订货后库存量等。

（1）订货量　订货量即仓库根据需求，为补充某种物资的库存量而向供货厂商一次订货或采购的数量。

（2）订货间隔期　订货间隔期即订货合同中规定的两次进货之间的时间间隔。

（3）安全库存量　由于需求量、备运期或订货间隔期都是随机变量，某一备运期间需求量或某两次到货期间需求量增加就会导致缺货，订货间隔期延长也会导致缺货。为了防止这部分不可预知的、可能突然发生的增量而造成的缺货损失，就必须有一部分储备，这部分储备称为安全库存量。

（4）报警点　当库存量下降到某一点时，必须立即进行订货或采购。在这批货物尚未到达并验收之前的库存量应能按既定服务水平满足备运期间的需求。该点即报警点，亦称为订货点。换言之，如果库存量低于报警点才进行订货或采购，就会满足不了既定的服务水平，发生更大范围的缺货。

（5）订货后库存量　当库存量下降到报警点并发出订货要求后，会使名义库存量上升到某一规定数额，该名义库存量即为订货后库存量。

> **试题选解**：简述库存需求预测的流程。
>
> 解：①确定预测的目的和用途；②选择预测对象，分析决定、影响需求的因素及其重要性；③决定预测的时间跨度是短期、中期还是长期；④建立预测模型；⑤收集预测所需的数据；⑥考虑和设定无法预测的内外部因素；⑦验证预测模型；⑧判断并得出结论，然后作出需求预测；⑨将判断结果进行实际应用；⑩根据实际发生的需求对预测进行监控。

鉴定要求 2　能制定库存管理策略与计划，实施并监督库存管理方案

问：什么是库存管理策略？常用的库存管理策略有哪些？

答：库存管理策略是指按照企业的经营特点和物料的属性，对库存物料采取的综合管理方式的总称。在企业中，常用的库存管理策略包括 ABC 库存管理策略、批次管理策略和序列号管理策略。ABC 库存管理策略是根据库存物料占用资金的多少进行分类管理的策略。批次管理策略是对物料进行逐批管理和控制的方式。在序列号管理策略中，每一个物料都被赋予了一个与之对应的序列号，该序列号将伴随该物料贯穿于物料的采购、存储、生产和销售等各个环节，这些环节的信息都与该序列号关联。序列号的设计应满足唯一性，且应便于自动处理和易识别。

问：改进库存管理的方法有哪些？

答：（1）策略改进

1）绩效衡量。绩效衡量必须清楚地反映企业所期望的交易代价和个人的报酬结构。绩效衡量说明书必须清楚而又一致地提供目标定义，并让人了解到目标的实现将对个人绩效的评价产生什么影响。

2）应知应会训练。可以通过增加应知应会训练的数量和复杂性，来改善

库存管理决策。首先,训练的计划者应了解服务目标、检查周期、订货批量、安全储备以及库存管理逻辑等存货参数是如何影响企业的运作和绩效的。其次,训练的计划者还应了解库存管理决策是如何影响到价值链中的其他成员。

(2)信息综合 把企业与渠道伙伴的需求信息(预测值、订货数、营销计划、存货状态和装运状态等)进行综合,可大大增加库存的效率和绩效,并减少不确定因素。使用互联网络、EDI和卫星通信等现代技术有助于信息交换。

(3)专家系统的应用 利用计算机技术,在整个企业内分享库存管理专家的经验。专家系统还可以被用于洞察检查周期、库存管理逻辑,以及每一个产品/市场分组所使用的战略。

> **试题选解:** 判断:批次管理策略是根据库存物料占用资金的多少进行分类管理的策略。( )
>
> 解:ABC库存管理策略是根据库存物料占用资金的多少进行分类管理的策略。因此,正确答案是错误。

鉴定范围 3

配送管理

鉴定点　配送作业管理

鉴定要求 1　能编制配送作业计划，管理、协调作业资源

问：编制配送作业计划的依据是什么？

答：主要包括以下几方面：①客户订单；②客户分布、送货路线、送货距离；③物品特性；④运输、装卸条件；⑤根据分日、分时的运力配置情况，决定是否要临时增减配送业务；⑥调查各配送点的物品品种、规格、数量是否适应配送业务的要求。

问：配送作业计划包括哪些内容？

答：配送作业计划的格式如图 2-3-1 所示。

生鲜食品配送中心　　　配送计划表　　　××××年××月××日

序号	客户名称	订购商品名称	商品规格	配送数量	配送时间	运输工具及数量
1	建筑职院	大米	25 千克/袋	12 袋		
2	农垦职院	大米	25 千克/袋	10 袋		
	合计					

图 2-3-1　配送作业计划的格式

试题选解：编制配送作业计划的依据包括（　　）。

A. 客户订单　　　B. 客户分布　　　C. 物品特性

D. 运输、装卸条件　　E. 运力配置情况

解：编制配送作业计划的依据主要包括：①客户订单；②客户分布、送货路线、送货距离；③物品特性；④运输、装卸条件；⑤根据分日、分

时的运力配置情况，决定是否要临时增减配送业务；⑥调查各配送点的物品品种、规格、数量是否适应配送业务的要求。因此，正确答案是 ABCDE。

鉴定要求 2　能制定拣选策略，确定拣选方式

问：拣货作业方式有哪些？

答：1）按单拣货方式：分别按每份订单拣货，即完成一个订单的拣货后，再对下一个订单拣货。

其作业原理是拣货人员或拣货工具巡回于各个储存点，按订单所列商品及数量，将客户所订购的商品逐一由仓库储位或其他作业区中取出，然后集中在一起。按单拣货方式又称为"摘果式""人到货前式""订单别拣选"或"单一顺序拣选"等。

2）批量拣货方式：把多张订单集合成一个批次，按商品品种类别将数量加总后再进行拣货，拣货完成后再按客户订单进行分类处理，又称为"播种式"。

问：拣货作业方式如何选择？

答：1. 定量方法

定量方法是指根据每份订单的货物数量情况，按当日 EN 值(订单品项数)及 IK 值(品项重复数)的分布判断出货物品项数的多少和货物周转率的高低，确定不同作业方式的区间。

2. 定性方法

（1）按单拣货方式的适用情况及特点

1）适用情况：货物外形体积变化较大，货物特性差异较大，分类作业难以进行，如化妆品、家具、电器、百货、高级服饰等。

2）特点：

① 因拣货行走距离无法缩短，拣货效率可能降低。

② 作业前置时间较短，订单处理可以保持连续性。

③ 容易采用机械化的方式协助人工拣货，但较难采用全自动化的方式进行。

（2）批量拣货方式的适用情况及特点

1）适用情况：用户需求比较稳定、波动较小；用户需求种类较少，且订货量大；订单的重复订购率较高，配送时间要求不严格。

2）特点：

① 与按单拣货方式相比可以更好地发挥规模效益。可同时对各个客户所需货品进行配送，有利于车辆的合理化调配和规划配送线路。

② 流程复杂，错误率相对较高。其工艺难度较高，计划性较强，与按单拣货方式相比错误率较高。

③ 灵活性较差，存在停滞时间。紧急订单很难插入到正在进行的拣货作业中，不能灵活地调整配货的先后次序。

（3）两种方式的优缺点对比　两种方式的优缺点对比见表 2-3-1。

表 2-3-1　两种方式的优缺点对比

拣货方式	优　点	缺　点	适用场合
按单拣货方式	作业方法简单 订单处理前置时间短 导入容易且作业弹性大 作业人员责任明确，作业容易组织 拣货后不必再进行分类作业	货物品种多时，拣货行走路径过长，拣货效率降低 拣货区域大时，搬运系统设计困难 拣货必须配合货架货位号码	适合多品种、小批量订单的场合
批量拣货方式	合计后拣货、效率较高 盘亏较少	所有种类实施批量拣货困难 增加了出货前的分货作业 必须全部作业完成后才能发货	适合少品种批量出货，且订单的重复订购率较高的场合

试题选解：判断：批量拣货方式适用于化妆品、家具、高级服饰等货物外形体积变化较大、货物特性差异较大、分类作业难以进行的物品的拣货作业。（　　）

解：按单拣货方式适用于货物外形体积变化较大、货物特性差异较大、分类作业难以进行的物品的拣货作业，如化妆品、家具、电器、百货、高级服饰等的拣货作业。因此，正确答案是错误。

鉴定要求 3　能规划配送线路，制定配送装车计划和方案

问：配送线路规则有哪些目标？

答：根据配送的具体要求、配送中心的实力及客观条件，配送线路规划的目标可以有多种选择：

1）以效益最高为目标：指计算时以利润最大化为目标。

2）以成本最低为目标：实际上也是选择了以效益最高为目标。

3）以路程最短为目标：如果成本与路程相关性较强，而和其他因素的相关性较小，可以选它作为目标。

4）以吨公里数最小为目标：在"节约里程法"的计算中，采用这一目标。

5）以准确性最高为目标：它是配送中心的重要服务指标。

6）以运力利用最合理、劳动消耗最低等为目标。

问：配送线路规划的方法有哪些？

答：根据送货作业的实际情况，送货业务中出现最多的是以下两种情况：从单个配送中心向单个客户往返送货及从单个配送中心向多个客户循环送货后返回。这两种情况的配送线路最短路线设计可以归结为两类问题，即两点间最短路线问题和单起点多回路最短路线问题。

（1）两点间最短路线问题　图 2-3-2 所示是某配送中心与一个客户之间的公路网络示意图，起点 O 为配送中心所在位置，终点 P 为客户所在位置，A、B、C、D 代表从 O 到 P 途中要经过的节点，节点与节点之间有线路连接，线路上标明了两个节点之间的距离，距离以运行时间（单位为 min）表示（当然也可以用距离表示）。现在要在该图中找出一条从配送中心（起点 O）到客户（终点 P）的最短路线。

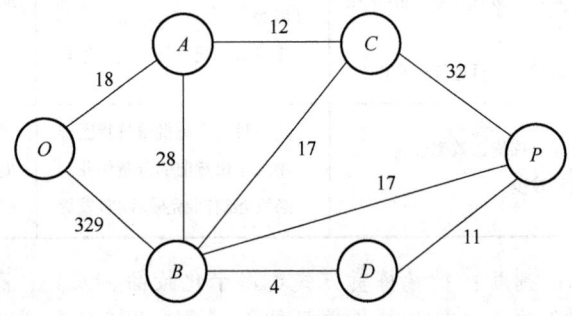

图 2-3-2　公路网络示意图

首先，第一个已解的节点就是起点 O。与 O 点直接连接的未解的节点有 A、B 点。第一步，A 点是距 O 点最近的节点，记为 OA。由于 B 点是唯一选择，所以它成为已解的节点。

随后，找出距 O 点和 A 点最近的未解的节点。列出距各个已解的节点最近的连接点，有 O—A、A—B 和 A—C，记为第二步。注意，从起点通过已解的节点到某一节点所需的距离应等于起点到达这个已解节点的最短距离加上已解节点与未解节点之间的距离，也就是从 O 点经过 A 点到达 C 点的距离为 $OA+AC=18+12=30$，从 O 点经过 A 点到达 B 点的距离为 $OA + AB=18+28=46$，从 O 点直达 B 点的距离为 329，现在 C 点也成了已解节点。

第三次迭代要找到与各已解节点直接连接的最近的未解节点，有两个候选节点 B、P，从起点 O 到这两个候选节点的最短距离分别为 46、62，其中连接 AB 的距离最短，为 46，因此，B 点就是第三次迭代的结果。

重复上述过程直到到达终点 P，得最短路线距离为 61，最短路线为 O—A—B—D—P。

（2）单起点多回路最短路线问题　解决单起点多回路最短路线问题最常用

的方法是节约里程法,它是人工和计算机计算单起点多回路最短路线的基础。

如图 2-3-3 所示,O 点为配送中心所在位置,A 点和 B 点为客户所在位置,三者相互间的距离分别为 a、b、c。要从 O 点运送货物给 A 点和 B 点。第一种路线是 $O—A—O$,然后是 $O—B—O$,总距离为 $a+a+b+b=2a+2b$。还可以选择另外一种路线 $O—A—B—O$,总距离为 $a+b+c$。综上,第二种路线的节约里程数是 $(2a+2b)-(a+b+c)$,即 $a+b-c$。由于三角形的两条边之和总是大于第三条边,因此,$a+b-c$ 不会为负。

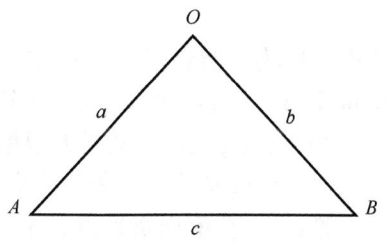

图 2-3-3 配送路线示意图

将客户连接起来,增加了节约里程数,且客户之间的距离越近,它们距离配送中心越远,节约里程数就会越大。这个方法也可以用时间来代替距离进行计算。

节约里程法的使用条件为:适用于有稳定客户群的配送中心;各配送线路的负荷要尽量均衡;要考虑客户要求的交货时间(即一条线路的送货总里程不能太长),否则会影响向客户交货时间的准确性;货物总量不能超过车辆的额定载重量。

问:车辆如何配载?

答:根据送货作业本身的特点,送货作业一般采用汽车送货。由于货物的重量、体积以及包装形式各异,所以具体车辆的配载要根据客户要求,结合货物及车辆的具体情况综合考虑。多数情况下主要是依靠经验或简单的计算来设计配载方案。

1)车辆的配载计算要在满足一定的前提假设条件下进行,通常假设如下:

① 车辆容积和载重量都有额定限制。

② 每一个客户都有确定的一个送货点,有相应的驾驶时间用以到此送货点或从此送货点到下一个客户的送货点。

③ 每一份订单都包括货物的特定数量,每种货物的包装都可以测出长、宽、高。

④ 每种货物的包装不超过公路运输包装件的尺寸界限。

⑤ 货物的包装材料相同,且遵循配载的原则。

2)车辆配载应在符合安全生产的前提下,尽量减少车辆亏载,提高装载的经济性、合理性。车辆配载的方法主要有:

① 容重配载法:

$$W_a=(V-WR_b)/(R_a-R_b)$$

$$W_b=(V-WR_a)/(R_b-R_a)$$

式中，V 为车厢容积（m³）；W 为车辆载重量（t）；R_a、R_b 为两种货物的单位质量体积（m³/t）；W_a、W_b 为车辆分装载两种货物时的实际载重量（t）。

② 经验配载法：装货人根据过去同类货物装车经验进行配载。

问：配送方案的主要内容是什么？

答：1）分配送货地点、车辆数量与配送任务。应使配送业务达到配送路线最短、所用车辆最少、总成本最低、服务水平最高。

2）决定配送批次和配送先后顺序。当配送中心的货品性质差异很大，有必要分开配送时，需要决定不同的配送批次。

3）确定车辆数量。企业需要在提高客户的服务水平与减轻企业的负担之间进行权衡，确定合适的车辆数量。

4）合理搭配不同类型、不同来源的车辆。在车辆安排上，调度人员要熟悉不同类型车辆的积载量和重量限制，根据成本的计算来考虑是选用外雇车辆进行配送比较划算还是利用自有车辆多次巡回配送比较划算。

5）确定车辆装载方式，最好绘制出详细的车辆配载图。

6）确定配货作业指标：

$$PHD=PI/ZI$$

式中，PHD 为拣货配货率；ZI 为库存种类数；PI 为拣货种类数。

7）控制车辆最长行驶里程。需要考虑的因素有配送完毕之后的返程路途、车辆的油耗、驾驶员的精力，还应避免出现成本过高和交通意外。

8）确定时间范围。

9）与客户作业层面进行衔接。配送方案应该对门店的收货方面进行沟通，做好衔接安排。例如，对于托盘货物，门店应有接货的月台以及相关的操作设备。

10）达到最佳化目标。目标是所用车辆最少、配送路线最短、作业总成本最低、服务水平最高。为了完成此任务，需要从以下几个方面入手：

① 整理产品信息。从最终客户的订单中总结客户需求商品的名称、规格、数量、储存要求等信息。

② 规划配送路线。总结各需求客户所在位置，形成配送中心与客户之间的地理关系图，根据商品需求量进行基本路线规划，确定配送的顺序；根据配送商品的性质，确定配送的批次；结合客户所在位置及需求情况，共同协商确定配送的时间。

③ 绘制车辆配载图。根据产品信息确定的配送路线，结合企业营运车辆的情况确定每条路线上的营运车辆，并设计车上产品的摆放顺序，同时绘制车辆配载图。

④ 形成最终配送方案。

试题选解：简述配送线路规划的目标。

解：根据配送的具体要求、配送中心的实力及客观条件，配送线路规划的目标可以有多种选择：①以效益最高为目标；②以成本最低为目标；③以路程最短为目标；④以吨公里数最小为目标；⑤以准确性最高为目标；⑥以运力利用最合理、劳动消耗最低等为目标。

鉴定范围 4

运输管理

鉴定点 1　当事人业务管理

鉴定要求 1　能开发和管理托运人，确认货物运输需求

问：简述制约托运人的责任条款。

答：①发货人装箱、计数条款（或承运人不知条款）；②铅封完整交货条款；③货物检查权条款；④海关启封检查条款；⑤发货人对货物内容正确性负责条款；⑥承运人运价本。

问：货物合同中托运人要注意什么？

答：1）托运人应对承运人的主体资格和履行合同能力进行必要的审查和了解，才能确定对方是否具备承运资质和保障货物安全到达目的地的能力。

2）托运人应对托运单填写内容的真实性和正确性负责。因为托运人填交的货物托运单经承运人接收，并由承运人填发货运单后，货物运输合同即告成立。

3）托运人必须在托运的货件上标明发站、到站和托运人、收货人的单位、姓名和地址，并按照国家规定标明包装储运指示标志。

4）在运输过程中必须有专人照料、监护的货物，应由托运人指派押运员押运。押运员对货物的安全负责，并遵守运输有关规定。承运人应协助押运员完成押运任务。

5）托运货物内不得夹带国家禁止运输、限制运输的物品和危险物品。

6）要如实申报货物的真实运输条件，包装应符合运输安全的要求等。

问：什么是运输需求？

答：运输需求是指在一定的时期内，一定价格水平下，社会经济生活在货物与旅客空间位移服务方面所提出的具有支付能力的需要。运输需求必须具备两个条件，即具有实现位移服务的愿望和具备支付能力，缺少任一条件，都不能构成现实的运输需求。

运输需求通常包含以下五项要素：

1）运输需求量，也称为流量，通常用货运量和客运量来表示，用来说明

货运需求和客运需求的数量与规模。

2）流向，是指货物或旅客发生空间位移时的空间走向，表明客货流的产生地和消费地。

3）运输距离或运输航线，也称为流程，是指货物或旅客所发生的空间位移的起始地至到达地之间的距离。

4）运输价格，是指运输单位重量或体积的货物或运送每位旅客所需的费用。

5）运输需求结构，是指按不同货物种类、不同旅客出行目的或不同服务内容（如装卸、堆存、仓储等）对运输需求的分类。

运输需求的特征包括派生性、规律性、不平衡性。

> **试题选解**：判断：托运人应对托运单填写内容的真实性和正确性负责。（　　）
>
> 解：托运人应对托运单填写内容的真实性和正确性负责。因为托运人填交的货物托运单经承运人接收，并由承运人填发货运单后，货物运输合同即告成立。因此，正确答案是正确。

鉴定要求2　能开发和管理承运人的运力资源

问：什么是承运人？承运人的责任和权利有哪些？

答：承运人是运输活动的承担者，它们可能是铁路货运公司、航运公司、民航货运公司、运输公司、储运公司、物流公司以及个体运输业者。承运人是受托运人或收货人的委托，按委托人的意愿以最低的成本完成委托人委托的运输任务，同时获得运输收入。承运人根据委托人的要求或在不影响委托人要求的前提下合理地组织运输和配送，包括选择运输方式、确定运输线路、进行配货配载等，以降低运输成本，尽可能多地获得利润。

承运人的责任是：提供适运的运输工具；管理货物的责任；不得绕远的责任。承运人的权利是：收取运费和其他费用的权利；享受免责的权利；单位赔偿责任限额。

问：什么是运力资源？

答：运力资源一般是指某个行业或者企业总的运输能力，提供这些运输能力，依靠的是行业或者企业的各种运输工具和人力。

问：开发和管理承运人运力资源的措施有哪些？

答：1）选择适当的运输方式，以充分发挥和利用各种运输方式在运输时间、运输能力、运输质量、运输价格、可达性等方面的优势。物流企业在整合运力资源时，要充分利用各种运输方式的联运功能，以促进整个运输过程在时间和成本上的系统最优。

2）灵活运用集运和分拨，以提高运输工具的利用率、降低成本和更好地满足客户对不同批量的需求。集运是指将小批量货物合成大批量货物进行运输，也就是通常所称的"化零为整"。由于运输批量越大费率越低，因而集运是降低单位重量运输成本的主要方法。分拨是与集运相对应的组织方式，也就是通常所称的"化整为零"，可以采取分散储存、使用小吨位车辆等方式，以解决高峰时运力紧张、无法及时供货等问题。

3）灵活采用"定线、定班、定时"的专线运输与"不定向、不定量"的不定期运输，以确保交货批量灵活、降低运输成本、缩短交货时间等。

4）合理调拨企业的运输工具。客户的运输需求因产品、地区、时间等不同而具有较大的差异性，这就会导致在不同地区、不同时段的运力供给呈现不平衡。因此，在条件允许和保证系统总体成本最低的情况下，可以将某地区空闲的运输工具调拨至运力紧张的地区，以满足这一地区的运输服务需求。

5）必要时，可以临时高价租用社会零散的运输工具。这样可以解决高峰时运力不足的问题，满足客户的需求。

6）整合运力资源。应特别注意与其他物流资源的整合、协调，例如与仓储资源、客户资源的整合、协调。

> **试题选解：**承运人是运输活动的承担者，它们可能是（　　　）。
> A. 铁路货运公司　　　B. 航运公司　　　C. 储运公司
> D. 物流公司　　　　　E. 个体运输业者
> 解：承运人是运输活动的承担者，它们可能是铁路货运公司、航运公司、民航货运公司、运输公司、储运公司、物流公司以及个体运输业者。因此，正确答案是 ABCDE。

鉴定要求3　能执行与当事人的合同，处理货运资料和订单

问：运输合同管理的内容有哪些？

答：运输合同管理的内容主要有：

（1）运输合同的订立与履行　货物运输合同是承运人和托运人之间达成的明确货物运输权利义务关系的协议。承运人有义务将货物安全、及时、完整地运到托运人指定的目的地，并交付给托运人指定的收货人，托运人或收货人应当支付相应的运输费用。

在订立运输合同时，必须遵守国家法律、行政法规，遵循平等、自愿、公平、诚实信用的原则，遵守社会公德，不得损害社会公共利益。

运输合同签订之后，就具有法律的约束力，合同当事人必须按照合同规定的条款认真履行各自的义务。

运输合同履行时，托运人应按合同规定的时间准备好货物，及时发货、收

货，装卸地点和货场应具备正常通车条件，按规定做好货物包装和储运指示标志等。承运人应按合同规定的运输期限、货物数量和起止地点组织运输，保质保量完成运输任务；在货物装卸和运输过程中，应与托运人办理货物交接手续，做到责任分明，并分别在发货单和运费结算凭证上签字。

（2）运输合同的变更与解除 变更合同是指合同部分内容和条款的修改补充。解除合同是指解除由合同规定的双方的法律关系，提前终止合同的履行。

运输合同变更与解除的前提是：合同尚未履行或没有完全履行时，遇到特殊情况而使合同无法继续履行；在合同规定的变更、解除期限内，经合同双方协商，同意变更或解除合同。任何一方不得单方擅自变更、解除双方签订的运输合同。

运输合同变更与解除的条件主要有：

1）当事人双方协商变更或解除。协商时以不损害国家利益、社会利益为原则。

2）订立运输合同所依据的国家计划被修改或取消，相应地，运输合同可变更或解除。

3）由于不可抗力或由于一方当事人虽无过错但无法防止的外因，致使运输合同无法履行而变更或解除。

4）由于一方违约，使运输合同的履行成为不必要。

5）其他应当变更或解除合同的情形。

《中华人民共和国民法典》第五百六十六条规定了合同解除的法律后果：合同解除后，尚未履行的，终止履行；已经履行的，根据履行情况和合同性质，当事人可以请求恢复原状或者采取其他补救措施，并有权请求赔偿损失。

（3）运输责任的划分 应在运输合同中明确当事人（包括托运人、承运人、收货人等）的权利与义务。

问：公路货运业务的流程是什么？

答：公路货运业务流程如图 2-4-1 所示。

货物在运输途中如发生装卸、换装、保管等作业，驾驶员之间、驾驶员与站务人员之间应认真办理交接检查手续。为了方便货主，整车货物还允许中途拼装或分卸作业。考虑到车辆周转的及时性，对整车拼装或分卸应严密组织。

车辆装运货物抵达卸车地点后，收货人或车站货运员应组织卸车。卸车时，对卸下货物的品名、件数、包装和货物状态等应作必要检查。整车货物一般直接卸在收货人仓库或货场内，并由收货人自理。收货人确认所卸货物无误并在货票上签收后，货物交付即完毕。货物在到达地向收货人办完交付手续后，才算完成了该批货物的全部运输过程。

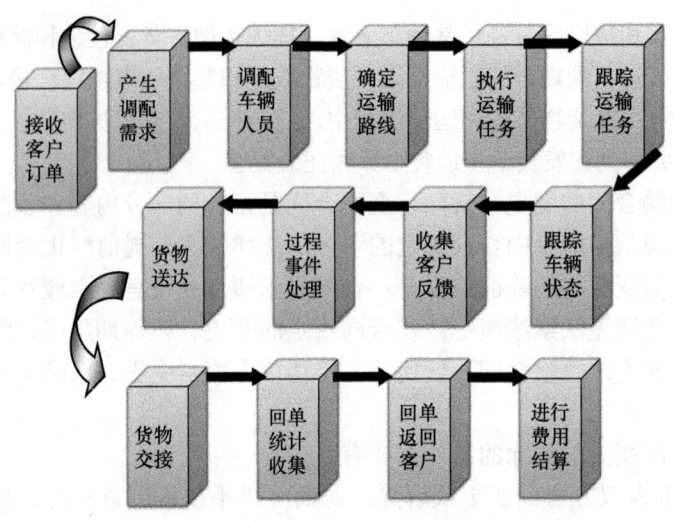

图 2-4-1 公路货运业务流程

> **试题选解**：运输合同变更与解除的条件有哪些？
>
> 解：1）当事人双方协商变更或解除。协商时以不损害国家利益、社会利益为原则。
>
> 2）订立运输合同所依据的国家计划被修改或取消，相应地，运输合同可变更或解除。
>
> 3）由于不可抗力或由于一方当事人虽无过错但无法防止的外因，致使运输合同无法履行而变更或解除。
>
> 4）由于一方违约，使运输合同的履行成为不必要。
>
> 5）其他应当变更或解除合同的情形。

鉴定要求4 能对货物运输进行成本计算和费用结算

问：运输成本核算的流程是什么？

答：1）确定运输成本计算对象和相关要素：①运输成本计算对象；②运输成本计算单位；③运输成本计算期；④运输成本计算对象的相关要素。

2）归集运输费用。

3）计算运输总成本与单位成本。

4）填制运输成本表。

5）总结运输成本核算工作过程。

问：如何归集运输费用？

答：1. 汽车运输成本项目的设置

根据运输企业会计制度的规定，汽车运输成本项目的设置一般是按照其成本构成内容来确定的。例如，设置车辆直接费用和营运间接费用两个成本项目,再在车辆直接费用下设置工资及职工福利费、燃料费、轮胎费、保养修理费、车辆折旧费、养路费、公路运输管理费、保险费、事故费、税金及其他费用等明细项目,在营运间接费用下设置工资、差旅费、办公费、折旧费等明细项目。其中,车辆直接费用是指企业营运车辆在从事运输生产活动中所发生的各项费用。

2．汽车运输费用的归集与分配
（1）直接人工的归集与分配
成本项目：工资及职工福利费。
原始记录：工资分配表、职工福利计算表。
内容说明：对于有固定车辆的驾驶员和随车人员的工资、行车津贴和其他津贴,应由有关车型的运输成本负担,将其实际发生数直接计入运输成本的工资项目。按照工资负担对象和金额计算应计提的职工福利费直接计入各分类运输成本的职工福利费项目。

对于没有固定车辆的后备驾驶员的工资及津贴,则需按一定标准（一般为营运车吨位或营运车日）分配计入有关车辆的分类运输成本。

计算公式如下：
每营运车吨日工资分配额=应分摊的驾驶员工资总额/总营运车吨日
某车型应分摊的驾驶员工资额=该车型实际总营运车吨日×每营运车吨日工资分配额

职工福利费按实际发生额计入有关成本、费用。

例1：某运输公司甲车队共有A型车6辆,每车载重15吨；B型车4辆,每车载重8吨。A型车每天满载运输1趟,B型车每天满载运输2趟。每月按30个工作日计算。每趟车有1名定车驾驶员,全车队又有后备驾驶员2人。定车驾驶员每月工资1200元,后备驾驶员每月工资1000元。另外,每月公司按照职工工资总额的14%分配职工福利费。计算A、B两种车型各自应负担的人工费用。

解：每营运车吨日工资和福利分配额=[(6+4)×1200+2×1000]×(1+14%)/[(6×15×1+4×8×2)×30]元/（车·吨·日）≈3.45元/（车·吨·日）。

A型车应负担的人工费用=6×15×1×30×3.45元=9315元。
B型车应负担的人工费用=4×8×2×30×3.45元=6624元。

（2）直接材料的归集与分配
1）成本项目：燃料费。
原始记录：燃料领用凭证、行车路单、外地加油结算凭证、燃料消耗报告等。
内容说明：营运车辆消耗的燃料主要包括柴油、汽油等。燃料消耗计算的范围与期间应与车辆运行情况相一致,以保证燃料实际消耗量与当月车辆行驶总车公里和所完成的运输周转量相对应。但必须注意,燃料消耗要按实际耗用量计入成本费用,而燃料实际耗用量的确定方法取决于企业对车存燃料的两种不同管理方式,即满油箱制和盘存制。

2)成本项目:轮胎费。

原始记录:轮胎领用汇总表及有关凭证等。

内容说明:汽车轮胎包括外胎、内胎和垫带三部分。由于内胎和垫带价值较低,可视同一般消耗性材料,在领用时一次直接计入成本。对于汽车外胎,由于价值较高、更换频繁,所以,除管理部门的车用轮胎在领用时一般按实际领用数计入成本费用外,营运车辆的轮胎在领用时可采用以下方法:

① 一次摊销法,是指在营运轮胎领用时,一次性将轮胎的价值计入运输成本。

② 分期摊销法,就是在一次领用营运轮胎数量较大时,将其价值分期计入运输成本,摊销期限一般不超过一年。

③ 按行驶公里数预提法,是在新车开始运行后,便逐月按轮胎已行驶的公里数(胎公里)预提轮胎费用计入运输成本,待轮胎更换时,再用领用轮胎的价值冲减预提轮胎费用。

按行驶公里数预提法的核算步骤为:月末,按照轮胎的行驶里程和企业规定的胎公里摊销数,计算并预提本月在用轮胎应负担的轮胎费用,并记入成本。其计算公式如下:

$$千胎公里摊提额 = \frac{外胎计划价格 - 计划残值}{新胎到报废行驶里程定额 \div 1000}$$

外胎的轮胎摊提费用应按月计入成本,其计算公式如下:

某车型外胎应计摊提费用=千胎公里摊提额×该车型外胎实际使用胎公里÷1000

例2:某汽车运输公司对营运车辆的轮胎外胎成本采取按行驶公里数预提的方法。已知公司营运车辆已经领用20个外胎,外胎计划价格为500元/个,计划残值为0,预计新胎到报废时车辆行驶里程为1000公里;公司有5辆车,其中2辆在检修期间,其余3辆的行驶里程分别为1000公里、800公里、200公里。计算当月外胎应计摊提费用。

解:千胎公里摊提额=(500−0)/(1000÷1000)元/(千胎·公里)=500元/(千胎·公里)。

当月外胎应计摊提费用=500×4×(1000+800+200)÷1000元=4000元。

(3)其他费用的归集与分配

1)成本项目:保养修理费。

原始记录:各项保养和修理凭证。

内容说明：汽车运输企业车辆的各级保养和修理作业分别由车队保修班和企业所属保养厂（保修厂）进行。由车队保修班进行的各级保修和小修理的费用包括车队保修工人的工资及职工福利费、行车耗用的机油以及保修车辆耗用的燃料、润料和备品配件等，一般可以根据各项凭证汇总，全部直接计入各成本计算对象的成本。对于保修班发生的共同性费用，可按营运车日比例分配计入各车队运输成本。由保养厂（保修厂）进行的保修主要是大修理，所发生的费用视同辅助生产费用，在发生时先计入辅助营运费用，然后月末按受益对象进行分配，计入有关成本费用。

营运车辆的大修理费用按实际行驶里程计算预提，特种车、大型车可按使用年限计算预提。其计算公式如下：

按使用年限计提时为

$$某车型营运车月大修理费用预存率=\frac{预计大修理次数×每次大修理费用}{该车型原值×预计使用年限×12}×100\%$$

按实际行驶里程计提时为

$$某车型营运车千车公里大修理费用预提额=\frac{预计大修理次数×每次大修理费用}{该车型至报废行驶里程定额/1000}$$

某车型营运车月大修理费用提存额=该车型营运车千车公里大修理费用预提额×该车型营运车当月实际行驶里程÷1000

2）成本项目：折旧费。

原始记录：旧费用表、各项凭证。

内容说明：营运车辆折旧是指车辆因使用磨损而逐渐转移到成本费用中去的价值。企业一般应当按月提取折旧，当月增加的营运车辆当月不提取折旧，从下月起提取折旧；当月减少的营运车辆当月照常提取折旧，从下月起不提取折旧。营运车辆提足折旧后，不管能否继续使用，均不再提取折旧；提前报废的营运车辆，也不再补提折旧。所谓提足折旧，是指已经提足该营运车辆应提的折旧总额。

会计上计算折旧的方法有很多，如直线法、工作量法、双倍余额递减法、年数总和法等。由于营运车辆折旧方法的选用直接影响到企业成本费用的计算，因此对车辆折旧方法的选用应当科学合理。折旧方法一经确定，不得随意变更。

营运车辆的折旧按实际行驶里程计算，特种车、大型车按使用年限法计算列入本项目。不采取预提大修理费用的企业，可不分大修理和小修理，所发生的修理费用直接计入本项目。

① 按使用年限法计提折旧的，其计算公式如下：

$$某车型营运车月折旧率=\frac{1-残值率}{该车型预计使用年限×12}×100\%$$

某车型营运车月折旧额=该车型营运车月初原值×该车型营运车月折旧率

② 按行驶车公里计提折旧的,其计算公式如下:

$$某车型营运车千车公里折旧额=\frac{车辆原值-(预计残值-清理费用)}{该车型折旧里程定额÷1000}$$

某车型营运车月折旧费用=该车型当月实际行驶里程×该车型营运车千车公里折旧额

3) 成本项目:养路费及运输管理费。

原始记录:交款凭证。

内容说明:按运输收入的一定比例计算缴纳的企业,应按不同车型分别计算应缴纳的养路费和运输管理费,计入各分类成本;按车辆吨位于月初或季初预先缴纳养路费或运输管理费的企业,应根据实际缴纳数分摊计入各分类运输成本的本项目内。

4) 成本项目:车辆保险费。

原始记录:交款凭证。

内容说明:车辆保险费是按实际支付的投保费用和投保期,并按月份分车型分摊计入各分类运输成本的本项目内。

5) 成本项目:事故费。

原始记录:付款、收款凭证。

内容说明:营运车辆在营运过程中因种种行车事故所发生的修理费、救援和善后费用,以及支付外单位人员的医药费、丧葬费、抚恤费、生活费等支出,扣除向保险公司收回的赔偿收入及事故对方或过失人的赔偿款后,净损失也可根据付款、收款凭证直接计入各分类运输成本的本项目内。因车站责任发生货损、货差等事故损失,因不可抗力的原因而造成的非常损失等,均不在本项目内核算,应分别计入营运间接费用项目。

6) 成本项目:其他营运费用。

原始记录:各项付款凭证、材料和低值易耗品领用凭证等。

内容说明:车辆牌照和检验费、车船使用税、洗车费、过桥费、轮渡费、驾驶员途中住宿费、行车杂费等费用发生时都可以根据付款凭证直接计入各分类运输成本的本项目内。此外,领用随车工具及其他低值易耗品(篷布绳索、防滑链及驾驶员的劳动保护用品等),可以根据领用凭证,一次摊入各类运输成本的本项目内。

(4) 辅助营运费用的归集与分配 辅助营运费用主要是指为本企业车辆、装卸机械进行保养修理而设置的保养厂或保修车间在提供劳务和生产产品时所发生的各项费用。

辅助营运费用是通过辅助营运费用账户进行归集和分配的。一般应按车间及产品或劳务的种类设置明细账,并按照成本项目或费用项目设置专栏进行明细核算。辅助生产过程中发生的直接材料、直接人工费用，分别根据"材料费用分配表""工资及福利费分配表"和有关凭证计入辅助营运费用；辅助生产过程中发生的间接费用，应先计入营运间接费用，然后再分配转入辅助营运费用。如果辅助生产车间规模较小，发生的间接费用较少，又不对外销售产品或提供劳务，为了简化核算工作，间接费用可以不通过营运间接费用核算，而直接计入辅助营运费用。在这种情况下，辅助营运费用明细账应按照成本项目与费用项目相结合的原则设置专栏。

（5）营运间接费用的归集与分配　营运间接费用是指汽车运输企业所属基层营运单位(车队、车站、车场)为组织与管理营运过程所发生的不能直接计入成本计算对象的各种间接费用。

营运间接费用是通过营运间接费用账户进行归集和分配的。企业若实行公司和站、队两级核算制，营运间接费用账户应按基层营运单位设置明细账，并按费用项目进行明细核算；若实行公司集中核算制，则可不分单位设置明细账，而直接按费用项目进行明细核算。

月末，应将归集起来的营运间接费用分配转给各成本核算对象。实行公司和站、队两级核算制的企业，车站、车队等单位发生的营运间接费用（通称为车站经费、车队经费）是分别设置明细账归集的。在分配时，车队经费可以分别直接计入车队运输成本；车站经费全部由运输业务负担，一般应按照车队营运车日比例分配计入车队运输成本。实行公司集中核算制的企业，各车站、车队发生的营运间接费用是合并设账归集的，归集起来的全部营运间接费用应按营运车日比例分配计入各车队运输成本。

（6）设置汽车运输成本计算样表　汽车运输成本计算样表如图2-4-2所示。

××汽车运输公司　　　　　　20××年12月　　　　　　　　　　　单位：元

项目	行次	计划数	本月实际数			本年累计数		
			合计	客车	货车	合计	客车	货车
一、工资及职工福利费	1							
燃料费	2							
轮胎费	3							
保养修理费	4							
大修理费	5							
折旧费	6							
养路费	7							
其他	8							
二、运输总成本	9							
三、周转量（千换算吨公里、人公里、吨公里）	10							
四、单位成本（元/千换算吨公里、人公里、吨公里）	11							

图 2-4-2　汽车运输成本计算样表

3．船舶运输成本计算项目

（1）航次运行费用的归集与计算

1）已完航次成本的计算。远洋运输企业船舶已完航次成本包括已完航次开始到航线结束时累计发生的航次运行费用、应分配负担的船舶固定费用以及分配的营运间接费用。对于跨期航次，已完航次成本除包括本期发生的航次运行费用、分配负担的船舶固定费用及营运间接费用外，还包括前期同航次发生的未完航次成本（包括直接发生的航次运行费用和分配负担的船舶固定费用）。对于本期某一已完航次来说，已完航次成本可用以下公式表示：

本期已完航次成本=前期未完航次成本+本期发生的航次运行费用+本期分配的船舶固定费用+本期分配的营运间接费用

2）未完航次成本的计算。远洋运输企业在报告期末（月末、季末、年末）尚未结束的航次，船舶仍在继续运行，航次运行费用尚在继续发生，还要分配船舶固定费用和营运间接费用，因此，不结算该航次的运输成本。

本期期末的未完航次成本应转入下期，等待该航次结束后，再计算已完航次成本。对于本期未完航次成本，如下期内航次结束，则为下期该航次已完航次成本的一部分；如下期该航次尚未结束，船舶继续运行，则为下期该航次未完航次成本的一部分，上期未完航次成本、本期该航次已发生的船舶直接费用以及分配负担的船舶固定费用构成跨期的航次成本。

（2）船舶固定费用的归集与计算 远洋运输企业的船舶固定费用通常分别按单船费用项目设置明细账。船舶固定费用发生时，根据记账凭证分别计入各明细账内。

按月核算成本的企业，应按月将船舶固定费用计入各月运输成本；按航次核算成本的企业，应在月度终了时将船舶固定费用按各航次营运天数分配计入各航次成本。某航次应负担的船舶固定费用=该船该月每营运天船舶固定费用×该航次营运天数。其中，某船某月每营运天船舶固定费用=该船该月的船舶固定费用/该船该月的营运天数。

（3）集装箱固定费用的归集与计算 集装箱固定费用按集装箱类型设置费用明细账，按规定项目进行归集，按每标准箱的箱天费用和使用天数计算分配给集装箱运输船舶成本。每标准箱的箱天集装箱固定费用=集装箱固定费用/集装箱标准箱天数。20英尺（1英尺=0.3048米）的集装箱为标准箱，小于20英尺的，每箱按1标准箱计算；大于20英尺且小于40英尺的，每箱按1.5标准箱计算。

例如，某远洋运输企业有20英尺集装箱100只，40英尺集装箱50只，某月（30天）的集装箱固定费用为120000元，则每标准箱的箱天集装箱固定费用=120000/[30×（100+2×50）]元/（天·箱）=20元/（天·箱）；若某船某航次装用 20 英尺集装箱 20 只，该航次计 15 天，则应分摊的集装箱固定费用=20元/（天·箱）×20箱×15天=6000元。

（4）营运间接费用的归集与分配　营运间接费用是企业营运过程中所发生的不能直接计入成本核算对象的各种间接费用。远洋运输企业的营运间接费用应先在企业所经营的各种营运业务之间进行分配，求得运输业务应负担的营运间接费用。如果远洋运输企业只计算综合运输成本，则由运输业务负担的营运间接费用可计入运输业务的综合成本，不必再进行分配。若需要再进一步计算单船成本、船型成本、运输种类成本，则需要将运输业务负担的营运间接费用在各船、各船型或运输种类之间进行分配。营运间接费用在各船之间进行分配的方法较多，常用的有船舶费用比例分配法和船舶营运吨天比例分配法。

远洋运输企业按航次计算成本时，营运间接费用可以只计入已完航次成本，不必分配计入该期未完航次成本，以简化核算。

例3：某远洋运输公司的 A 货船第 5 航次航行于国外某航线，自 6 月开始至 7 月 20 日结束。其于 6 月末的未完航次成本为：航次运行费用 532000 元，分配的船舶固定费用 600000 元，分配的该船集装箱固定费用 20000 元，共计 1152000 元。由于该航次尚未结束，不分配营运间接费用。

该船于 7 月份航次结束，当月航次运行费用以及 7 月份船舶固定费用、集装箱固定费用如下：航次运行费用 528000 元，其中，燃料费 350000 元，港口费 25000 元，货物费 150000 元，航次其他费用 3000 元；7 月份船舶固定费用 682000 元；7 月份集装箱固定费用 372000 元。

该船 7 月份船舶固定费用为 682000 元，按航次营运天数分配，由该月第 5 航次和第 6 航次负担（第 5 航次为已完航次，第 6 航次为未完航次）。

该公司 7 月份集装箱固定费用为 372000 元，按重箱（即已装货物的集装箱）标准箱天（3100 箱天）计算分配，由第 5 航次和第 6 航次负担（其中第 5 航次使用集装箱 2000 箱天，第 6 航次使用集装箱 1100 箱天）。

该公司 7 月份营运间接费用为 100000 元，7 月份各船已完航次运行费用合计为 10000000 元，营运间接费用按月份已完航次直接费用比例计算分配。

要求：计算 A 船第 5 航次总成本。

解：已知 6 月份 30 天，7 月份 31 天，则 A 船第 5 航次总成本包括以下项目：

6 月份未完航次成本=航次运行费用+分配的船舶固定费用+分配的集装箱固定费用=532000元+600000元+20000元=1152000元。

7 月份航次运行费用=528000 元。

7 月份分配的船舶固定费用=682000×20/31 元=440000 元。

7 月份分配的集装箱固定费用=372000×2000/3100 元=240000 元。

7月份分配的营运间接费用=100000×528000/10000000元=5280元。

A船第5航次总成本=6月份未完航次成本+7月份航次运行费用+7月份分配的船舶固定费用+7月份分配的集装箱固定费用+7月份分配的营运间接费用=1152000元+528000元+440000元+240000元+5280元=2365280元。

问：如何计算运输总成本与单位成本？

答：汽车运输企业的运输成本是通过运输支出、辅助营运费用、营运间接费用等会计财务处理进行归集和分配的，从而计算出运输总成本和单位成本。

（1）运输总成本的计算　运输总成本是成本计算期内各运输成本计算对象的成本总额之和。

（2）单位成本的计算　单位成本是指成本计算期内，运输成本计算对象完成单位运输周转量（千吨·公里）的成本额。其计算公式如下：

$$某运输成本计算对象的单位成本 = \frac{该成本计算对象当月运输成本总额}{该成本计算对象的当月运输周转量}$$

对于不按吨公里计算的大型平板车、集装箱专用车等，应按照各自的工作量计量单位"千吨位·时""千标准箱·公里"计算其运输单位成本。

问：零担货物的运费都包括哪些部分？

答：零担货物运费的计算公式为

零担货物运费=计费重量×计费里程×零担货物运价+货物运输的其他费用

（1）计费重量的确定　零担货物运输以kg为单位。一般货物零担运输时，其计费重量均按毛重(含货物包装、衬垫及运输需要的附属物品)计算；轻泡货物零担运输时，以货物包装（长、宽、高）的尺寸计算体积，并按每立方米折合333kg计算其计费重量。

（2）计费里程的确定　计费里程以km为单位，尾数不足1km的，进整为1km。

（3）运价的确定　零担货物运价按货物运价价目计算，其单位为元/(kg·km)。

（4）其他费用　主要包括：

1）调车费。应托运人要求，车辆调出所在地而产生车辆往返空驶的，应计收调车费。

2）延滞费。车辆按约定时间到达约定的装货或卸货地点，因托运人或收货人责任造成车辆和装卸延滞的，应计收延滞费。

3）装货(箱)落空损失费。应托运人要求，车辆开至约定地点装货（箱）落空造成的往返空驶里程，按其运价的50%计收装货（箱）落空损失费。

4）排障费。运输大型或特型笨重物件时，因对运输路线的桥涵、道路及其他设施进行必要的加固或改造所发生的费用，称为排障费。排障费由托运人负担。

5）车辆处置费。应托运人要求，运输特种货物、非标准箱等时对车辆改造、拆卸和清理所发生的工料费用，称为车辆处置费。车辆处置费由托运人负担。

6）检验费。在运输过程中国家有关检疫部门对车辆检验时产生的检验费以及因检验造成的车辆停运损失，由托运人负担。

7）装卸费。由托运人负担。

8）通行费。货物运输过程中需支付的过渡费、过路费、过桥费、过隧道费等通行费由托运人负担，承运人代收代付。

9）保管费。货物运达后，明确由收货人自取的，从承运人向收货人发出提货通知书的次日（以邮戳或电话记录为准）起计，第4天开始核收货物保管费。应托运人的要求或因托运人的责任造成需要保管货物的，计收货物保管费。货物保管费由托运人负担。

10）道路阻塞停车费。汽车货物运输过程中，如发生自然灾害等不可抗力造成道路阻滞，无法完成全程运输，需要就近卸存、接运时，卸存、接运费用由托运人负担。

问：如何进行货物运输费用的结算？

答：1）货物运输费用在货物托运、起运时一次结清，也可按合同采用预付费用的方式，随运随结或运后结清。托运人或者收货人不支付运费、保管费以及其他运输费用的，承运人对相应的运输货物享有留置权，但当事人另有约定的除外。

2）运输费用尾数以元为单位，不足1元时四舍五入。

3）货物在运输过程中因不可抗力灭失，未收取运输费用的，承运人不得要求托运人支付运输费用；已收取运输费用的，托运人可以要求返还。

试题选解：会计上计算折旧的方法有（　　）。

A.直线法　　B.工作量法　　C.双倍余额递减法　　D.年数总和法

解：会计上计算折旧的方法有很多，如直线法、工作量法、双倍余额递减法、年数总和法等。因此，正确答案是ABCD。

鉴定点2　运输风险管理

鉴定要求1　能对运输业务过程和作业过程进行风险管理

问：物流作业过程中如何进行风险管理？

答：1. 物流作业人员应具备相应的知识、技能和素质

(1) 岗位知识　岗位知识主要包括：正确理解货区布局的基本原则；熟练掌握仓储设备的特点和范围；熟悉仓储出入库作业的流程；熟练掌握码垛、垫垛、苫垫的各种方式和操作规范；掌握库存控制方法。

(2) 岗位技能　岗位技能主要包括：仓储设备的操作使用能力；出入库和在库作业管理能力；库存控制能力；仓储规划能力。

(3) 岗位素质　岗位素质主要包括：良好的自我表现、与人沟通的能力；良好的团队合作精神；自主、守信、坚韧不拔的性格；系统、全面地思考问题；吃苦耐劳、爱岗敬业、团队合作的社会适应能力。

2. 物流作业安全管理措施

(1) 分工明确

1) 当班理货员是点位生产作业的监督管理者和组织协调者。就是说，当班理货员对装卸工人的作业行为有监督管理的权力，对现场作业保持有序进行有组织的权力，对作业中人员的合理调配以及与客户的融洽关系有协调的权力。其中，对装卸工人的下述行为可提出奖励的建议：服从性好并且得到客户赞誉；研究作业方法并证明确实有效果等。对装卸工人的下述行为可提出处罚的建议：野蛮作业；不听从理货员的作业要求；违反有关规章制度等。

2) 理货组长是生产作业中的监督管理者和工作协调者。这是对本组理货员和装卸工人而言的。理货组长有自行解决职权范围内工作问题的权力，有向上反馈信息、提出改进建议和对下管理、提出奖罚意见的权力。

3) 装卸车作业的一般原则是先装后卸、先少后多、先急后缓、先易后难。在多单提货并存的情况下，视情况因地制宜，可将作业面铺开或者将力量集中于一两点，以最大限度地降低客户的抱怨为原则。

(2) 规范操作

1) 地面整洁。库房地面、站台地面和货物放置地点要整洁。其中，站台地面的清理是为了库房地面的整洁。清理的时间可以灵活掌握，可以是早晨，也可以是间歇时间，还可以是一个作业阶段完成后的局部清理。

2) 物具齐整。作业车辆、手推车、托盘、清扫工具、防汛物资、消防器材等要整齐地放置在规定的位置。日常使用的物具在使用完毕后即按原有的位置整齐摆放，而不是一天的作业完成后才这样做。不要吝惜鸡肋式的东西，没用的清掉，有用的放好。

3) 货垛规范。在一般情况下货物的堆码要四面见线、不出红线、留有垛距。

(3) 制定原则

1) 服从。服从在现场作业管理中居于重要地位，在维护现场作业秩序方面有着保障作用。有秩序才不会乱。服从的原则是：理货员和装卸工人服从于理货组长，理货组长的作用在于对本组的监督管理和工作协调，同时起着承上启下的作用；装卸工人服从于理货员，理货员的作用在于对具体作业的监督管理和组织协调。

2）勤快。理货员料账、下卡、盘点和督促工作要勤快。装卸工人装卸作业要勤快，要知道自己该干什么，不能是别人干你来看。打扫卫生要勤快，让作业场所始终保持洁净。

3）效率。生产作业的效率问题与客户对此要求不断提高之间的矛盾始终是存在的，不断提高作业效率是满足客户需求的主要手段之一。可从以下几种途径入手：一是人员，特别是装卸人员的供给应尽最大可能满足生产作业的需要，这是一个动态的问题；二是要合理调配使用各作业点的装卸人员，既要有对重点的保证，又要有对一般的照顾；三是同班组当班理货员之间、装卸工人之间、理货员与装卸工人作业期间要切实协调协作；四是大家都要养成研究提高作业效率方法的习惯，真正学会用脑想问题、用心做事情。

（4）控制风险

1）把好入库关。一是把好入库质量关。鉴于装卸工人卸车时便于掌握货物包装箱质量这一实际，对于不符合收货标准的货物由装卸工人拣出待专人鉴定，理货员不得将之放进正品货垛。二是把好入库数量关。货物进入货位设卡后，要对货物清点并进行卡物核对。新货与老货合垛，使用同一货卡时，不仅要清点新旧货物总数，而且须核下卡加数后的结存数是否准确无误。为了便于点垛，卸至二层的货物要留有必要的垛距，进入一层货架的货物在没有垛距或者垛距不足以过人的情况下，在包装箱上书写排序数码，并垛货物数码书写相应改变。同一货物码放的箱面须朝同一个方向。

2）把好出库关。一是把好出库中的点垛、下卡关。出库前对照卡片的结存数点垛，出库后核对卡片减数后的结存数是否准确无误，最后进行卡物核对。二是把好出库中的复核关。随理货员出库的装卸工人负责移位到托盘上货物数量以及规格、型号、颜色的复核，发现有异立即与理货员沟通。

3）把好装车关。一是把好混装关。为了避免混装，一个大门口只装一辆车，不允许同时装两辆车或以上。二是把好出库时的门口关。出库作业理货员不在门口时，车上装卸工人负责看管门口，制止驾驶员等无关人员进入库房。

问：物流运输保险如何理赔与索赔？

答：物流运输保险的理赔流程为：①通知损失；②查勘检验；③核实保险案情；④分析理赔案情；⑤计算赔偿金额。

在发生货损或货物灭失，办理保险索赔时，需要经过以下程序：

1）由索赔人向保险公司提供以下单据：保险单或保险凭证正本、货物运输契约、发票、装箱单、向承运人等第三者责任方请求补偿的函电或其他单证、被保险人已经履行应办的追偿手续等文件、由国外保险代理人或由国外第三者公证机构出具的检验报告、海事报告（海事造成的货物损失一般均由保险公司赔付，船方不承担责任）、货损货差证明、索赔清单等。

2）被保险人在办妥有关手续并交付单据后，等待保险公司审定责任，决定是否予以赔付及如何赔付。

3）如保险公司决定赔偿，则最后由保险公司向被保险人支付款项。

> **试题选解**：简述物流运输保险的理赔流程。
> 解：①通知损失；②查勘检验；③核实保险案情；④分析理赔案情；⑤计算赔偿金额。

鉴定要求2　能对运输单证进行风险管理

问：托运人的风险管理包括哪些？

答：1）公路运输情况下：同行介绍熟悉可靠的货运公司（彼此建立基本的信任基础）；可靠的货运代理（场地、资金、人力、车辆、信息管理、客户、目的地网点能力、服务意识、价格等）；可靠的车辆及驾驶员（车况、几个驾驶员驾驶数量、载重吨位、线路、证件、合同、服务意识、价格等）；在途追踪与控制；费用控制；货运保险。

2）铁路运输情况下：按照铁路规则操作；合理安排运输各环节的操作时间；进行有效的货物包装；防损、防盗。

3）空运情况下：选择有效的空运代理是防损、防盗的基础，也是及时快速发运的基础。

4）海洋运输情况下：

存在的风险包括：是否有有效的订舱配载能力；能否及时集港装船；开船前48h能否保证报关，船期表是否稳定等。

避免措施包括：托运人提供准确的托运通知信息；货运代理准确打单；正式出单前，必须让托运人逐一核对，并书面确认。

5）电放提单的风险：一般情况下，托运人在目的港凭收货人确认的提单副本和船务代理指定的保函办理提货。当船已经到目的港时，正本提单还在审核、寄送中，并没有到收货人手里，为保证收货人及时提货，并且不产生额外的费用，需要托运人向承运人提供保函或收货人向托运人提供保函。

问：货运代理的风险管理包括哪些？

答：1）未尽代理职责：单据遗失或错误、承运商选择错误、集装箱选择不当、操作动态情况掌握不够等。

2）超越代理的权限：擅自签发保函、代垫运费、更改装运日期、将提单直接转给收货人、同意货装甲板等。

3）托运人欺诈：品名、数量、货值与设计不符；走私欺诈，海关将处罚货运代理人；低货值，高申报，欺诈货运代理人货款。

4）随意出具保函：多半由于承运人对托运人资信的不认可，或没有办法有效调查，承运人要求货运代理人担保。

5）法律适用问题：国际货代涉及多种运输方式，且在多个国家地区进行操作，而每个国家地区的法律又可能有很大的差别，若业务不精，则可能导致罚款、处罚等。

6）垫付运费：必须要有客户授权和资金保证条款。

7）员工个人行为：在公司干私活，假借公司抬头。

8）风险转移：投保"货运代理责任险"。

问：提单的风险管理包括哪些？

答：提单诈骗发生后，被诈骗人请求银行拒付将受到严格的条件限制，且通过法律救济的成本较高，还不一定能获得成功。因此，买方必须提高警惕，并熟悉提单诈骗手法，以有效防范提单诈骗。

（1）买方须选择资信较好的贸易伙伴　资信较好的贸易伙伴的经营状况好，有固定资产、履行能力，还有良好的企业声誉，能够遵循诚实信用原则履行义务。因此，买方选择一个资信较好的贸易伙伴则意味着能够基本保证备货及时、发货及时，可以避免倒签提单的产生。若与资信不好的贸易伙伴合作，将会出现倒签提单等问题，产生不必要的纠纷。

（2）买方须选择可靠的承运人　买方若选择一个可靠的承运人可以避免倒签提单、顺签提单、预借提单等风险的产生。可靠的承运人可以降低风险，减少不必要的纠纷。倒签提单是指提单签发日期早于实际装船日期；顺签提单是指提单签发日期晚于实际装船日期；预借提单是指货物未装船或尚未装船完毕，由承运人提前签发的已装船提单。从法律角度看，倒签提单、顺签提单、预借提单都是承运人和托运人对收货人的欺诈行为，有拒收货物、拒绝付款、货损风险转移等风险。

（3）买方须选择合适的贸易术语　倒签提单通常在 CFR、CIF 条件下产生，买方可以尽量避开 CFR、CIF 条件，尽量争取以 FOB（装运港船上交货）条件成交。FOB 条件下需由买方租船安排运输，因此，用 FOB 条件成交可以减少船东与卖方串通欺骗买方的可能。

问：收货人如何防范集装箱提单中的风险？

答：国际货物集装箱运输对收货人存在一定的隐患，所以收货人应有防范意识和防范措施。

（1）应重视资信调查，选择资信好的交易伙伴　资信好包括两个方面：一是资产情况好，有相当可观的资产，且经营状况好，有履约能力；二是能以诚实信用的原则履约，不会随意撕毁契约。因此，必须作好交易伙伴的资信调查。

（2）最好采用 FOB 条件订立合同　采用 FOB 条件，收货人可自己选择可靠的船公司运载货物。根据目前航运界状况，要完全禁止保函的使用是不易的，由于保函的性质存在承托双方合伙对第三者收货人欺诈的可能，因此，应十分注意选择可靠的承运人运载货物。在采用 CFR 或 CIF 条件的情况下，最好指定诚信可靠的船公司作为承运人。

（3）收货人应重视装船监督，把握船舶动向　许多提单欺诈就发生在装船这一环节。在装运港，责任者或者偷换货物、以次充好，或者串通承运人预借或倒签提单。因此，防范欺诈的又一环节是充分作好装船监督。在船舶航行过程中，还应及时与船舶代理保持联系，全天候地掌握船舶航行情况。

（4）收货人应及时、果断地采取相应的法律救济措施　《联合国国际货物销售合同公约》第七十一条规定，如果订立合同后，另一方当事人由于下列原因显然将不履行其大部分重要义务，一方当事人可以中止履行义务：他履行义务的能力或他的信用有严重缺陷；或他在准备履行合同或履行合同中的行为显示他将不履行其主要义务。《中华人民共和国民法典》第五百二十七条规定，应当先履行债务的当事人，有确切证据证明对方有下列情形之一的，可以中止履行：①经营状况严重恶化；②转移财产、抽逃资金，以逃避债务；③丧失商业信誉；④有丧失或者可能丧失履行债务能力的其他情形。

> **试题选解**：判断：从法律角度看，预借提单是承运人和托运人对收货人的欺诈行为，有拒收货物、拒绝付款、货损风险转移等风险。（　　）
>
> 　　解：从法律角度看，倒签提单、顺签提单、预借提单都是承运人和托运人对收货人的欺诈行为，有拒收货物、拒绝付款、货损风险转移等风险。因此，正确答案是正确。

鉴定点 3　作业计划管理

鉴定要求 1　能编制运输、运输代理作业计划，管理、协调作业资源

问：简述运输计划编制的原则。

答：①关键性原则；②强制性和弹性原则；③完整性和系统性原则；④实现性和鼓励性原则；⑤连续性原则。

问：简述运输计划编制的方法。

答：①逐步延伸；②远近结合；③近细远精；④灵活性强；⑤确定滚动问

隔期。

问：简述运输企业经营计划实施的要点。

答：①制定与计划实施相配套的有关政策；②把计划指标层层分解落实；③严格实行考核制度；④坚持物质利益的原则；⑤抓好经营计划实施过程中的两个关键环节：一是要预先确定各项工作标准，二是做好信息反馈工作。

问：运输代理作业流程是什么？

答：运输代理作业流程如图2-4-3所示。

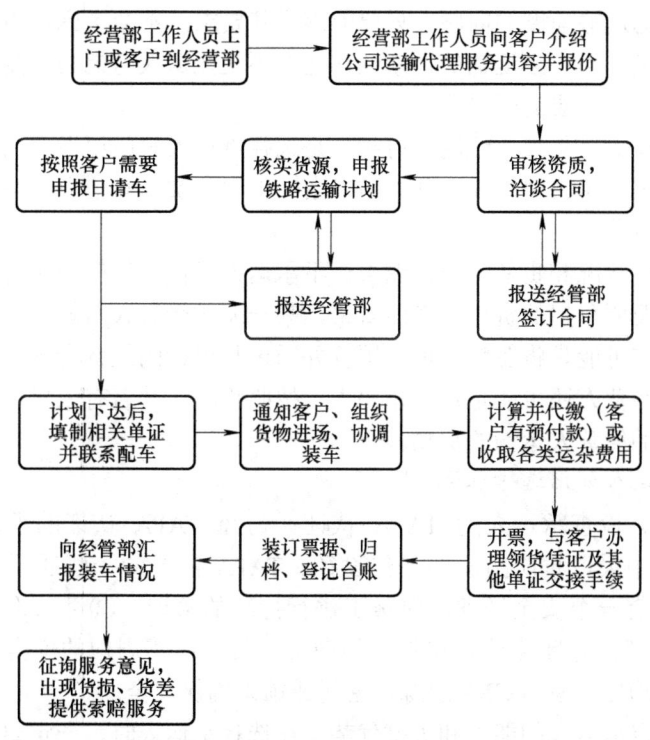

图 2-4-3　运输代理作业流程

试题选解： 运输计划编制应遵循（　　）。

A. 关键性原则　　　　　　B. 强制性和弹性原则
C. 完整性和系统性原则　　D. 连续性原则

解：运输计划编制的原则有：①关键性原则；②强制性和弹性原则；③完整性和系统性原则；④实现性和鼓励性原则；⑤连续性原则。因此，正确答案是 ABCD。

鉴定要求 2　能制定运输规划方案，确定运输方式、运输路线和承运人

问：托运人如何选择运输方式？

答：对托运人而言，选择运输方式时应考虑以下几个方面：

（1）运输服务的定期性　若货物需要以固定的间隔时间运输出去，则应选择挂靠固定港口、固定费率、严格按船期表航行的班轮。

（2）运输速度　当托运人为了满足某种货物在规定日期内运到的需求，会更加注重考虑运输速度的问题。只要能满足其要求，不会考虑费用的高低。

（3）运输费用　当运输的定期性和速度不是托运人考虑的主要因素时，运输费用就成为最重要的因素了。

（4）运输的可靠性　运输的可靠性是选择承运人时所要考虑的又一重要因素。在选择一家船公司之前，独立地考察一下它的实力和信誉是可取的做法，这会减少海事欺诈。

（5）经营状况和责任　应该调查一下承运人所使用船舶的所有人或经营人的经营状况及所负担的责任。表面看来，某一船舶所有人对船舶享有所有权，而事实上，它可能是将船舶抵押给银行并通过与银行的经营合同而成为船舶经营人。船舶经营人还可能是定期租船人，按照租约，其若有未付的租金，船东可以留置船舶经营人运输的货物。

问：托运人如何选择承运人？

答：（1）检查承运人的 TAPA 认证　与经 TAPA 认证的承运人联系是在选择过程中采取预防措施的最佳途径。TAPA 需要的一些通用协议包括：①工厂必须有一个安全经理，对员工进行持续的培训；②进入设施的所有部分都受到控制；③闭路监控摄像头指向贵重货物；④周边的安全措施和栅栏都已到位；⑤货车使用 GRP 追踪、密封或锁来确保安全。

（2）确定承运人的能力和关键优势　在选择承运人时，一定要了解并检查每个承运人的能力和关键优势，并在做出决策时将季节性考虑在内。

（3）检查承运人的技术水平　运输管理系统（TMS）是承运人与托运人的关系中最关键的技术之一。这些技术包含有关运营商、交易和双方之间通信的信息。为了最大限度地利用 TMS，还需要有其他技术的支持，例如，订单管理系统（OMS）通常用于接收入站订单，仓库管理系统（WMS）可用于构建承运人设施内的日常操作。TMS 应该与这两个系统集成，以实现尽可能好的输出。它们相互协作，可以最大限度地降低与装载、准备货运、货物损坏和交叉停靠相关的风险。

这些技术的存在、集成和适当的利用可以提高托运人与承运人间的关系质量。因此，在决定选择某承运人作为合作伙伴时，要仔细检查其技术水平。

试题选解： 托运人选择运输方式时应考虑（　　）等因素。
A. 运输服务的定期性　　　　B. 运输速度
C. 运输费用　　　　　　　　D. 运输的可靠性

解： 对托运人而言，选择运输方式时应考虑以下几个方面：①运输服务的定期性；②运输速度；③运输费用；④运输的可靠性；⑤经营状况和责任。因此，正确答案是 ABCD。

鉴定要求3　能制订货物集货、分配、中转、分散、装车等作业计划

问：如何进行货物集装作业？

答：集装作业法按集装化方式的不同，可进一步细分为集装箱作业法、托盘作业法、货捆作业法、滑板作业法、框架作业法、网袋作业法、挂车作业法。

（1）**集装箱作业法**　集装箱的装卸搬运作业在港口以跨车、轮胎龙门起重机、轨道龙门起重机为主进行垂直装卸，以拖挂车、叉车为主进行水平装卸。而其在铁路车站则以轨道龙门起重机为主进行垂直装卸，以叉车、平移装卸机为主进行水平装卸。

（2）**托盘作业法**　托盘作业法是用叉车作为托盘装卸搬运的主要机械，即叉车托盘化。水平装卸搬运托盘主要采用搬运车辆和滚轮输送机；垂直装卸搬运托盘主要采用升降机、载货电梯等；而在自动化仓库中，则采用桥式堆垛机和巷道堆垛机完成在仓库货架内的取、存装卸。

（3）**货捆作业法**　货捆作业法是先将货物货捆单元化（集装袋、网等），再利用带有与各种框架集装化货物相配套的专用吊具的门式起重机、桥式起重机和叉车等进行装卸搬运作业，是颇受欢迎的集装化作业方式。

（4）**滑板作业法**　滑板作业法是用与托盘尺寸相一致的带翼板的滑板承放货物，组成搬运作业系统，再用带推拉器的叉车进行装卸搬运作业。

（5）**框架作业法**　框架通常采用木材或金属材料制作，要求有一定的刚度、韧性，质量较轻，以保护商品、方便装卸、利于运输作业。

（6）**网袋作业法**　将粉粒状货物装入多种合成纤维和人造纤维编织成的集装袋，将各种袋装货物装入多种合成纤维或人造纤维编织成的网，将各种块状货物装入用钢丝绳编织成的网，这种先集装再进行装卸作业的方法称为网袋作业法。

（7）**挂车作业法**　挂车作业法是先将货物装到挂车里，然后将空车拖上或吊到铁路平板车上的装卸作业方法。通常将此作业完成后形成的运输组织方式称为背负式运输，是公铁联运的常用组织方式。

问：如何进行货物分配作业？

答：库位分配包含两个层面的意义，一是为入库货物分配合理的库位，二是选择确定出库货物的位置。

库位分配的原则主要有：①货架受力良好；②同种货物先入先出；③同种货物分区存放；④为取而存。

货物分配的方法主要有：

（1）分类分区存放　根据入库货物的种类将仓储容积分为几个区域，按照出库频率来选择货物存放的分区，其中出库频率最高的货物放置在离出库台最近的分区。分区的数目一般不超过10个，以免使每个分区容量过小。

（2）位号联合分配法　常见的有两种方法：一种是按照排、列、层号来编号，顺序可以是排列层，也可以是列层排；另一种是根据货格位置与出库台的距离进行编号。

问：如何进行货物中转作业？

答：中转作业是指将来自各个方向仍需继续运输的零担货物卸车后重集结待运，继续运至终点站。货物运输中转作业的三种基本方法：

1）落地法：将到达车辆上的全部零担货物卸下入库，按方向或到达站在货位上重新集结，在重新装配。

优点：简便易行，车辆载货量利用较好。

缺点：装卸作业大，作业速度慢，仓库和场地的占用面积也较大。

2）坐车法：将到达车辆上运往前面同一到站，且中转数量较多或卸车困难的那部分核心货物留在车上，将其余货物卸下后再加装同一到站其他货物。

优点：核心货物不卸车，减少作业量，加快中转速度，节约劳动力和货位。

缺点：核心货物的装卸情况和数量不易检查和清点。

3）过车法：当几辆零担车同时到站进行中转作业时，将车内部分中转货物由一辆车直接换装到另一辆车上。

优点：卸车时同时装车，减少作业量，提高效率，加快中转速度。

缺点：发车时间衔接要求更高，易受意外影响。

问：如何进行货物装车作业？

答：（1）装车前的检查

1）清理货场，禁止闲杂人员进入，限制各种车辆进入货物仓库、站台、货棚。

2）根据运单所填记的内容核对待装货物的品名、件数、包装。作业前，作业人员应知道作业地点、车种、货物品种、作业方式及安全注意事项。

3）安排好相应的运输设备和装卸设备以及搬运工人。

4）认真检查核对待装货物的品名、件数，认真查看货物的标志、标签和货物包装，看有无受潮、玷污、受损等情况。

5）根据货物的性质、包装、状态、品名、数量，凭运单安排进货，提出货物堆码要求，严禁无计划进货。检查货物装载加固材料及加固装置的质量、规格是否符合规定，按规定填记装车质量跟踪单。

（2）装车前对装车能力进行认可

1）检查车门、钩链、槽轮、车窗、车底板是否完好，确认车内清洁状态及有无异味、异状。

2）检查货物有无受潮、玷污、受损等情况，一旦发现问题，及时汇报并填写货运记录单。

3）检查机具、防护用品和防护信号安设情况。装卸作业前必须安设带有脱轨器的红色信号（昼间为红色方牌，夜间为红色灯光）。

（3）货物装车

1）装车时的要求：装车时核对件数，做到不错装、不漏装、巧装满载，防止偏重、超重。

2）在货场内移动货物的要求：各车站应根据场地和力学性能限定机械在货场内的行驶速度；通过铁路道口时要一慢二看三通过；禁止在车底下钻过或从车钩上翻越；严禁在钢轨上坐卧休息。

3）货物装载、加固的要求。货物装载、加固最基本的要求是保证重车运行安全和避免损伤车辆。货物装载的具体要求是：使货物均衡、稳定、合理地分布在车地板上，不超载、不偏载、不集重、不偏重。货物加固的具体要求是：能够经受正常调车作业以及列车运行中所产生各种力的作用，在运输全过程中不发生移动、滚动、倾覆、倒塌或坠落等情况。

试题选解： 货物运输中转作业的基本方法为（　　）。
A. 落地法　　B. 驳运法　　C. 坐车法　　D. 过车法
解：货物运输中转作业的三种基本方法为落地法、坐车法和过车法。因此，正确答案是ACD。

鉴定范围 5

成本与绩效管理

鉴定点 1　作业成本控制

鉴定要求 1　能核算物流作业成本

问：物流成本核算的方法有哪些？

答：

1. 会计方式

使用会计方式核算物流成本就是通过建立与物流成本相关的凭证、账户、账簿、报表等，对物流耗费予以连续、系统、全面的记录、计算和报告。它又分为如下两种形式。

（1）单轨制　单轨制即在现有成本核算基础上增设与物流成本相应的凭证、账户和账册，其流程如图 2-5-1 所示。由于此时只编制一套凭证，故称此种方法为单轨制。

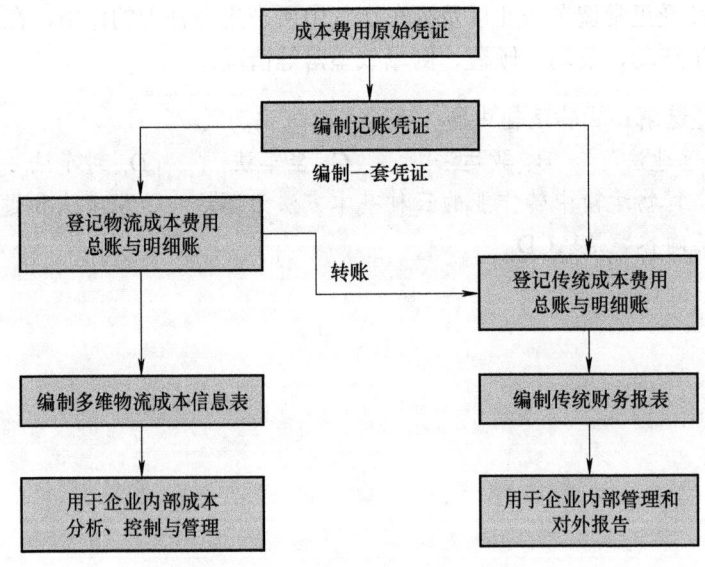

图 2-5-1　单轨制的流程

编制好凭证后，对于发生的各项成本费用，若与物流成本无关，应直接计入会计核算相关的成本费用账户；若与物流成本相关，则应首先计入物流成本账户，会计期末再将各物流成本账户归集的物流成本余额按照一定的标准分摊到各传统成本费用账户中，以保证各成本费用账户余额的完整性和真实性。

（2）双轨制　双轨制强调把物流成本核算与传统成本核算截然分开，单独建立物流成本核算的凭证、账户、账册和报表，其流程如图 2-5-2 所示。

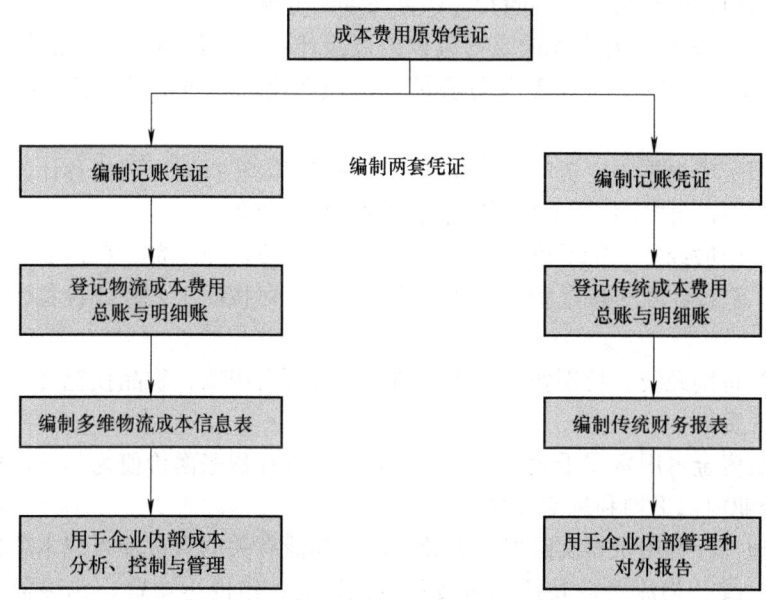

图 2-5-2　双轨制的流程

在这种核算方式下，物流成本的内容在传统成本核算和物流成本核算中得到双重体现。但是，由于此时需要同时制作两套凭证，工作量较大。

2．统计方式

使用统计方式核算物流成本，不需要设置完整的凭证、账户和账册体系，主要是通过对企业现行成本核算资料的剖析，分离出物流成本部分，按不同的物流成本核算对象进行重新归类、分配和汇总，加工成所需的物流成本信息。

在统计物流成本时，对于材料费、人工费、维护费、一般经费、特别经费、委托物流费等，下面给出了其计算方法和简要说明。

（1）材料费　直接材料费=各种材料的实际消耗量×实际购进价格。

材料的实际消耗量=应计入物流成本期末统计的材料支出数量。

如果材料支出单据无法统计，需盘存，即本期消耗量=期初结存+本期购进−期末结存。

材料购进价格包括材料费、运费、保险费、关税等。

(2) 人工费 报酬总额=计算期内支付从事物流活动的人员报酬总额。

对于职工劳动保护费、保险费、按规定提取的福利基金以及职工培训教育费等，都需要从企业上述项目整体费用中把用于物流人员的费用部分抽出来；当实际费用难以抽取时，可以将上述项目费用总额按从事物流活动的职工人数比例分摊到物流成本中。

(3) 维护费 维护费根据计算期实际发生额计算，对于经过多个期间统一支付的费用，如租赁费、保险费等，需按期间分摊。

物流业务中可按业务量或物流设施直接计算的物流费，在可能的限度内直接计算出维护费；不能直接计算的，可根据建筑物面积或设备金额等分摊计入。

折旧费应根据固定资产原值和使用年限用年限法折旧，残值预计为 0：固定资产折旧额=固定资产原值÷固定资产预计使用年限。

(4) 一般经费 能明确用于物流业务的差旅费、交通费、会议费、书报资料费等，直接计入一般经费；不能直接计入的，可按职工人数或设备比例分摊并计入。

(5) 特别经费 特别费用主要包括存货资金占用费、物品损耗费、存货保险费和税费。

存货资金占用费属于企业内利息，其计算以存货账面价值为基础，按期末余额×企业内部平均利息率计算。

其他三种费用根据实际发生额计算，与物流有关的直接计入成本项目。

(6) 委托物流费 委托物流费包括托运费、市内运输费、包装费、装卸费、保管费和出入库费、委托物流加工费等所有企业向外部物流机构所支付的费用。

委托物流费根据本期实际发生额计算。

3．会计和统计相结合的方式

所谓会计方式与统计方式相结合，即物流耗费的一部分内容通过会计方式进行核算，另一部分内容通过统计方式进行核算。运用这种方式，也需要设置一些物流成本账户，但不像会计方式那么全面、系统。而且，这些物流成本账户不纳入现行成本核算的账户体系。对现行成本核算来说，它是一种账外核算，具有辅助账户记录的性质。

从实践操作来看，企业的物流成本有显性和隐性之分。所谓显性成本是指在企业现行成本核算体系中已经反映，但分散于各个会计科目之中的物流成本；隐性成本是指在企业现行成本核算体系中没有反映，但应计入物流成本的费用，主要表现为企业存货占用自有资金所产生的机会成本。

> **试题选解**：判断：双轨制物流成本核算在现有成本核算基础上增设与物流成本相应的凭证、账户和账册。（　　）
>
> 解：单轨制物流成本核算即在现有成本核算基础上增设与物流成本相应的凭证、账户和账册。由于此时只编制一套凭证，故称此种方法为单轨制。因此，正确答案是错误。

鉴定要求 2　能将物流作业成本分析应用于作业流程优化和绩效考核方案

问：物流作业成本控制的意义是什么？

答：1）加强物流成本控制能实现对物流过程的控制。

2）物流成本控制是物流成本管理的中心环节。

3）物流成本控制是改善物流管理、提高经济效益的关键。

4）物流成本控制是加强经济核算、巩固经济责任制的前提。

问：物流作业成本在绩效考核中的作用？

答：物流作业成本在物流绩效考核中具有重要作用。

（1）物流作业成本核算是物流绩效考核的基础　物流作业成本数据是评价物流业绩不可缺少的资料。物流作业成本核算是否科学、准确，将影响着物流绩效考核管理水平的高低。

（2）物流作业成本是物流绩效考核的重要依据　物流作业成本是物流绩效考核对象工作业绩的反映，物流作业成本的高低直接与考核对象的物流作业量挂钩。同时，考核对象所发生的单位物流作业成本，也反映了该考核对象的单位物流成本效益，是物流绩效考核的重要依据。

问：物流成本绩效评价的含义是什么？

答：物流成本绩效评价是物流企业绩效评价的重要容，其实质是对物流成本的效益进行分析，通过对物流财务指标的分析力求比较全面地反映物流成本的效益水平，为物流成本管理和决策提供依据。企业经营的目标是效益最大化，因此必须对企业物流经营的各个方面进行详细的了解和掌握，及时发现问题、挖掘潜力，为企业持续降低成本、不断提高效益奠定坚实的基础。

问：简述仓储绩效考核指标的制定原则。

答：仓储绩效考核指标的制定应遵循的原则如下：①科学性；②可行性；③协调性；④可比性；⑤稳定性。

问：降低运输成本的措施有哪些？

答：①简化运输系统，减少中间环节，降低运输成本；②提高车辆的效率，降低运输成本；③选择合理的运输方式，降低运输成本；④开展集运；

⑤合理选择运输工具；⑥适当拥有车辆；⑦运输系统信息化管理；⑧运用数理方法降低运输成本。

问：优化仓储成本的方法主要有哪些？

答：（1）在降低仓储作业成本方面的方法

1）降低验货与出入库作业成本。例如，可利用扫描仪来读取产品条形码。这种方法与工作人员根据经验来检验商品相比，具有准确程度高、误差小、速度快的优点。而且，条形码与计算机管理信息系统结合还可以大大提高出入库作业的准确率与效率。

2）降低备货作业成本。如合理选择备货作业方式；将仓库分成储藏区和备货区，减少备货人员的移动，以降低备货成本；加强场地管理，以提高备货作业效率。

3）降低装卸搬运成本。如提高货物装卸搬运的灵活性与可运性；利用重力作用，减少能量消耗；合理选择装卸搬运机械；合理选择搬运装卸方式；改进装卸搬运作业方法；在高峰期间或试用期间可暂时租用装卸搬运设备，以减少设备投资；尽量提高一次装卸搬运作业的处理量，充分利用装卸搬运设备的处理能力。

4）降低物流加工成本。如确定合理的物流加工方式；确定合理的加工能力；加强物流加工的生产管理；制定相应的经济指标。

（2）在降低仓储物流存储空间成本方面的方法

1）合理规划仓储取得方式，降低仓储成本。

2）合理选择不同吞吐量下的仓储类型与作业模式，以降低储存成本。

问：简述装卸搬运成本的优化途径。

答：1）充分利用重力作用，实现作业省力化。

2）消除无效作业，如尽量减少装卸搬运次数，提高被装卸搬运物料的纯度，包装适宜。

3）实现装卸搬运的顺畅化，减少作业时间的浪费。

4）实现装卸搬运的短距化，减少无效作业。

5）提高物料装卸搬运的灵活性，降低作业难度。

6）实现装卸搬运机械化，加快作业速度。

7）推广组合装卸，提高装卸搬运作业的效率。

8）实行单元化原则，易于实现标准化作业。

9）实行人性化原则，减轻劳动强度。

问：简述包装成本合理化的途径。

答：①采用轻薄化包装；②建立规范的包装作业制度；③采用机械化包装；④实行包装标准化作业；⑤实现包装的循环利用；⑥优化包装作业，加强包装和物流其他环节的协调。

问：如何降低流通加工成本？

答：①加工与配送结合；②加工与配套结合；③加工与合理运输结合；④加工与合理商流结合；⑤加工与节约结合。

问：优化物流信息成本的策略有哪些？

答：①推行物流信息标准化；②合理确定物流信息设备性价比；③延长物流信息建设设备使用周期；④做好物流信息成本预算；⑤提高物流信息质量。

试题选解：仓储绩效考核指标的制定原则有哪些？

解：仓储绩效考核指标的制定应遵循的原则如下：①科学性；②可行性；③协调性；④可比性；⑤稳定性。

鉴定点2　作业绩效考核

鉴定要求1　能描述仓储、配送及货物运输作业绩效考核的意义

问：仓储和配送绩效评价管理的意义？

答：仓储和配送绩效考核是指在一定的经营期间内，仓储或配送企业运用指标对其经营业绩及服务水平进行考核，以提高仓储和配送管理的业务及技术水平。其总体意义是正确判断企业的实际经营水平，提高企业的经营能力和管理水平，挖掘企业的服务潜能，增强企业的整体效益，体现在：

1）对内加强管理，降低成本。包括：提高管理水平；落实岗位责任制；设施设备现代化改造；提高效益。

2）对外进行市场开发，接受客户评价。包括：扩大市场占有率；稳定客户关系。

试题选解：简述仓储和配送绩效评价管理的意义。

解：1）对内加强管理，降低成本。包括：提高管理水平；落实岗位责任制；设施设备现代化改造；提高效益。

2）对外进行市场开发，接受客户评价。包括：扩大市场占有率；稳定客户关系。

鉴定要求2　能计算仓储、配送和货物运输作业的各类指标

问：仓储质量管理指标如何计算？

答：1）收发货差错率：仓库在一段时期内发生收发货物差错的程度。

收发货差错率=收发货物差错累计笔数/收发货累计笔数×100%

收发货差错率通常控制在 0.5%以下。

2）账货相符率：即在货物盘点时，仓库货物保管账面上的货物储存数量与相应实际库存数量的一致程度。

账货相符率=账货相符笔数/储存货物总笔数×100%

=账货相符件数（重量）/期内储存总件数（重量）×100%

3）货物损耗率：反映货物保管与养护的实际情况。

货物损耗率=货物损耗额/货物保管总额×100%

=货物损耗量/期内货物库存总量×100%

4）平均保管损失：

平均保管损失=保管损失金额/货物储存量

5）货物及时验收率：

货物及时验收率=期内及时验收笔数/期内收货总笔数×100%

6）设备完好率：

设备完好率=期内完好设备台数/同期设备总台数×100%

问：配送质量指标如何计算？

答：配送作业主要包括备货（集货、拣货、配货）、运输（装卸、调度、运输）、流通加工和送达服务（确认、信反馈、事后服务）。配送质量指标的计算公式如下：

准时配送率=准时配送次数/配送总次数×100%

损失率=经济损失之和/配送业务总收入×100%

货损货差率=货损货差数/配送货物总数×100%

事故频率=报告期内事故次数/（报告期内总行驶公里数/10000）

安全间隔里程=报告期内总行驶公里数/（10000×报告期内事故次数）

车船完好率=报告期内运营车船完好总天数/报告期内车船总天数×100%

问：仓储效率指标如何计算？

答：（1）仓库利用率

仓库面积利用率=仓库的有效堆放面积/仓库总面积×100%

库房容积利用率=报告期内平均库容量/库房的总容量×100%

（2）设备利用率

设备能力利用率=报告期内设备实际载荷量/报告期内设备额定载荷量×100%

设备时间利用率=报告期内设备实际作业时数/报告期内设备额定作业时数×100%

（3）劳动生产率

劳动生产率=全年货物出入库总量/仓库全员年工作日总数

（4）资金使用效率

单位货物固定资产平均占用量=报告期内固定资产平均占用金额/报告期内平均货物储存量

单位货物流动资金平均占用量=报告期内流动资金平均占用金额/报告期内平均货物储存量

（5）平均收发货时间

平均收发货时间=收发货物时间总和/收发货物总笔数

（6）库存周转率

库存周转率=该期间的出库总金额/该期间的平均库存金额×100%

问：配送效率指标如何计算？

答：（1）车船利用率

$$车船利用率 = \frac{报告期内运营车船投产总天数}{报告期内车船总天数} \times 100\%$$

（2）车船满载率

$$车船满载率 = \frac{车船实际装载量}{车船实际装载能力} \times 100\%$$

（3）总运力贡献率

$$总运力贡献率 = \frac{报告期内完成的周转量}{报告期内平均总运力} \times 100\%$$

（4）实际油耗

$$实际油耗 = \frac{报告期内实际油耗}{报告期内实际吨公里数 \div 100}$$

（5）修保费

$$修保费 = \frac{车辆保养及小修费用}{行驶公里数 \div 1000}$$

问：仓储成本指标如何计算？

答：仓储成本主要是指用于货物保管的各种费用。其中，一部分用于仓储设施、设备的投资和维护，以及在仓储过程中货物本身的自然损耗；另一部分则是支付仓储作业人员和管理人员的报酬。

仓储成本主要分为8类，分别是保管费、工资与福利、折旧费、修理费、电费和燃润料费、铁路线和码头租用费、货物仓储保险费、其他业务开支。

库存成本与仓储成本不同，前者由空间成本、库存服务成本、库存风险成本和资金成本组成。前3项总和大致相当于仓储成本。资金成本是指库存货物占用资金的机会成本，即将这部分资金用于其他项目的投资可带来的回报。仓储成本主要用平均储存费用衡量。

$$\text{平均储存费用} = \frac{\text{每月储存费用总金额}}{\text{月平均储存量}}$$

问：配送成本指标如何计算？

答：配送作业包括集货、拣货、配货、装卸、运输、流通加工、送达服务和信息反馈等环节。其中，集货、拣货、配货一般由仓储部门完成，其费用支出计入仓储成本中。故运输、装卸、流通加工3个环节的成本就构成了配送成本，即配送成本由运输成本、装卸成本和流通加工成本组成。

（1）运输成本　运输成本占配送成本的比重最大，包括职工薪酬、燃料费、轮胎费、保养修理费、车辆折旧费、养路费及运输管理费、车辆保险费、事故费、其他营运费用、辅助营运费用等。这些项目在前文已经作过介绍，这里不再赘述，只对个别项目作一些补充。

1）燃料费。燃料消耗要按实际耗用量计入成本费用，而燃料实际耗用量的确定方法取决于企业对车存燃料的两种不同管理方式：满油箱制和盘存制。在满油箱制管理方式下，营运车辆在投入运输生产活动时，按油箱容积加满燃料油作为车存燃料。车存燃料只是保管地点的转移，它仍属于库存燃料的一部分，不能作为已经消耗的燃料。以后每次加油时，均加满油箱。车辆当月的加油数就是当月的耗用量。在车辆调出、停用、大修、改装时，必须办理退料手续。在盘存制管理方式下，营运车辆在投入运输生产活动前，也需加满油箱，作为车存燃料。日常根据耗用量进行加油，月终时对车存燃料进行盘点，按下列公式确定实际耗用量：

本月耗用量=月初车存量+本月领用量-月末车存量

2）事故费。营运车辆在营运过程中因碰撞、翻车、碾压、落水、失火、机械故障等原因而造成的人员死亡、牲畜死伤、车辆损失、物资毁损等行车事故所发生的修理费、救援费和赔偿费，以及支付给外单位人员的医药费、丧葬费、抚恤费、生活补助费等事故损失，在扣除向保险公司收回的赔偿收入，以及事故对方或过失人的赔偿金额后，计入有关分类成本的项目内。

汽车运输总成本是成本计算期内各运输成本计算对象的成本总额之和。其计算公式为

汽车运输总成本=Σ各运输成本计算对象的成本

汽车运输单位成本是指成本计算期内，运输成本计算对象完成的单位运输周转量（千吨·公里）的成本额。其计算公式如下：

某运输成本计算对象的单位成本=该运输成本计算对象当月的运输成本总额÷该运输成本计算对象当月的运输周转量

（2）装卸成本　装卸成本包括设备投资成本和运营成本。

1）设备投资成本包括：①机械设备购置成本；②机械设备安装成本；

③基本折旧，即机械设备按使用年限而计算的每年应提取折旧的费用；④附属设备成本，如装卸机械的各种吊夹具产生的成本。

2）运营成本是指某一装卸、搬运机械作业现场在一定时期内运营费用的总支出，包括设备维修费用、劳动工资费用、燃料和电力费用、其他费用。

（3）流通加工成本 流通加工成本由4部分组成：流通加工的设备费用、材料费用、劳务费用和其他费用。其他费用主要是指在流通加工中耗用的电力、燃料、油料等费用。

衡量配送成本的指标有：

$$平均配送费用 = \frac{每月配送费用总额}{月平均配送量}$$

$$吨公里成本 = \frac{报告期内运输总成本}{报告期内货物总周转量}$$

$$平均装卸成本 = \frac{装卸总成本}{装卸货物总量}$$

$$平均流通加工成本 = \frac{流通加工总成本}{流通加工货物总量}$$

问：仓储和配送服务水平指标如何计算？

答：（1）客户满意度

$$客户满意度 = \frac{满足客户要求的数量}{客户要求的数量} \times 100\%$$

（2）缺货率

$$缺货率 = \frac{缺货次数}{客户订货次数} \times 100\%$$

（3）准时交货率

$$准时交货率 = \frac{准时交货次数}{总交货次数} \times 100\%$$

（4）货损货差赔偿费率

$$货损货差赔偿费率 = \frac{货损货差赔偿总额}{同期业务收入总额} \times 100\%$$

问：仓储和配送人员绩效管理指标包括哪些？

答：仓储和配送人员绩效管理指标主要包括工作效率、工作任务、工作效益、工作态度、工作能力、个人品行和个性7方面。

1）工作效率：分为组织效率、管理效率和机械效率。
2）工作任务：包括工作数量和工作质量。
3）工作效益：包括经济效益、社会效益和时间效益。
4）工作态度：员工对工作持有的评价和行为倾向。

5）工作能力：分为专业知识、工作技能、工作经验和体力。
6）个人品行：即员工的道德水平和人品。
7）个性：员工的气质类型与工作内容和特征是否相吻合，关系到是否会产生较好的工作效率。

问：仓储和配送企业人员绩效考核的内容有哪些？
答：仓储和配送企业人员绩效考核的内容见表 2-5-1。

表 2-5-1 仓储和配送企业人员绩效考核的内容

企业成长期间	工作效率	工作任务	工作效益	工作态度	工作能力	个人品行	个性
创业期	15%	15%	15%	15%	15%	15%	10%
成长期	15%	15%	15%	12.5%	22.5%	10%	10%
成熟期	15%	10%	12%	15%	23%	14%	11%
衰退期	20%	20%	20%	10%	10%	10%	10%
更生期	15%	10%	12%	15%	23%	14%	11%

问：仓储和配送绩效指标评价的方法有哪些？
答：1．指标分析法
（1）对比分析法　对比分析法是指将两个或两个以上有内在联系的、可比的指标或数量关系进行对比分析，从而认识仓库或配送企业的现状及其规律性。主要有以下几种对比分析方法：

1）计划完成情况的对比分析：将同类有关指标的实际完成数与计划数进行对比分析。它用来反映计划完成的绝对数和程度。

2）纵向动态对比分析：将同类有关指标在不同时间进行对比分析，如本期与上期对比、与历史平均水平对比等。它用来反映事物发展的方向和速度。

3）横向类比分析：将有关指标在同一时期相同类型的不同空间条件下的对比分析，如与同类企业中的先进企业等进行对比分析。

4）结构对比分析：将总体分为不同性质的各个部分，以部分数值与总体数值之比来反映事物内部构成的情况，一般用百分数表示。它可以研究各组成部分的比重及变化情况。

（2）因素分析法　因素分析法是指分析影响指标变化的各个因素，以及它们对指标的影响程度。基本做法为：在分析某因素变动对总指标变动的影响时，假定影响指标变化的各个因素中只有这个因素在变动，而其余因素都必须是同度量（固定因素），从而得到单项因素对该指标的影响程度。

因素分析法主要包括差额分析法和连环替代法。当某项因素与某项指标为加或减的关系时使用差额分析法，如利润总额=营业利润+投资损益+营业外收支。当各项因素与某项指标的关系为乘或除的关系时使用连环替代法。

（3）平衡分析法　平衡分析法是利用各项具有平衡关系的经济指标之间的依存情况，来测定各项指标对经济指标变动影响程度的一种分析方法。

2. 关键绩效指标分析法

关键绩效指标（Key Performance Indicators, KPI）分析法是通过对组织内部流程的输入端、输出端的关键参数进行设置、取样、计算、分析，衡量流程绩效的一种目标式量化管理方法，是把组织的战略目标分解为可操作的工作目标的工具，是组织绩效管理的基础。

（1）关键绩效指标的特征

1）来自对组织战略目标的分解。

2）对绩效构成中可控部分的衡量。

3）对重点经营活动的衡量。

4）是企业上下认同的。

（2）关键绩效指标的选择原则　一般采用 SMART 原则。

S：Specific，明确性。必须是能知道特定工作的具体指标，不能笼统。

M：Measurable，可衡量性。指标应是数量化或行为化的，必须具有可衡量性，有助于指标的实施。

A：Attainable，可达成性。在员工付出努力的情况下指标是可以达成的，避免设立过高或过低的目标，使员工产生挫折感或没有成就感。

R：Relevant，相关性。指标之间互相制约和影响，才有利于系统地进行绩效衡量。

T：Time-based，时限性。必须具有一定的时间导向特征，在特定的时限内完成绩效指标的目标。

（3）关键绩效指标评价的步骤

1）明确企业的整体战略目标，找出确保战略目标得以实现的关键成功因素目标值。

2）根据企业的战略目标制定企业级的关键绩效指标，把企业级的战略目标分解到各个业务部门，由各部门的主管和关键绩效指标人员进行进一步细分，分解为更细的关键绩效指标及各岗位的业绩衡量指标。

3）确立评价标准。指标反映的是从哪些方面衡量或评价工作，解决"评价什么"的问题；标准反映的是指标应分别达到什么样的水平，解决"被评价者怎样做、做多少"的问题。

三种常用的确立关键绩效指标评价标准的方法：

① 分级描述法：对关键绩效指标的完成情况进行分级描述，如优秀、良好、一般、及格、不及格。

② 等级评判法：对关键绩效指标的完成情况设立不同的等级，考核完成的情况方法，如远远低于预期、达到预期、远远超出预期

③ 关键事件法：针对关键绩效指标执行过程中出现的关键时间，制定相应的扣分和加分标准，如出现安全事故，重大扣20分，一般扣5分。

> **试题选解**：下列属于仓储效率指标的有（　　　）。
> A. 仓库利用率　B. 设备利用率　C. 劳动生产率　D. 资金使用效率
> 解：仓储效率指标主要包括仓库利用率、设备利用率、劳动生产率、资金使用效率、平均收发货时间、库存周转率等。因此，正确答案是ABCD。

鉴定范围 6

数字化与智能化

鉴定点　管理数据化与智能化应用

鉴定要求 1　能描述管理数据化和智能化的目的和意义

问：物流管理数据化的目的和意义是什么？

答：（1）降低物流成本　大数据技术应用于物流管理决策可以提高物品流通速度，降低物流成本，尤其对于那一些对时间、新鲜程度要求很高的特定产品来说。发展现代物流，关键是能够充分运用专业化、现代化的运输工具将商品迅速及时地运往消费地，提高商品流通速度，降低商品积压在产地所占据的成本；同时，还可通过大规模的作业降低作业成本，减少多次装卸搬运所产生的产品破损，从而有效降低物流成本。

（2）提升商品价值　大数据技术应用于现代物流管理决策，可以促进专业化物流增值服务。提升产品价值，是提高国际竞争力的需要。有些商品本身的价值不高，可以通过发展专业的第三方物流组织，为商品提供专业的物流增值服务，来发掘商品的内在价值。现实中，不少商品不仅在质量和外观上缺乏竞争力，在流通过程中的产品配送和分销能力也不足，交易成本高，损耗和浪费大。大数据技术应用于现代物流管理决策就是使商品通过低成本、高效率的物流体系送达消费者手中。此外，应用大数据技术对现代企业物流管理决策进行研究也是发展物流产业和降低物流成本的需要，有利于大大提高企业的收入。大数据技术应用于现代物流管理决策不仅可以开展集约化物流，在一定范围内实现物流合理化，从而大量节约物流费用，而且可以节约大量的社会流动资金，实现资金流动的合理性，既提高经济效益，又提高社会效益。显然，完善和发展现代物流是流通国际化、缩小同发达国家之间的差距和提高我国国际竞争力的必要手段。

（3）作出科学决策　物流管理的信息化、网络化发展到一定程度就产生了智能化的需要，因此物流管理的智能化是物流信息化、网络化的高层应用。物流管理中，不管是管理部门还是生产经营单位，不管是产品配送企业还是供应商，都涉及运筹和决策的问题，例如产品储存库存水平的确定，运输路线的选择，产品配送中心的经营管理等决策问题都需要借助大量的管理知识、经验和信息来解决。物流管理的智能化就需要有一系列智能的物流管理信息系统的支持，如物流专家系统、物流预测系统、物流配送中心管理决策系统等。当今的一些物流管理信息系统只为管理者提供普通的业务处理数据和简单的分析数据，不具备数据挖掘和知识发现的功能，不能提供立体的、多视角的、有渗透力的数据，更不能提供具有预测性的潜在的信息，不能满足物流网络中各个层次的实时需要。基于大数据的物流管理信息系统可以把相应的业务数据提取出来进行分析，分析过程可以不脱离物流企业和客户的操作流程，时效性强，可以克服在管理决策中出现的大量的主观决策，避免产生"牛鞭效应"。

（4）有利于物流产业化升级　将数据挖掘应用到物流管理决策中，不仅增强了物流系统的功能，可以实现物流结构的调整，利于物流产业良性升级，减少人工投入量。而且在物流园区、物流中心的建设、库存控制和运输配送等方面建立起能够有效控制的运行机制，使物流体系能够适应市场的变化，提高物流系统的效率和决策的准确性。另外，企业领导和管理部门可以将其所掌握的信息转化为决策的依据，提高决策能力、决策效力和决策准确性，减少决策过程中的主观因素，克服决策中的主观随意性和盲目性，减少因决策失误而造成的经济损失。

问：物流管理智能化的目的和意义是什么？

答：物流管理智能化是利用集成智能化技术，使物流系统能模仿人的智能，具有思维、感知、学习、推理判断和自行解决物流中某些问题的能力。

1）智能处理技术应用于企业内部决策。通过对大量物流数据的分析，对物流客户的需求、商品库存、物流智能仿真等作出决策，实现物流管理自动化（获取数据、自动分类等），使物流作业高效便捷，改变过去物流仓储型企业"苦力"公司的形象。

2）物流智能获取技术使物流从被动走向主动，实现物流过程中的主动获取信息、主动监控物流与货物、主动分析物流信息，使物流从源头开始实施物流跟踪与物流管理，实现物流信息流快于物流实物流。

3）物流智能传递技术应用于物流企业内部。智能物流的发展趋势是实现整个供应链管理的智能化，因此需要实现数据间的交换与传递。智能物流可提高物流服务质量，提高物流响应时间，使客户满意度增加，使物流供应链环节整合更紧密。

4）智能利用技术在物流管理的优化、预测、决策支持、建模和仿真、全球化物流管理等方面应用，使物流企业的决策更加准确和科学。

> **试题选解：** 简述物流管理数据化的目的和意义。
> 解：①降低物流成本；②提升商品价值；③作出科学决策；④有利于物流产业化升级。

鉴定要求2　能举例说明管理数据化和智能化的应用场景

问：请结合市场应用说明物流管理数据化的意义。

答：（1）DHL　DHL是全球最大的速递货运公司之一。DHL的快运货车特别改装成为SmartTruck，并装有射频识别阅读器，每当运输车辆装载和卸载货物时，车载计算机会将货物上射频识别传感器的信息上传至服务器，服务器会在更新数据之后动态运算出最新最优的配送序列和路径。另一方面，在运送途中，远程信息处理数据库会根据即时交通状况和GPS数据实时更新配送路径，做到更精确的取货和交货、对随时接收的订单作出更灵活的反应以及向客户提供有关取货时间的精确信息。

DHL通过对末端运营大数据的采集，实现全程可视化的监控和最优路径的调度，并精确到每一个运营节点。

此外，拥有其手机应用程序的客户可以实时更新他们的位置或者即将到达的目的地，DHL的包裹配送人员能够实时收到客户的位置信息，防止配送失败。甚至还可以按需更新配送目的地。

（2）FedEx　FedEx（联邦快递）是世界最大的快递集团之一。FedEx甚至可以让包裹主动传递信息，通过灵活的感应器可以实现近乎实时的反馈，包括温度、地点和光照，使得客户在任何时间都能了解到包裹所处的位置和环境。而驾驶员也可在车里直接修改订单物流信息。除此以外，FedEx正在努力推动更加智能的递送服务，实现在被允许的情况下实时更新和了解客户所处的地理位置，使包裹更快速和精确地送达客户的手中。当然，可以推测FedEx将来会根据收集到的历史数据和实时增量数据，通过大数据解决方案解决FedEx更多的问题，提升竞争力。

（3）UPS　UPS通过大数据实现配送末端最优路径的规划，同时提出尽量右转的配送策略，每年可节省大量燃油成本，包裹配送量也大幅提高。

UPS特有的基于大数据分析的ORION系统通过联网配货机动车的远程信息服务系统，实时分析车辆、包裹信息、用户喜好和送货线路的数据，实时计算最优路线，并且全程通过GPS跟踪信息。

UPS最著名的大数据分析案例就是送货货车不能左转。根据ORION系统分析：左转会导致货车在左转道上长时间等待，不但增加油耗，而且发生事故比例也会上升。所以，UPS基于城市车流大数据绘制了"连续右转环形行驶"的送货路线图，实现了高效配送。

UPS 旗下的每一位驾驶员都参与该项目之后，只需让每位驾驶员每日的送货路程都因此而缩减 1 mile（英里，1 mile=1609.344m），每年就可节省 5000 万美元成本。ORION 系统以后也将预测恶劣天气、交通状况，并评估会造成驾驶员送货路线上行程放缓的其他变数，增加配送效率。

（4）FleetBoard　FleetBoard 与梅赛德斯-奔驰一样是戴姆勒集团旗下子公司，致力于通过大数据处理为物流行业客户提供远程信息化车队管理解决方案。通过大数据解决方案可实现数据采集和全程监控，包括驾驶员的驾驶动作、车辆温度、车门打开等细节。

车辆上的终端通过移动通信系统与 FleetBoard 的服务器建立联系，互换数据。物流公司或车队管理者可直接访问 GPS 以及其他若干实时数据，如车辆行驶方向、停车/行驶时间和装/卸货等信息。此外，通过计算驾驶员急加速、急制动的次数以及经济转速区行驶时间和怠速长短等数据并进行对比，可以直接帮助驾驶员发现驾驶操作中的问题并改进提高。

对于冷链运输的用户，FleetBoard 有专门的数据管理系统，可实时监测冷藏车的温度、车门是否打开等情况，自动向手机或电子邮箱发送警告信息。

问：请结合市场应用说明物流管理智能化的意义。

答：中海物流虽然分布区域广、服务网点多，但必须做到业务流程的有效衔接，保证业务活动的顺利发展。这些对于中海物流的信息系统设计都是巨大的考验，将面临业务网点多、业务数据量大、业务模式多样、手工管理难度较大、服务客户种类多、信息交换量大、市场竞争激烈、利润率降低等现实问题。

中海物流投资 4000 万元，打造了全新的现代化物流管理信息系统，该系统集开放性、协同性、延展性、集中性、集成性、安全性为一体，涵盖了电子商务、客户管理、供应商管理、信用控制、运价管理、进出口操作、运输管理、仓储管理、堆场管理、修洗箱管理、订单管理、进出口贸易管理、合同管理、商务结算中心、EDI 数据传输及接口中心等诸多服务。中海物流管理信息系统的功能结构如图 2-6-1 所示。全球一体化的营运构架如图 2-6-2 所示。

中海物流管理信息系统的技术特点集中体现在：全过程的物流信息采集和处理；生产物料配送的零库存 JIT 管理；数字化仓库的智能化管理；基于 GPS/GIS 技术的车辆调度管理；基于 Web 方式的客户服务；基于 EDI 方式的海关通关管理；国际结算管理体系；良好的移植性。

一个完善的物流管理信息系统可以为企业带来巨大的经济利益，也能大大提升企业在同行之间的竞争力。物流管理信息系统的建设是每个企业都应该重视和努力的方向，企业要对信息系统不断进行改进与创新，充分发挥它的作用。

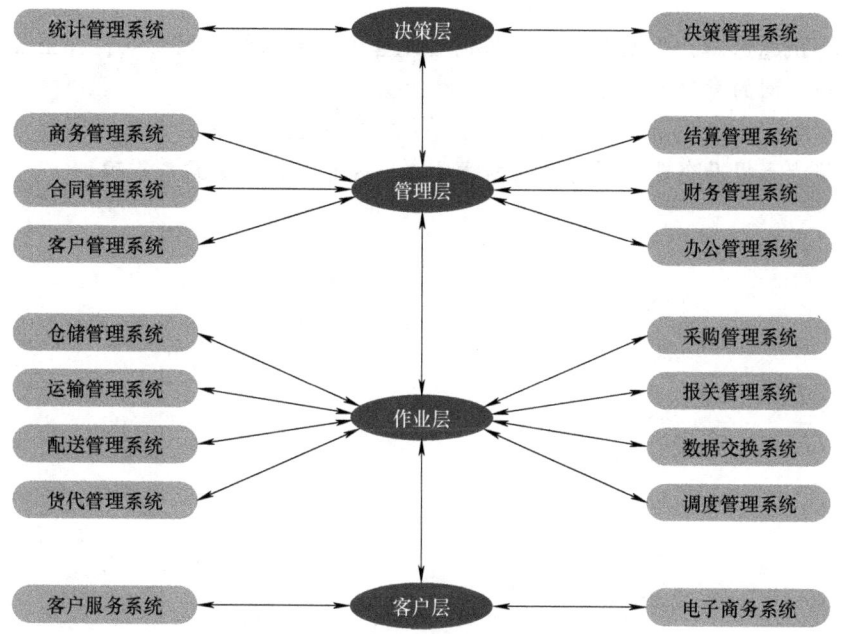

图 2-6-1　中海物流管理信息系统的功能结构

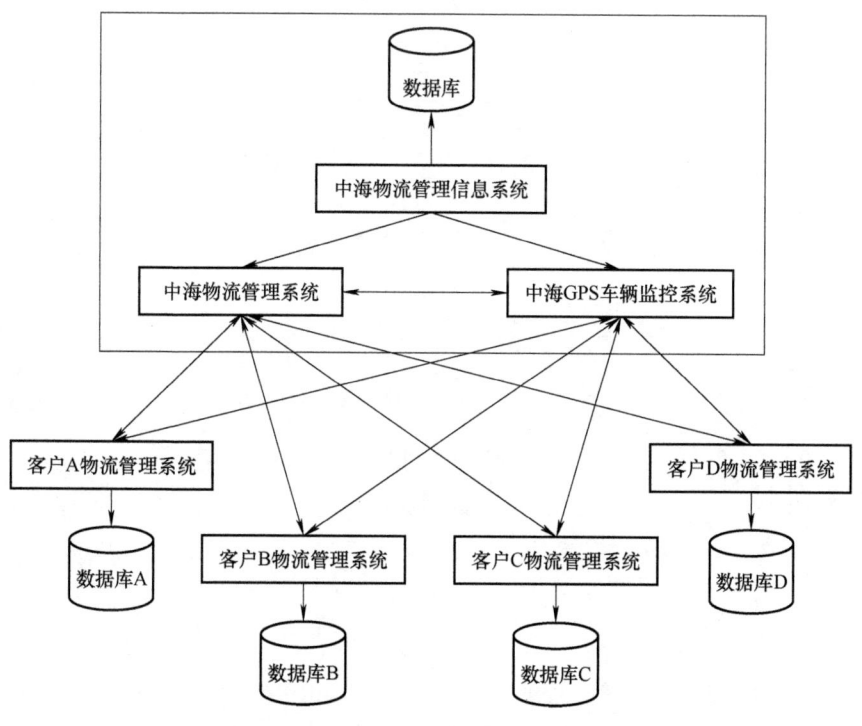

图 2-6-2　全球一体化的营运构架

试题选解：判断：一个完善的物流管理信息系统可以大大提升企业在同行之间的竞争力。（　　）

解：一个完善的物流管理信息系统可以为企业带来巨大的经济利益，也能大大提升企业在同行之间的竞争力。因此，正确答案是正确。

附　录

附录 A

考核重点

表 A-1 物流师职业能力一般要求

职业功能	工作内容	技能要求	相关知识
职业道德与职业安全及环保认知	职业道德和服务意识认知	1. 能解释职业道德的定义和意义 2. 能描述职业道德在组织管理和业务活动中的作用及应用 3. 能解释服务意识在组织管理和业务活动中的作用及应用	1. 职业道德的知识和应用 2. 服务意识的知识和应用
	职业安全和健康保障	1. 能描述所在组织的安全和健康的要求和规定 2. 能识别工作场所的安全标志和危险源,能描述发生意外情况时的应急方案 3. 能描述工作场所职业病危害和预防措施	1. 职业安全的知识和规定 2. 安全标志的知识和安全事故的处置流程 3. 职业病相关知识
	环境保护和节能处理	1. 能描述绿色物流的基本概念和意义 2. 能描述环境保护和节能处理在所在行业的作用和意义 3. 能描述所在组织在环境保护和节能处理上的要求与措施	1. 绿色物流的知识 2. 环境保护和节能处理的知识
物流基础与行业认知	基本概念认知	1. 能解释物流、供应链管理基本概念 2. 能描述物流与采购、供应链管理的区别与关系 3. 能描述物流企业的类型及其服务内容和流程 4. 能描述物流标准化和信息化对物流的作用和意义	1. 物流、供应链管理术语 2. 物流与供应链管理基础知识 3. 物流标准化和信息化的知识
	组织环境认知	1. 能描述所在组织的企业文化包含的内容 2. 能描述所在岗位、团队和部门的工作内容和职责 3. 能描述所在组织竞争对手和合作伙伴的市场情况和相互关系	1. 组织类型和企业文化的知识 2. 所在组织、部门和岗位信息 3. 所在组织战略目标、远景和市场定位 4. 所在组织合作伙伴和竞争对手的信息

（续）

职业功能	工作内容	技能要求	相关知识
物流基础与行业认知	前沿发展与创新认知	1．能描述最新物流业务模式和物流技术应用 2．能描述物流行业发展现状和趋势 3．能描述当前物流政策与法律法规对行业的影响	1．物流行业前沿发展和创新知识 2．物流相关的政策与法规
基本管理技能应用	数字应用与办公处理	1．能通过文本、图表、视听等不同渠道采集、解读、展示数据信息 2．能撰写基本办公文书 3．能使用办公软件进行文档、表单和演示文稿制作与打印，数据统计和分析，电子通信与交流	1．办公文书基础知识 2．办公软件的使用方法
	自我管理、沟通与合作	1．能描述自我管理的内容 2．能使用多种方式进行自我介绍和团队介绍 3．能描述与团队成员之间授权、合作和沟通的方法和实践案例	1．自我管理的知识 2．沟通和合作的方法与技巧
	管理理论与方法应用	1．能描述管理理论在所在组织的应用 2．能描述二八定律、SWOT 分析、PDCA 循环、矩阵分析、鱼骨图等管理工具的内容和应用案例	1．基本管理知识 2．基本管理方法和工具的知识

表 A-2 物流师（中级）职业能力要求

职业功能	工作内容	技能要求	相关知识
物流市场开发与客户服务	物流场调研	1．能描述物流市场调研流程并解释关键内容 2．能编制调研计划表、收集整理数据、统计并编制数据图表 3．能根据模板编写物流市场调研报告	1．物流市场调研的流程和方法 2．市场信息收集的方法与工具 3．数据处理与统计的知识与方法
	客户开发计划与实施	1．能描述不同类型客户开发及跟进的流程和方法 2．能执行客户拜访、谈判、日常关系维护 3．能编写客户拜访计划和纪要	1．客户开发与维护的流程 2．客户拜访、日常联络的基本礼仪知识 3．客户开发计划和拜访纪要编写规范

（续）

职业功能	工作内容	技能要求	相关知识
物流市场开发与客户服务	物流项目投标	1. 能描述物流招投标的主要流程和招标文件的基本内容 2. 能判断招标信息的有效性、编制商务条款、核算成本并确定报价，并根据招标文件要求规范编写投标文件 3. 能完成投标文件的打印、装订、密封及归档 4. 能执行开标流程、分析中标/落标的原因	1. 物流招投标的流程 2. 标书的编制知识与规范 3. 标书打印、装订、密封及归档的规范 4. 中标/落标的分析方法
	客户投诉及异常处理	1. 能描述客户投诉和异常事件的处理原则和流程 2. 能对客户投诉进行归类、沟通和归档	1. 客户投诉和异常事件的处理流程 2. 客户沟通的策略和技巧
仓储与库存管理	仓储作业管理	1. 能编制仓储作业计划，管理、协调作业资源 2. 能制定存储规划，确定存储策略 3. 能确定盘点策略，选择盘点方式	1. 仓储作业计划编制、实施和控制的知识 2. 货物分类管理、存储策略的知识
	仓储布局与物流设施规划	1. 能举例描述仓储动线类型和仓储空间布局类型 2. 能根据业务需求对存储设备、搬运设备和配送设备进行规划和优化	1. 仓储动线规划和仓储空间布局的知识 2. 存储设备、搬运设备和配送设备规划的方法与工具
	库存控制	1. 能进行库存需求分析，根据所在组织库存管理目标确定库存管理方式和管理参数 2. 能制定库存管理策略与计划，实施并监督库存管理方案	1. 库存需求分析的方法与工具 2. 库存控制的方法和工具
配送管理	配送作业管理	1. 配送作业计划编制、实施和控制的知识 2. 拣货策略、拣选方式的知识 3. 线路优化、配载的知识	1. 能编制配送作业计划，管理、协调作业资源 2. 能制定拣选策略，确定拣选方式 3. 能规划配送线路，制定配送装车计划和方案

（续）

职业功能	工作内容	技 能 要 求	相 关 知 识
运输管理	当事人业务管理	1. 能开发和管理托运人，确认货物运输需求 2. 能开发和管理承运人的运力资源 3. 能执行与当事人的合同，处理货运资料和订单 4. 能对货物运输进行成本计算和费用结算	1. 运输方式和多式联运的知识 2. 运输单证的知识和运输成本的核算方法 3. 托运人、承运人、收货人的知识
	运输风险管理	1. 能对运输业务过程和作业过程进行风险管理 2. 能对运输单证进行风险管理	1. 运输风险的知识 2. 国内和国际的运输法律、法规和规章的知识
	作业计划管理	1. 运输、运输代理作业计划编制、实施和控制的知识 2. 运输方式和货物基本知识 3. 运输策略和线路优化的知识	1. 能编制运输、运输代理作业计划，管理、协调作业资源 2. 能制定运输规划方案，确定运输方式、运输路线和承运人 3. 能制订货物集货、分配、中转、分散、装车等作业计划
成本与绩效管理	作业成本控制	1. 能核算物流作业成本 2. 能将物流作业成本分析应用于作业流程优化和绩效考核方案	1. 物流作业成本的知识 2. 物流作业成本核算的方法与工具
	作业绩效考核	1. 能描述仓储、配送及货物运输作业绩效考核的意义 2. 能计算仓储、配送和货物运输作业的各类指标	1. 绩效考核制度 2. 作业资源利用程度指标、作业效益指标、服务水平指标和作业能力与质量指标等的计算方法
数字化与智能化	管理数据化与智能化应用	1. 能描述管理数据化和智能化的目的和意义 2. 能举例说明管理数据化和智能化的应用场景	1. 大数据、人工智能的知识 2. 物流技术与装备最新发展与应用的知识

附录 B

职业技能鉴定国家题库模拟试卷

中级物流师考试试卷

第一部分

一、判断题：正确的请在题后括号内打"√"，错误的打"×"（本题共 40 小题，每小题 1 分，共 40 分）

1. 物流是企业利润新的增长点，是因为物流费用在生产成本中占有很大比重，通过物流系统的改善能带来难以预料的效益，生产系统必须向物流要效益才能改善自身的发展条件。　　　　　　　　　　　　　　　　（　　）

2. "物流冰山"说的观点体现的是企业所掌握的物流成本，只占企业物流成本的一小部分，大部分物流成本并未被管理者所认识。　　　　（　　）

3. 物流的各个运动环节是相互独立的过程，所以物流活动应当追求局部效益的最大化。　　　　　　　　　　　　　　　　　　　　　（　　）

4. 配送处于"二次运输""末端输送"的地位，与运输相比，它更直接面向并靠近用户。　　　　　　　　　　　　　　　　　　　　　　（　　）

5. 企业通过建立物流据点来支持企业的销售物流运作时，从物流成本方面考虑，通过精简不必要的物流据点降低成本，所以物流据点越集中越好。
　　　　　　　　　　　　　　　　　　　　　　　　　　　　（　　）

6. 物流中心内部设施分布的合理化，直接关系到物流作业的效率和服务水平，关系到物流中心平面和空间的利用率。　　　　　　　　　（　　）

7. 小型钢材、优质钢材、金属制品、有色金属材料、车辆配件、水泥、化工原料、机械设备等，属于日晒雨淋易变质损坏、温湿度变化对其影响不大的物资，因此可以存放在物料棚里保管。　　　　　　　　　　　（　　）

8. ABC 分类法并不局限于分成三类，可以增加。但经验表明，最多不要超过五类，过多的种类反而会增加控制成本。　　　　　　　　　（　　）

9. 为了提高商品出库速度，加强拣货管理，确保出库货物数量准确、质量完好，备好货物后不必再度与出库凭证核对出库货物的名称、规格、数

量等。( )

10．物流中的不合理运输是指不注重经济效果，造成运力浪费、运费增加、货物流通速度降低、货物损耗增加等运输现象。不合理运输最严重的是空驶。( )

11．生产物流是对原材料、零部件与半成品在生产过程中的管理和计划，也涉及物料流和信息流，但是基本上不涉及资金流的管理，以满足生产需求为目的。( )

12．装卸搬运作业的基本要求就是改善装卸搬运工作，加快装卸搬运速度，降低装卸搬运成本。( )

13．企业物流管理既不能单纯追求单个物流功能的最优，也不能片面追求各"局部物流"最优，而应实现企业整体最优。( )

14．多式联运适用于水路、公路、铁路和航空等运输方式，由于在国际贸易中 85%左右的货物是通过海运来完成的，所以该种运输方式在国际多式联运中占主导地位。( )

15．配送与送货内容相容，都是用户需要什么送什么。( )

16．在物流成本和物流效率这两个基本要素的综合平衡下，目前物流企业采取了既定的总成本下实现尽可能好的服务水平的物流服务总目标。( )

17．"JIT"的核心思想在于"消除一切不必要的浪费"，在生产物流管理的实践中尽力消除不增值的活动和不必要的环节。( )

18．供应链管理就是对整个供应链的系统进行计划，协调操作、控制和优化的各种活动和过程，其目标是要将顾客所需的服务成本最小化。( )

19．通常在考虑托盘的长宽比时，以接近 1∶2 的较为合理。( )

20．经济订货量（EOQ）是通过平衡采购进货成本和保管成本，让总成本最低的最佳订货量。( )

21．零担货物运输是将不满一车的货物进行整合，通常情况下货主有多个，费率比整车要贵，零担货运的利润也比整车运输利润高。( )

22．将供应商依据 80/20 规则分类，划分为普通供应商与重点供应商，即占 80%价值的 20%供应商为重点供应商，而其余只占 20%采购金额的 80%的供应商为普通供应商。( )

23．物流系统中库存量越大，库存费用越高，物流服务水平就越高，则物流系统最优。( )

24．包装是企业生产物流的终点，也是销售物流系统的起点。( )

25．采用"先进先出"的储存方式进行作业，利用贯通式货架、重力式货架和计算机储存系统等储存货物，能够提高配送过程中储存作业的效率，使储存环节合理化。( )

26. 企业的销售物流是指产品从下生产线开始，直至产品离开企业为止的物流活动。（   ）

27. 由于上下游企业间供需信息的不透明，下游企业采购的货物经常不能及时入库，上游企业则经常由于过量生产而导致库存积压，这种效益背反困境促成了供应链管理理念的产生。（   ）

28. 物流配送中心与供应商、制造商及顾客之间的联系可以通过物流配送系统的计算机通信网络实现。（   ）

29. 播种式配货方式适用于货物易于集中移动且对同一种货物需求量较大的情况。摘果式配货方式适用于货物的位置固定、品种多数量少的情况。（   ）

30. PDCA 几个阶段周而复始地循环，每循环一次，质量水平就提高一次。（   ）

31. 货架上层—货架下层的补货方式适合于体积大、存货量不高且多为中小量出货的货物。（   ）

32. 通过电子商务订购的任何商品和服务都不能直接通过网络传输的方式进行配送，而必须经过物理方式发送给用户。（   ）

33. 在物流过程中，装卸活动是不断出现和反复进行的，出现的频率高于其他各项功能，而我国目前装卸搬运的效率比较低，是制约物流效率提高的瓶颈。（   ）

34. 压缝式堆码适用于管材及捆装、长箱装物品。（   ）

35. 在选择长期合作伙伴时，应选择能提供最低价格的供应商。（   ）

36. 一般来说，动态定位系统优于固定货位安排，因为它可以对产品及时定位，灵活性强。（   ）

37. 物流成本管理的思路有两个：一是在保证一定物流服务水准的前提下使物流成本最低；二是通过调整物流服务的标准降低物流成本。（   ）

38. 射频识别技术利用无线电技术进行非接触双向通信，以达到识别和数据交换的目的。（   ）

39. 零担运输需要等待凑满整车，因而速度慢、成本高，已经逐渐缩小市场需求。（   ）

40. 在入库验货过程中，如发现包装有破损而货物没有受到影响的情况可以视为验收合格，安排入库。（   ）

二、单项选择题：请将正确选项前的字母填在题中括号内（本题共 20 小题，每小题 1 分，共 20 分）

41. 使用最广泛的一种物流市场定性预测方法是（   ）。

A．专家会议法　　　　　　　　B．德尔菲法

C．销售人员意见法　　　　　D．管理人员预测法

42．将失去使用价值的物品，根据实际需要进行收集、分类、加工、包装、储存等，并分送到专门处理场所时所形成的物品实体流动是（　　）。

A．回收物流　　　　　　　　B．废弃物流
C．生活物流　　　　　　　　D．供应物流

43．（　　）的基本思想是把 MRP 同其他所有与生产经营活动直接相关的工作和资源，以及财务计划连成一个整体，实现企业管理的系统化。

A．ERP　　　B．JIT　　　C．DRP　　　D．MRP Ⅱ

44．某企业年消耗零部件 10000 件，订货费用每次 100 元，产品价格 20 元，库存费用为价格的 10%，企业的 EOQ 是（　　）。

A．1000　　　B．100　　　C．500　　　D．50

45．物流集装基础模数尺寸是（　　）。

A．400mm×800mm　　　　　B．600mm×400mm
C．800mm×1100mm　　　　　D．800mm×1200mm

46．以客户为核心的物流服务首先应当认识和了解客户的（　　）。

A．财务状况　　　　　　　　B．信誉状况
C．市场环境　　　　　　　　D．物流需求

47．下列关于物流的说法不正确的是（　　）。

A．社会发展初期，商流与物流是统一的，随着生产力的发展，商流与物流逐渐分离

B．在当今高度发达的市场经济环境中，物流发生的同时，物品所有权也随之转让了

C．在一定条件下，商流与物流分离可以降低物流成本

D．采取赊销购物方式，会引起物流在前、商流在后的物流分离形式

48．物流系统设计应以（　　）为中心。

A．库存战略　　　　　　　　B．运输战略
C．设施分布　　　　　　　　D．顾客服务水平

49．将物流企业业务文件按一个公认的标准从一台计算机传输到另一台计算机上去的电子传输方式为（　　）。

A．EDI　　　　　　　　　　B．EOS
C．GPS　　　　　　　　　　D．GIS

50．目前，物流产业界对第三方物流的期望非常高，这是因为（　　）。

A．第三方物流是新概念　　　B．第三方物流的技术能力强
C．第三方物流盈利率高　　　D．自营物流企业不能满足市场需求

51．通过（　　）可完成车辆路线模型、最短路径模型、网络物流模型等

功能。

  A．GPS   B．GIS   C．EDI   D．PDA

52．仓储管理系统(WMS)的功能不包括（ ）。

  A．仓库收发货、分拣、摆放、补货和过库

  B．库存统计与分析

  C．与下程运输连接的EDI

  D．实现库存物品的逆向物流管理

53．仓库内部布局的主要任务是（ ）。

  A．向多层仓库发展   B．最大可能地利用库存面积和体积

  C．最大限度地利用仓库面积   D．合理利用库房面积

54．储存型库房的设计要求是（ ）。

  A．提高储存面积占库房总面积的比例

  B．减少进出物品周转区面积

  C．将验货区和准备区移至库外

  D．进出货两端作业区流动处理

55．企业利用第三方物流，可使企业专注于提高（ ）。

  A．经济效益   B．核心竞争力   C．竞争力   D．社会效益

56．一般来说，风吹、日晒、雨淋及温湿度变化对其无显著影响的物资都可放在（ ）保管。

  A．露天货场   B．物料棚   C．普通库房   D．专业库房

57．从惯例上看，（ ）公里以内被称为短途运输，应当分流给公路运输。

  A．50   B．100   C．300   D．800

58．物流业务中的运输业和仓储业是属于高投资、高成本的（ ）行业。

  A．劳动密集型   B．资本密集型

  C．知识密集型   D．技术密集性

59．物流成本管理系统是指在进行（ ）的基础上，运用专业的预测、计划、核算、分析和考核等经济管理方法来进行物流成本的管理。

  A．物流成本调查   B．物流成本核算

  C．物流成本分摊   D．物流成本预测

60．物品放置时要有利于下次搬运，在装上时要考虑便于卸下，这体现了搬运装卸作业的（ ）原则。

  A．利用重力的影响和作用   B．消除无效搬运

  C．提高搬运活性   D．合理利用机械

三、多项选择题：请将正确选项前的字母填在题中括号内，少选、多选、错选均不得分（本题共 20 小题，每小题 2 分，共 40 分）

61．关于第三方物流，说法正确的是（   ）。
A．第一方和第二方分别指供方和需方
B．发展第三方物流利大于弊
C．第三方物流又叫合同物流
D．第三方物流的产生是社会分工的结果

62．在社会需求多样化、经注市场化、市场一体化、竞争国际化的社会背景下，现代物流正朝着（   ）、绿色化发展。
A．标准化   B．信息化   C．网络化   D．规模化

63．适合航空运输的货物是（   ）。
A．高附加值产品   B．紧急救援物资
C．生鲜食品   D．大宗低值物品

64．以下属于独立需求的是（   ）。
A．汽车生产企业生产所需的轮胎   B．汽车维修厂家所需的轮胎
C．汽车生产厂家生产的汽车   D．超市销售的商品

65．以下属于工厂选址应考虑的因素是（   ）。
   A．能源供给   B．交通运输
   C．地形   D．气候

66．以下叙述中不符合配送合理化的有（   ）。
A．社会车辆总数增加而承运量减少   B．社会车辆的空驶增加
C．社会化运输减少   D．一家一户自提自运减少

67．货位直形布置的方式有（   ）。
A．横列式布置   B．纵列式布置
C．混合式布置   D．随机布置

68．物流价值包括（   ）。
   A．创造时间价值   B．场所价值
   C．加工附加价值   D．运输价值

69．企业实施物流业务外包的原因是（   ）。
A．降低成本   B．提升企业效率
C．分担企业风险，提高企业的柔性   D．快速响应需求

70．对入库商品进行分类时，可以按照商品对（   ）的适应程度对商品进行分类。
A．温湿度   B．气味   C．光照   D．虫蛀

71．减少无效装卸作业的方法有（   ）。

A. 减少装卸搬运作业次数 B. 增加自动化装卸搬运机械
C. 缩短移动距离 D. 降低无效物装卸搬运的比例

72. 下列属于 RFID 系统的是（　　）。
A. 标签 B. 阅读器 C. 天线 D. 条形码

73. 下列选项中属于班轮运输特点的是（　　）。
A. 固定航线 B. 固定停靠港口
C. 固定船期 D. 相对固定的运费率

74. 按用户对库存的需求特性分，库存可分为（　　）。
A. 动态库存 B. 静态库存
C. 独立需求库存 D. 相关需求库存

75. 流通加工是（　　）。
A. 生产加工的补充与完善 B. 残次品的返工
C. 回收旧货的改造 D. 满足客户个性化需求的商品再加工

76. 包装按功能的不同可分为（　　）。
A. 工业包装 B. 商业包装
C. 缓冲包装 D. 防碎包装

77. 一般可以采用（　　）方法对供应商产品质量进行控制。
A. 向生产厂家派驻代表 B. 定期到厂家监督
C. 及时掌握供应商生产情况的变化 D. 向厂家提供管理和技术支持

78. （　　）易于码垛，便于盘点计数，库容整齐，但随着堆码高度的增加货垛稳定性就会下降。
A. 矩形垛 B. 正方形垛 C. 梯形垛 D. 三角形垛

79. 下列可以作为物流配送中心服务项目的是（　　）。
A. 重新装袋 B. 定量化小包装
C. 贴价格标签 D. 商品标记

80. 仓库平面布置方案中，库房的大门要求（　　）。
A. 向内开启 B. 向外开启 C. 平开门 D. 侧推拉门

第二部分

一、情景问答题：（每小题 10 分，共 30 分）

1. 某集团企业根据所采购产品金额的大小，对产品进行了 ABC 分类。A 类是指那些品类较少但是采购金额较大的物品，C 类是指那些品类很多但是采购金额很少的物品，B 类居中。根据分类，分别对 A 类产品采用了集中采购，C 类产品采用了分散采购，B 类产品采用了混合采购的方法（下属企业可以从集团的物资超市中采购，也可以自行采购）。这样的做法是否合理？为什么？

2．在公司的季度工作总结会上，仓储部和市场服务部的两个经理发生争执，原因起于市场部经理抱怨说仓储部工作不到位，老是缺货，使得市场服务部在执行订单时工作难度加大，公司的库存水平不能适应公司高的销售物流服务水平的需要。公司应怎样处理缺货现象？

3．戴尔是一家生产个人计算机的企业，它接受邮寄的订单，并按照顾客从现有选项中挑选出的方案来配置计算机系统。对于这种产品生命周期短且模块通用程度较高的计算机产品应采用什么样的物流战略？为什么？

二、论述题：（每小题10分，共20分）

1．为什么说21世纪的竞争模式是供应链？这种模式有何特征？

2．运输的两大基本原理是什么？联系实际，谈谈运输原理的意义。

三、计算题：（每小题5分，共10分）

1．甲仓库 A 商品的年需求量为 30000 个，单位商品的购买价格为 20 元，每次订货成本为 240 元，单位商品的年保管费为 10 元，求该商品的经济订购量、最低年总库存成本、每年的订货次数及平均订货间隔周期。

2．已知铝制品每件重 30kg，每件的体积为 0.5m×0.4m×0.3m=0.06m^3，计划装上一辆标重 10t、容积为 4m×2m×2m=16m^3 的汽车集装箱。如何装载商品能使装载量最大？最多能装多少件？

四、业务操作题：（每题15分，共30分）

1．美国某机械公司是一家以机械制造为主的企业，该企业长期以来一直以满足顾客需求为宗旨。为保证供货，该公司在美国本土建立了 500 多个仓库，但是仓库管理成本一直居高不下，每年大约有 2000 万美元。所以公司聘请一调查公司做了一项细致调查报告，结果为：以目前的情况，如果减少 202 个仓库，则会使总仓库管理成本下降 200~300 万美元，但是由于可能会造成供货紧张，销售收入会下降18%。

请问：（1）如果你是企业总裁，你是否会依据调查公司的结果减少仓库？为什么？

（2）如果不这样做，你又如何决策？

2．郑州市地处中原地区，交通便利，是国家重点支持建设的大型商贸城市之一。在这个人口快速增长的城市里，商业企业、工业企业等交错布局，比较适合开展异产业间的共同配送。郑州市仓储企业除了各个产业部门的仓库外，聚集了中央、省级的仓储企业，数量众多，规模较大的有 70 多家，这些仓库目前基本都在从事异产业间的共同配送服务。

请问：（1）你认为同产业和异产业共同配送有哪些优缺点？

（2）如果让你来组织和运作一个共同配送的项目，你将分几步开展这项工作？

五、案例分析：（本题共 1 小题，共 10 分）

UPS 是一家大型的国际快递公司，它除了自身拥有几百架货物运输飞机之外，还租用了几百架货物运输飞机。UPS 在世界上建立了 10 多个航空运输的中转中心，在 200 多个国家和地区建立了几万个快递中心。UPS 的员工达到几十万人，年营业额可达到几百亿美元，在世界快递公司中享有较高的声誉。

UPS 是从事信函、文件及包裹快速传递业务的公司。它在世界各国和各地区均取得了进出的航空权。在中国，它建立了许多快递中心。UPS 充分利用高科技手段，做到了迅速又安全，且物流服务内容广泛，形象完美。

1．为什么说 UPS 是一家国际物流企业？它与一般的运输物流企业有什么不同？

2．开办国际快递物流企业是否有风险？风险表现在哪些方面？

3．UPS 在各地开设快递业务与当地地理环境、风俗习惯、消费观念、收入是否有关？

4．UPS 是否需要建立许多仓库？

5．描述一下国际快递物流企业的发展前景。

中级物流师考试试卷标准答案

第一部分

一、判断题

1–5 √√×√×　　6–10 √×√×√　　11–15 √××√×　　16–20 ×√√×√
21–25 ×√×√√　　26–30 ×√√√√　　31–35 ×√√××　　36–40 ×√√××

二、单项选择题

41–45 BBDAB　　46–50 DBDAD　　51–55 BCDAB　　56–60 ACABC

三、多项选择题

61．ABCD　62．ABC　63．ABC　64．BCD　65．ABCD
66．ABC　67．ABC　68．ABC　69．ABCD　70．ABCD
71．ACD　72．ABC　73．ABCD　74．CD　75．AD
76．ABCD　77．ABCD　78．AB　79．ABCD　80．CD

第二部分

一、情景问答题

1. 答：这样的做法是合理的。

（1）A类产品品类较少，但金额较大，采取集中采购的方式可以与供应商保持良好的客户关系，同时可以获得价格优势和运输成本的降低。

（2）对于C类产品，因为其品类多金额小，采用分散采购的方式可以适应不同地区市场环境的变化，采购价格具有相当的弹性，且对市场反应灵敏、补货及时。

（3）对于B类产品采用混合采购的方式，既可以从集团的物资超市采购，也可以自行采购，这样有利于企业根据市场的变化采取灵活机动的采购方式。

2. 答：保持低的库存能降低物流成本，但存在缺货的风险，还会降低客户服务水平，但高的库存虽然能避免缺货但却增加了物流成本，因此公司必须慎重对待缺货现象。

首先应分析客户面对缺货现象发生时的反应。客户面对不同商品的缺货会有不同的反应，他们可能会在其他地方购买或不购买、推迟购买、购买替代品等。因此，应针对缺货反应的不同来确定不同商品的缺货水平。

另外，提高销售物流客户服务水平，创建一种高的客户满意水平，妥善处理好与客户的关系，使得客户在公司的优质服务基础上即使缺货也不考虑其他供应商的替代品，而是做出有利于公司的行为，如购买公司其他规格的产品或推迟购买等。

3. 答：采用形式推迟战略原则。这是因为：

（1）最终产品的加工时间应推迟到收到客户订单之后，然后才开始组装。

（2）该企业有下列特点：①模块化的产品设计；②模块的通用程度高；③产品生命周期短。

二、论述题

1. 答：21世纪的市场竞争将不是企业和企业之间的竞争，而是供应链和供应链之间的竞争，任何一个企业只有与别的企业结成供应链才有可能取得竞争的主动权。

传统上，大多数企业认为自己是和其他企业独立存在的，并且为了生存而与它们竞争。供应商与上下游之间经常是对抗多于合作，许多企业仍谋求把成本降低或利润增加建立在损害供应链其他成员的利益上。许多企业没有认识到，将自己的成本简单地转移到上游或下游并不能使它们增强竞争力（也许短期有效），因为最终所有成本都要设法由市场转嫁给最终消费者。只有通过增加整个供应链提供给消费者的价值以及减少整个供应链的成本，来增强整个供应链的竞争力,最后才能提升企业自身的竞争力。

供应链的特征有:①复杂性;②增值性;③动态性;④快速响应性;⑤面向用户需求;⑥交叉性。

2．答:运输的两个基本原理是规模经济和距离经济。

所谓运输的规模经济是指随着运输规模的增长,单位货物的运输成本下降。

运输的距离经济亦称为递远递减原理,其特点是每单位距离的运输成本随运输距离的增加而减少。

由运输的规模经济原理可知,整车装运的每单位成本低于零担装运,运输能力较大的运输工具其每单位重量的费用要低于运输能力较小的工具。因此在货源充足的情况下,应尽量选择大吨位的运输工具。同时,通过规模运输可以获得运价折扣,也使单位货物的变动成本下降。

由运输的距离经济原理可知,在可能的情况下,应尽量选择直达运输方式,以减少装卸环节,降低装卸费用和缩短装卸时间,从而降低运输成本,加快货物周转。

三、计算题

1．解:经济订货量 $=\sqrt{\dfrac{2\times 240\times 30000}{10}}=1200$

最低年总库存成本 $=30000\times 20$ 元 $+10\times 1200$ 元 $=612000$ 元

每年的订货次数 $=30000/1200$ 次 $=25$ 次

平均订货间隔周期 $=365/25$ 天 $=14.6$ 天

2．答:商品立放装载,汽车集装箱长度方向放 13 件,宽度方向放 5 件,码放 4 层,可使装载量最大,共可装 $13\times 5\times 4$ 件 $=260$ 件铝制品。

四、业务操作题

1．答:(1)不会。因为减少 202 个仓库只能节省 200～300 万美元,却造成了 18%的销售收入下降,得不偿失。即使能节省大量费用,但通过减少仓库、丧失销售收入也不是上策,因为这等于顾客的丧失,在现代市场营销环境下,企业唯一的生存发展途径便是最大限度地满足用户需求。

(2)首先,通过调查,依据目标市场细分的原理将全国市场细分为 10～15 个大型区域,目的是在每个大型区域建立区域配送中心;其次,为每个区域配送中心选择合适的地理位置;再次,在每个区域内,选择 5 个左右的集中销售城市,建立城市配送中心;最后,从基本作业、实用物流技术、物流设备、管理信息系统四个方面入手,真正意义上实现降低配送中心物流成本、提高顾客满意度的目标。只有这样才能实现仓库大量减少、费用下降的目的,同时通过现代配送中心的作业提高顾客满意度,一举两得。

2．答：（1）同产业共同配送的优点在于配送商品的物理、化学特性相似，容易组织混载配送；缺点在于容易造成商业信息的泄露。

异产业共同配送的优点在于不存在商业信息泄露的问题；缺点在于配送商品的物理、化学特性不同，不容易组织混载配送，且配送成本核算也较难。

（2）可以分为以下几步：

1）调查异产业的数量、商品品种数量和运输配送情况。

2）调查70个仓库的具体位置及其商品品种、数量、配送量。

3）依据调查结果确定可以作为共同配送中心的仓库位置。

4）协调异产业间可以参加共同配送企业间的利益关系。

5）组织人员、车辆、设备、技术等。

6）协调和政府之间的关系，争取获得政策支持。

五、案例分析

答：1．UPS每天的运输量达1000多万件，在全世界有10多个中转中心，几万个快递中心，实现了自身的时间和空间效益，满足国际贸易活动和跨国公司经营的要求，因此是一家国际物流企业。与一般的运输物流企业不同的是：它由多个收货、发货和信息的"节点"以及它们之间的"连线"所构成的国际物流系统网络。

2．开办国际快递物流企业有风险，风险主要表现在以下方面：

1）行业特有的投资风险。快递物流行业一般作为企业客户的前、后期合作伙伴，甚至已成为客户的一部分，受客户的业务需求影响较大。

2）合作伙伴的组织冲突风险。合作伙伴的企业文化、价值观念、行为准则等方面存在差异，同时潜在合作伙伴的实力往往很难被获知，因此在合作伙伴的选择上具有较大的风险。

3）合同责任风险。一方面，不少快递物流企业迫于商业竞争的压力而接受客户某些苛刻的合同条款；另一方面，有些快递物流企业为了招揽生意、扩大业务而承担过大的责任，甚至作出过度承诺。

4）物流实施过程产生的风险。在国际快递物流服务过程中，每个环节都有可能产生一定风险，如商品特性风险、运输过程中的风险、装卸搬运过程中的风险、仓储过程中的风险、配送过程中的风险、信息服务风险、财务结算风险、第三者责任风险等。

3．推动和影响国际物流发展的最为重要的五大要素为：①经济发展水平；②全球供应链形成；③制度环境；④技术条件，包括信息技术和物流装备技术等；⑤区域经济的发展。因此，与这些因素有关。

4．在建立完善国际物流系统网络时，建立仓库的数目、地点及规模要紧密围绕总体规划，要注意仓库间的有机衔接，要留有余地，以备将来扩建，因此不需建许多。

5．经济全球化推动了国际快递物流的发展，信息技术和电子商务的兴起加快了世界经济的一体化进程，促进了世界经济的发展，使国际快递物流企业也得到了极大的发展。例如，国际快递物流基础设施的快速布局和海外仓的兴起，减少了海关行政管理手续，缩短了运输距离；国际贸易规模的快速增长，为国际快递物流企业提供了广阔的合作发展机会和可能等。

参考文献

[1] 董魁，宋传平. 物流师国家职业资格证书取证问答[M]. 北京：机械工业出版社，2008.

[2] 陈兴霞，曹军. 物流单证与结算[M]. 2版. 北京：中国财富出版社，2015.

[3] 苏彩，高晓琛. 物流法律法规[M]. 北京：北京理工大学出版社，2013.

[4] 代桂勇. 商务谈判[M]. 北京：北京理工大学出版社，2014.

[5] 王海军，张建军. 仓储管理[M]. 武汉：华中科技大学出版社，2015.

[6] 樊建廷，干勤，等. 商务谈判[M]. 5版. 大连：东北财经大学出版社，2018.

[7] 秦效宏，李蕾. 项目管理[M]. 北京：清华大学出版社，2018.

[8] 马春礼，景立人. 项目分析与企业诊断[M]. 北京：中国城市出版社，1997.

[9] 王凤鸣，钱芳. 物流法律法规[M]. 北京：北京理工大学出版社，2018.

[10] 魏丽玲. 物流仓储与配送[M]. 北京：北京邮电大学出版社，2008.

[11] 许红. 仓储作业管理[M]. 北京：中国铁道出版社，2014.

[12] 刘智慧，徐斌华，彭光辉. 物流仓储管理实务[M]. 西安：西安交通大学出版社，2014.

[13] 杨思东，黄静. 仓储管理实务[M]. 北京：中国经济出版社，2010.

[14] 张晓青. 物流管理基础[M]. 广州：华南理工大学出版社，2006.

[15] 周凌云，赵钢. 物流中心规划与设计[M]. 2版. 北京：清华大学出版社，2014.

[16] 李超锋，缪兴锋，刘钧炎，等. 物流系统规划与设计[M]. 武汉：华中科技大学出版社，2012.

[17] 段延梅，王旭. 物流管理[M]. 北京：北京理工大学出版社，2017.

[18] 周亚蓉，冉安平. 物流管理基础与实务[M]. 北京：北京理工大学出版社，2018.

[19] 林慧丹，杨涛. 运输管理学[M]. 上海：上海财经大学出版社，2010.

[20] 徐文锋. 物流管理一日通[M]. 广州：广东经济出版社，2007.

[21] 周建亚. 物流师国家职业资格考试教程：中册 物流师[M]. 天津：天津科学技术出版社，2007.

[22] 许淑君，尹君. 运输管理[M]. 上海：复旦大学出版社，2011.

[23] 孙济平. 商务谈判技术[M]. 北京：中国中医药出版社，2006.

[24] 李宁. 如何降低企业物流运作成本[J]. 河北企业，2013（6）：40.

[25] 程延园. 绩效管理经典案例解析与操作实务全书：上卷[M]. 北京：中国经济出版社，2016.

[26] 周晓飞. 薪酬设计与绩效考核案例实操指南[M]. 北京：中国铁道出版社，2017.

[27] 杨大川. 管理就是用好你身边的人：激励员工的9大原则和50个对策[M]. 北京：中国经济出版社，2018.

[28] 王林雪. 新编人力资源管理概论[M]. 西安：西安电子科技大学出版社, 2016.

[29] 应勤俭, 章劼. 企业战略[M]. 上海：上海财经大学出版社, 2002.

[30] 管理类专业硕士联考命题研究中心. MBA 面试通关指南[M]. 北京：世界图书出版公司, 2015.

[31] 罗岚, 姚琪, 殷伟. 供应链管理[M]. 武汉：华中科技大学出版社, 2016.

[32] 谢家平, 迟琳娜. 供应链管理[M]. 2 版. 上海：上海财经大学出版社, 2012.

[33] 张锦. 物流规划原理与方法[M]. 成都：西南交通大学出版社, 2009.

[34] 张运. 物流外包与第三方物流管理[M]. 成都：电子科技大学出版社, 2010.

[35] 何克晶, 阳义南. 大数据前沿技术与应用[M]. 广州：华南理工大学出版社, 2017.

[36] 娄岩. 大数据技术应用导论[M]. 沈阳：辽宁科学技术出版社, 2017.

[37] 邹安全. 现代物流信息技术与应用[M]. 武汉：华中科技大学出版社, 2017.

[38] 张莹婧. 2020 年全球物流发展的五大趋势[J]. 物流时代周刊, 2020（4）：76-77.

[39] 孙家庆. 国际物流理论与实务[M]. 大连：大连海事大学出版社, 2005.

[40] 刘颖. 合同谈判各阶段的技巧策略探究[J]. 科技经济导刊, 2019, 27（13）：248.

[41] 孟于群. 第三方物流法律实务及案例[M]. 北京：中国商务出版社, 2010.

[42] 肖祥银. 从零开始学项目管理[M]. 北京：中国华侨出版社, 2018.

[43] 霍彧. 现代职业人创新创业篇[M]. 苏州：苏州大学出版社, 2017.

[44] 刘永刚. 保险学[M]. 2 版. 北京：人民邮电出版社, 2016.

[45] 池小萍, 刘宁. 保险学[M]. 2 版. 北京：高等教育出版社, 2016.

[46] 张良卫. 物流保险：实践、服务、管理[M]. 北京：中国物资出版社, 2010.

[47] 戚庆余. 企业合同管理法律实务应用全书[M]. 3 版. 北京：中国法制出版社, 2017.

[48] 苏彩, 李学强. 物流法律法规[M]. 2 版. 北京：北京理工大学出版社, 2017.

[49] 青岛英谷教育科技股份有限公司. 电子商务与现代仓储管理[M]. 西安：西安电子科技大学出版社, 2015.

[50] 舒辉. 物流与供应链管理[M]. 上海：复旦大学出版社, 2014.

[51] 汪飞虎. 企业物流管理实务[M]. 北京：北京理工大学出版社, 2011.

[52] 莫仁边. 运输业务组织与实施[M]. 重庆：重庆大学出版社, 2013.

[53] 徐天亮. 运输与配送[M]. 北京：中国物资出版社, 2002.

[54] 李滨. 品牌管理与推广[M]. 2 版. 西安：西安交通大学出版社, 2017.

[55] 龚延成. 中级物流师职业资格认证考试辅导[M]. 北京：金盾出版社, 2014.

[56] 夏春玉. 物流与供应链管理[M]. 4 版. 大连：东北财经大学出版社, 2013.

[57] 司运善. 第三方物流管理[M]. 北京：中国财富出版社, 2016.

[58] 李玉民. 物流工程[M]. 重庆：重庆大学出版社, 2009.

[59] 殷延海. 连锁企业物流管理[M]. 上海：复旦大学出版社, 2015.

[60] 陈文标. 企业管理基础[M]. 武汉：武汉大学出版社, 2013.

[61] 董秀娟. 知识型员工绩效管理研究[M]. 长春：东北师范大学出版社, 2017.

[62] 李晓英. 基于营销链的物流绩效 KpL 考核法[J]. 生产力研究，2006（12）：218-219.
[63] 陈明蔚. 供应链管理[M]. 2 版. 北京：北京理工大学出版社，2018.
[64] 李遵义，洪卫东，林东龙. 精细化管理 低成本运营：案例解析大型企业采购供应链管理[M]. 北京：中国经济出版社，2015.
[65] 付旭东. 金融物流[M]. 北京：新世界出版社，2013.
[66] 郭捷. 数字时代的企业信息管理：理论与案例[M]. 北京：中央民族大学出版社，2014.
[67] 田学军. 供应链管理[M]. 北京：中国财富出版社，2013.
[68] 林榕航. 供应链管理（SCM）教程：下册[M]. 厦门：厦门大学出版社，2003.
[69] 许晓东，张显萍. 第三方物流运作[M]. 北京：经济管理出版社，2006.
[70] 崔忠付. 数字化引领物流行业智慧升级[J]. 物流技术与应用，2018，23（8）：62-63.
[71] 丁俊发. 中国供应链管理蓝皮书：2017[M]. 北京：中国财富出版社，2017.
[72] 郑树泉，王倩，武智霞，等. 工业智能技术与应用[M]. 上海：上海科学技术出版社，2019.